企业数字化转型与劳动收入份额变化

李 琳 著

天 津

图书在版编目(CIP)数据

企业数字化转型与劳动收入份额变化 / 李琳著.
天津：南开大学出版社，2025.7. -- ISBN 978-7-310
-06742-8
Ⅰ.F272.923
中国国家版本馆 CIP 数据核字第 2025X427Q9 号

版权所有　侵权必究

企业数字化转型与劳动收入份额变化
QIYE SHUZIHUA ZHUANXING YU LAODONG SHOURU FEN'E BIANHUA

南开大学出版社出版发行
出版人：王　康
地址：天津市南开区卫津路 94 号　邮政编码：300071
营销部电话：(022)23508339　营销部传真：(022)23508542
https://nkup.nankai.edu.cn

天津泰宇印务有限公司印刷　全国各地新华书店经销
2025 年 7 月第 1 版　2025 年 7 月第 1 次印刷
240×170 毫米　16 开本　13 印张　2 插页　211 千字
定价：66.00 元

如遇图书印装质量问题，请与本社营销部联系调换，电话：(022)23508339

前　言

　　共同富裕是社会主义的本质要求，是人民群众的共同期盼。劳动收入份额作为国民收入初次分配的重要组成部分，保持其稳定是扎实推进共同富裕的基础与前提。然而自20世纪90年代中期以来，中国劳动收入份额呈现出持续下降趋势，直至2008年才有所回升，但始终低于发达国家平均水平。近年来，伴随着大数据、物联网、机器人、人工智能等新一代信息技术在经济社会中的不断渗透与应用，数字经济成为新的增长动能。企业数字化转型作为数字经济的核心环节，是数字经济与实体经济深度融合在微观层面的重要体现，在激活数据要素潜能、驱动生产方式变革、重塑经济增长动能上扮演着关键角色。厘清企业数字化转型如何影响劳动收入份额对新发展格局下扎实推进共同富裕至关重要。本书的研究可以为中国把握数字经济发展机遇，实现效率与公平兼顾的经济高质量发展目标提供理论依据与政策启示。

　　本书的研究聚焦企业数字化转型对劳动收入份额影响的研究主题，第一，介绍了与研究相关的理论基础，包括收入分配理论、技术—经济范式理论，并系统梳理了企业数字化转型与劳动收入份额的相关文献；第二，遵循"要素—企业—产业"的逻辑思路，搭建了企业数字化转型对劳动收入份额影响的理论分析框架，并将企业数字化转型纳入数理模型，构建动态一般均衡模型阐述企业数字化转型影响劳动收入份额的内在机制，在此基础上提出了"劳动者—企业—政府"的三维调节机制；第三，对数理模型进行参数校准，采用数值模拟方法定量分析企业数字化转型对劳动收入份额的具体影响，进一步使用标准化供给面系统方法估算中国2003—2021年41个行业的要素替代弹性，并结合数值模拟结果展开对比分析，初步判断企业数字化转型对劳动收入份额的影响方向；第四，基于2007—2014年中国A股上市公司的面板数据，围绕企业数字化转型与劳动收入份额之间的因果关系展开实证检验，并从企业特征、行业差异等视角展开异质性分析；第五，通过构建中介机制模型和调节效应模型展开机制检验，为中国积极抢占数字经济发展机遇，扎实推进共同富裕提供政策建议。

本书主要研究结论有如下三个方面。

第一，企业数字化转型对劳动收入份额的影响需要遵循由微观生产要素到企业生产方式变化再到宏观产业结构变迁的逐渐渗透规律。在单部门动态一般均衡模型中，企业数字化转型对劳动收入份额的影响主要取决于要素赋能偏向、资本与劳动在生产过程中的替代弹性以及资本深化。在多部门动态一般均衡模型中，企业数字化转型对劳动收入份额的影响可以分为集约边际效应和广延边际效应，前者取决于部门内资本和劳动之间的替代弹性以及要素赋能偏向，后者强调了产业结构变迁在两者影响中发挥的重要作用。此外，劳动者人力资本积累、企业创新能力提升以及政府规制与调控在企业数字化转型影响劳动收入份额中发挥着积极的调节作用。

第二，基于单部门一般均衡模型的数值模拟表明，当资本与劳动之间的替代弹性较高时，若数字技术应用对资本的赋能效果优于劳动，企业数字化转型会对劳动收入份额产生负向影响。基于多部门一般均衡模型的数值模拟表明，当制造品与服务品之间的替代弹性较低、制造业中资本与劳动之间的替代弹性较高、服务业中资本与劳动之间的替代弹性较低时，若数字技术应用对资本的赋能效果优于劳动，企业数字化转型会推动产业结构服务化，从而对劳动收入份额产生先降后升的影响。当前，中国行业要素替代弹性的均值为 1.015，其中制造业和服务业的要素替代弹性均值分别为 1.154 和 0.748。结合数值模拟结果可知，企业数字化转型对劳动收入份额的影响处于负向影响阶段。

第三，基于 2007—2014 年中国 A 种股票（简称"A 股"）上市公司面板数据的实证检验表明，企业数字化转型对劳动收入份额的影响显著为负，该结论在经过一系列稳健性检验后依然成立。异质性检验发现，企业数字化转型对劳动收入份额的负向影响在企业层面、行业层面以及区域层面存在显著的差异性特征。资本深化机制检验表明，企业数字化转型会推动资本积累、减少劳动需求，不利于劳动收入份额提升。相对工资率机制检验表明，企业数字化转型会造成劳动生产率相对员工工资更快地上涨，最终促使劳动收入份额下降。结构变迁机制检验表明，企业数字化转型推动投入结构服务化、产业结构服务化，从而对劳动收入份额产生负向影响。调节效应检验表明，劳动者人力资本积累、企业创新能力提升、政府规制与保障可以缓解企业数字化转型对劳动收入份额的不利影响。

本书研究结论可以为政府积极抢占数字经济发展机遇，扎实推进共同富裕提供理论依据与政策启示。本书创新之处在于：第一，按照"要素—企业—产业"的逻辑链条，从要素赋能偏向、企业投入偏好、产业结构变迁三方面搭建了企业数字化转型影响劳动收入份额的理论分析框架；第二，采用定性与定量相结合的方法，从多个角度分析并考察了企业数字化转型对劳动收入份额的具体影响，在此基础上阐释并验证了企业数字化转型对劳动收入份额影响的中介机制与调节机制；第三，构建了"劳动者—企业—政府"的三维调节机制，从劳动者人力资本积累、企业创新能力提升、政府规制与保障三方面探索数字经济时代保持劳动收入份额相对稳定的可行路径。

  本书的写作和出版离不开许多人的帮助。首先，感谢我的博士导师白雪洁教授。本书由我的博士学位论文整理而成，选题、初稿写作、修改的每一步都有着白老师的指导和帮助。其次，我要感谢在南开读书时的诸位同窗好友，每当我遇到困难和挫折的时候，他们总会给予我鼓励和支持，和我一起解决问题。最后，我要感谢上海社会科学院的干春晖院长和应用经济研究所的各位领导同事，本书的出版离不开他们的大力支持和帮助。由于时间仓促，本书难免存在笔误和缺陷，恳请读者们提出宝贵的意见。

李 琳

2025 年 4 月

目 录

第一章 绪 论 1
  第一节 研究背景与研究意义 1
  第二节 研究内容与研究框架 6
  第三节 研究方法与创新点 9

第二章 理论基础和文献回顾 12
  第一节 理论基础 12
  第二节 企业数字化转型的相关研究 21
  第三节 劳动收入份额的相关研究 26
  第四节 文献述评 33

第三章 企业数字化转型对劳动收入份额影响的理论分析 35
  第一节 企业数字化转型对劳动收入份额影响的理论框架 35
  第二节 基于单部门一般均衡模型的数理分析 43
  第三节 基于多部门一般均衡模型的数理分析 48
  第四节 企业数字化转型对劳动收入份额影响的调节机制 59
  第五节 本章小结 65

第四章 企业数字化转型对劳动收入份额影响的数值模拟 67
  第一节 基于单部门一般均衡模型的数值模拟 67
  第二节 基于多部门一般均衡模型的数值模拟 78
  第三节 中国宏观层面要素替代弹性估计 98
  第四节 本章小结 106

第五章 企业数字化转型对劳动收入份额影响的实证研究 108
  第一节 企业数字化转型与劳动收入份额的特征性事实 108
  第二节 企业数字化转型对劳动收入份额影响的基准检验 121
  第三节 企业数字化转型对劳动收入份额影响的异质性分析 136
  第四节 本章小结 146

第六章 企业数字化转型对劳动收入份额影响的机制检验 148
  第一节 计量模型构建与相关指标选取 148

第二节　企业数字化转型对劳动收入份额影响的中介机制检验 … 156
　　第三节　企业数字化转型对劳动收入份额影响的调节效应检验 … 163
　　第四节　本章小结 …………………………………………………… 170
第七章　主要结论与政策建议 ……………………………………… 172
　　第一节　主要结论 …………………………………………………… 172
　　第二节　政策建议 …………………………………………………… 175
参考文献 ……………………………………………………………… 182

第一章 绪　论

共同富裕是马克思主义的内在本质属性和价值旨归。作为国民收入初次分配的重要组成部分，劳动收入份额相对稳定是夯实共同富裕经济根基的关键。近年来，随着新一轮科技革命和产业变革深入发展，企业数字化转型步伐不断加快，对经济社会活动产生了深远影响。在此背景下，系统探究企业数字化转型对劳动收入份额的作用机理及影响效应具有现实意义。本书以扎实推进共同富裕、促进数字经济与实体经济深度融合为现实出发点，围绕企业数字化转型与劳动收入份额两大关键词展开研究，为中国在新发展格局下把握技术革命新机遇、释放数字经济新动能、探索共同富裕新路径提供科学依据。本章首先介绍本书的研究背景，并从理论和现实两方面阐明研究意义；其次概括本书的研究内容与研究框架；最后阐述本书的研究方法和主要的创新点。

第一节　研究背景与研究意义

近年来，伴随着大数据、物联网、人工智能等新一代信息技术在经济社会中的不断渗透与应用，数字经济正成为全球积极争夺的新经济增长点。企业数字化转型作为数字经济的关键环节，是数字经济与实体经济深度融合在微观层面的重要体现。与此同时，妥善处理收入分配问题是中国经济高质量发展的内在要求。在这一背景下，系统探究企业数字化转型对劳动收入份额的作用机理与影响效应具有重要意义。本节主要介绍研究背景以及意义。

一、研究背景

（一）扎实推进共同富裕需要不断优化收入分配格局

实现全体人民共同富裕是中国特色社会主义的本质要求。马克思主义认为，"共同体"是人类社会发展的必然趋势，也是人类追求美好生活的应有之义。习近平总书记在党的二十大报告中指出:"中国式现代化是全体人民共同富裕的现代化。"①这一论断既是对马克思主义"共同体"思想的继承和发展,更是对中国特色社会主义本质要求的准确把握和科学揭示。党的十九大报告指出:"中国特色社会主义进入新时代,我国社会主要矛盾已经转化为人民日益增长的美好生活需要和不平衡不充分的发展之间的矛盾。"②现阶段,中国经济持续快速发展,稳居全球第二大经济体,为扎实推进共同富裕创造了物质条件。《中华人民共和国国民经济和社会发展第十四个五年规划和 2035 年远景目标纲要》中将"全体人民共同富裕取得更为明显的实质性进展"③列为 2035 年远景目标之一。

中国经济正处于投资的边际报酬递减、人口红利逐步消失、技术引进与模仿受阻、大国博弈加剧等"多重冲击"叠加的转型阵痛期,发展方式亟须由要素驱动与投资驱动向创新驱动与效率驱动转变。在新发展阶段,中国政府不断强调要在新一轮科技革命和产业变革中谋求产业竞争新优势,推动数字经济与实体经济深度融合,培育形成经济发展新动能。在这一背景下,优化收入分配格局成为维护社会稳定、促进经济发展以及保障人民生活的关键因素之一。然而,伴随着工业化进程持续推进,中国工业企业利润占工业增加值比重大幅上升,劳动工资的增长速度明显落后于劳动生产率,从而导致中国在改革开放之后出现了经济高速增长与劳动收入份额持续下降并存的现象。中国坚持按劳分配为主体、多种分配方式并存的分配制度。作为国民收入初次分配的重要组成部分,保持劳动收入份额相对稳定对中国扎实推进共同富裕至关重要。劳动收入份额降低会造成国内有效需求不足的后果,不利于加快构建以国内大循环为主体、国内国际双循环相互促进的新发展格局。因此,"十四五"规划提出"优化收入分配结构",要求"坚持居民收入增长和经济增长基本同步、劳动报酬提高和劳

---

① 习近平:高举中国特色社会主义伟大旗帜 为全面建设社会主义现代化国家而团结奋斗——在中国共产党第二十次全国代表大会上的报告[EB/OL]. [2022-10-25](2023-08-23). http://www.xinhuanet.com/politics/leaders/2022-10/25/c_1129079429.htm.

② 习近平:决胜全面建成小康社会 夺取新时代中国特色社会主义伟大胜利——在中国共产党第十九次全国代表大会上的报告[EB/OL]. [2017-10-27](2023-08-23). http://www.xinhuanet.com/politics/2017-10/27/c_1121867529.htm.

③ 中华人民共和国国民经济和社会发展第十四个五年规划和 2035 年远景目标纲要[EB/OL]. [2021-03-13](2023-08-23). http://www.xinhuanet.com/2021-03/13/c_1127205564.htm.

动生产率提高基本同步","提高劳动报酬在初次分配中的比重",①表明提升劳动收入份额的重要性和迫切性。

（二）中国数字经济蓬勃发展，企业数字化转型不断加快

近年来，随着以云计算、大数据、物联网、移动互联网、人工智能等为代表的新一代信息技术快速发展与商业转化，数字经济成为创新最活跃、增长最迅速、影响最广泛的产业领域。国务院于2021年12月12日发布《"十四五"数字经济发展规划》，明确指出："数字经济是继农业经济、工业经济之后的主要经济形态"②，要深入实施数字经济发展战略，大力推进产业数字化转型。中国信息通信研究院发布的《全球数字经济白皮书（2023年）》指出，2022年全球51个主要经济体数字经济规模为41.40万亿美元，占国内生产总值（GDP）比重为46.10%，同比名义增长7.40%，是名副其实的经济增长新动能。据统计，2022年中国数字经济规模达到7.50万亿美元，位居世界第二，在GDP中的占比高达41.50%，相当于第二产业占比，同比名义增长10.30%，有望成为下一轮全球经济增长的新动能。③习近平总书记在党的二十大报告中强调："加快发展数字经济，促进数字经济和实体经济深度融合，打造具有国际竞争力的数字产业集群。"④

在数字经济蓬勃发展的时代，数字化转型成为企业提升竞争力、创造新价值、应对新时代挑战的必然选择。北京大学国家研究院和智联招聘联合发布的《2022雇佣关系报告》显示，2022年81.60%的企业开始进行数字化转型，而这一比例在2020年还不足六成⑤。以智能制造、5G+工业互联网、智慧供应链等为代表的数字化转型，对企业提高生产效率、加快研发设计、拓展应用场景等有着积极作用。数据显示，智能制造试点示范项目的生产效率平均提高48.00%，产品研制周期平均缩短38.00%，产品不

---

① 中华人民共和国国民经济和社会发展第十四个五年规划和2035年远景目标纲要[EB/OL]. [2021-03-13]（2023-08-23）. http://www.xinhuanet.com//2021-03/13/c_1127205564.htm.

② 国务院关于印发"十四五"数字经济发展规划的通知[EB/OL].[2021-12-12]（2023-08-23）.https://www.gov.cn/gongbao/content/2022/content_5671108.htm.

③ 中国信息通信研究院. 全球数字经济白皮书（2023年）[EB/OL]. [2024-03-26]（2023-08-23）. http://www.caict.ac.cn/kxyj/qwfb/bps/202401/P020240326601000238100.pdf.

④ 习近平：高举中国特色社会主义伟大旗帜 为全面建设社会主义现代化国家而团结奋斗——在中国共产党第二十次全国代表大会上的报告[EB/OL]. [2022-10-25] (2023-08-23). http://www.xinhuanet.com/politics/leaders/2022-10/25/c_1129079429.htm.

⑤ 强韧·创新·突破：2020中国企业数字转型指数研究[EB/OL].[2020-09-24]（2023-08-23）. https://www.accenture.com/cn-zh/insights/consulting/china-digital-maturity-index.

良品率平均降低 35.00%。①由此可见,企业数字化转型已成为传统产业改造升级的重要支点。埃森哲发布的《2021 中国企业数字化转型指数研究》中指出,数字化领军企业与其他企业在营收上的差距从新冠疫情前的 1.40 倍扩大至新冠疫情后的 3.70 倍。②数字化转型已然成为中国企业在全球新冠疫情中提振竞争力的有力抓手和关键动能。2022 年工业和信息化部办公厅印发《中小企业数字化转型指南》,从"开展数字化评估""推进管理数字化""开展业务数字化""融入数字化生态""优化数字化实践"③五个方面提出了中小企业数字化转型的路径。

二、研究意义和价值

（一）现实意义

第一,探究企业数字化转型对劳动收入份额的影响方向是关注技术变革双面性的现实需要。随着新一代信息技术的不断发展和应用,传统产业的生产方式和组织形式正在发生深刻的变革,这为劳动力优化配置和要素收入分配带来了新的挑战。技术变革一方面可能成为经济发展的新驱动力,有利于大幅提高社会总产出和居民收入水平；另一方面也会对劳动力市场造成新的冲击,产生结构性失业问题。因此,关注技术变革的双面性影响有助于为科学推进企业数字化转型提供事实依据和实践指导。

第二,厘清企业数字化转型对劳动收入份额的影响机制是寻求解决之策的根本。企业数字化对劳动收入份额的影响是复杂而深远的,并非呈现为简单的线性关系。一方面,企业数字化转型通过自动化和智能化技术的应用,大幅提高生产效率和降低生产成本的同时,减少了企业对传统劳动力的需求,导致部分传统工作岗位的消失,从而改变了劳动力市场的供需关系,对劳动收入份额产生负向影响；另一方面,企业数字化转型也为数字经济产业等新兴行业发展创造了新的机遇,有助于增加企业对高技能劳

---

① 王政. 迎来向"制造强国""网络强国"历史性跨越（中国这十年·系列主题新闻发布）[N]. 人民日报, 2022-06-15（2）.

② 北京大学中国新兴产业研究中心. 产业报告 | 埃森哲：2021 中国企业数字转型指数研究报告[EB/OL].[2021-10-13]（2023-08-23）. https://mp.weixin.qq.com/s?__biz=Mzg4OTUzMzY2MQ==&mid=2247564411&idx=2&sn=0394e3ebb2ae0e2e91d528efc6380174&chksm=cfe9d9c9f89e50dffce48c4e8ed694cdb31f802f1f45a48b2bc615d8f83c5dbdf744497ae861&scene=27.

③ 工业和信息化部办公厅关于印发中小企业数字化转型指南的通知[EB/OL].[2022-11-03]（2023-08-23）. https://www.gov.cn/zhengce/zhengceku/2022-11/09/content_5725642.htm.

动力的需求,从而对劳动收入份额产生积极影响。然而,当劳动力供给无法满足新兴行业迅速发展带来的就业需求时,企业数字化转型可能会造成就业市场的结构性矛盾。因此,厘清企业数字化转型对劳动收入份额的影响的复杂机制是判断问题所在、寻求解决之策的根本。

第三,明晰企业数字化转型对劳动收入份额的影响特征是因地制宜、精准施策的前提。数字化转型对劳动收入份额的影响在不同主体之间不可一概而论。从企业特征看,不同企业在主营业务、股权结构、人力资本等方面存在差异,其数字化转型的程度与方式也不尽相同,因此数字化转型对劳动收入份额的影响具有企业异质性。从行业特征看,不同行业在技术进步、生产方式、价值链地位等方面存在差异,其数字化转型对劳动收入份额的影响也将沿着不同路径演变。基于这一视角展开研究,可以为政府精准施策、实现效率与公平兼顾的高质量发展目标提供理论依据。

(二)理论价值

第一,按照"要素—企业—产业"的逻辑思路搭建理论分析框架,阐述企业数字化转型对劳动收入份额的影响机理,拓展和丰富了劳动收入份额的相关研究。此前,学者们主要从要素替代关系、技术进步偏向、自动化与机器人、知识经济等视角分析企业数字化转型对劳动收入份额的影响。然而,企业数字化转型是一个多维度、全方位的创新变革过程,其对劳动收入份额的影响研究需要基于系统性分析框架展开。本书在回顾收入分配理论和技术—经济范式理论的基础上,总结现有文献的研究成果,从要素层面的赋能偏向、企业层面的投入偏好以及产业层面的结构变迁三方面搭建理论分析框架,并构建动态一般均衡模型,系统探究企业数字化转型对劳动收入份额的影响机制,进一步采用数值模拟方法对两者之间的具体影响展开定量分析,拓展了劳动收入份额领域的理论研究。

第二,构建了"劳动者—企业—政府"的三维调节机制,从劳动者人力资本、企业创新能力、政府规制与保障三方面为数字经济时代保持劳动收入份额相对稳定提供理论支撑。现有研究大多聚焦于企业数字化转型对劳动力就业、劳动工资等方面的影响,较少探讨如何在数字经济时代保持劳动收入份额相对稳定的问题,进一步构建系统性政策框架并对其展开验证的研究更是匮乏。本书在理论分析和数理推演的基础上,根据"资本—技能"互补假说、"干中学"效应等理论,从劳动者人力资本积累、企业创新能力培育、政府规制与保障三方面构建政策框架,并进一步通过调节效应模型展开实证检验，不仅丰富了内在研究的逻辑一致性，还为数字经济时代下的要素收入分配格局研究提供了新的视角和思考。

第二节 研究内容与研究框架

本节主要介绍研究内容和研究框架，首先简要概括各章节的内容与研究思路，然后通过技术路线图清晰展示研究框架。

一、研究内容

本书在数字经济蓬勃发展和推进共同富裕的背景下，从理论和实证两方面探究企业数字化转型对劳动收入份额的影响效应及作用机制。理论方面，从要素层面、企业层面以及产业层面搭建企业数字化转型影响劳动收入份额的理论分析框架，并构建一般均衡模型阐述企业数字化转型影响劳动收入份额的内在机制，最后提出基于"劳动者—企业—政府"三维经济主体的调节机制。实证方面，构造企业数字化转型和劳动收入份额的度量指标，检验企业数字化转型对劳动收入份额的影响效应及异质性特征，进一步讨论其内在传导机制和调节效应。本书研究可以为中国在数字经济时代实现效率与公平兼顾的高质量发展目标提供政策启示。全文包括七章，每章的主要研究内容如下。

第一章，绪论。本章首先基于中国企业数字化转型和劳动收入份额的发展现状，介绍本书的研究背景，并据此论证本研究的现实意义和理论价值；其次，通过概括各章主要研究内容并搭建研究框架，从而直观呈现本研究的技术路线和各章节之间的内在逻辑；最后阐述本书的研究方法和主要的创新点。

第二章，理论基础和文献回顾。本章首先对收入分配相关理论、技术—经济范式理论进行回顾溯源；其次，从概念界定与测度方法、驱动因素、经济影响三个方面系统地梳理和归纳企业数字化转型的相关研究；再次，围绕劳动收入份额对国内外相关文献展开分析，总结劳动收入份额的演变趋势和影响因素；最后回顾企业数字化转型对劳动收入份额影响的相关研究，指出已有研究中有待丰富之处，为后文研究提供坚实的理论基础和文献支撑。

第三章，企业数字化转型对劳动收入份额影响的理论分析。本章首先遵循"要素—企业—产业"的逻辑思路,搭建企业数字化转型对劳动收入份额影响的理论分析框架;其次,将企业数字化转型纳入一般均衡模型,分别构建单部门模型和多部门模型阐述企业数字化转型影响劳动收入份额的内在机制;最后,提出"劳动者—企业—政府"的三维调节机制,从劳动者人力资本、企业创新能力、政府规制与保障三方面探寻数字经济时代保持劳动收入份额稳定的可行路径。

第四章,企业数字化转型对劳动收入份额影响的数值模拟。本章基于前文理论模型采用数值模拟方法展开量化分析。首先,分别对单部门一般均衡模型和多部门一般均衡模型中的参数进行校准;其次,模拟不同要素替代弹性、技术进步偏向、资本深化、中间品替代弹性情形下企业数字化转型对劳动收入份额的具体影响,并阐释数值模拟结果的内在经济含义;再次,通过改变相关参数取值展开敏感性分析,以保证数值模拟结果的可靠性;最后,估算中国 2003—2021 年 41 个行业的要素替代弹性,并结合数值模拟结果展开对比分析,初步判断企业数字化转型对劳动收入份额的影响方向。

第五章,企业数字化转型对劳动收入份额影响的实证研究。本章围绕企业数字化转型与劳动收入份额之间的因果关系展开实证检验。首先,使用 2007—2014 年世界投入产出数据库(WIOD)和中国 A 股上市公司数据,构造企业数字化转型和劳动收入份额的指标,刻画两者的变化趋势和行业差异,初步揭示两者之间的相关性特征;其次,采用固定效应模型回归估计企业数字化转型对劳动收入份额的具体影响,通过改变核心变量的衡量方式、调整样本范围、更换估计模型等方法展开稳健性检验,采用外部工具变量和历史工具变量处理内生性问题;最后,从企业特征、行业差异和地理位置等视角展开异质性分析。

第六章,企业数字化转型对劳动收入份额影响的机制检验。本章首先构建中介效应模型和调节效应模型,选取中介变量指标和调节变量指标;其次,回答企业数字化转型如何通过资本深化、相对工资率以及结构变迁进而对劳动收入份额产生影响;最后,检验劳动者人力资本积累、企业创新能力提升、政府规制与保障在企业数字化转型影响劳动收入份额中发挥的积极调节效应。

第七章,主要结论与政策建议。本章归纳总结本书的主要研究结论,据此提出在数字经济时代保持劳动收入份额相对稳定的政策建议。

二、研究框架

本书研究框架如图 1-1 所示①。本书总体上遵循"文献综述→理论分析→数值模拟→实证检验→机制检验→结论与建议"的研究路线，依次回答"企业数字化转型会对劳动收入份额产生什么影响，企业数字化转型如何影响劳动收入份额，如何在企业数字化转型的大背景下兼顾效率与公平目标"等问题。

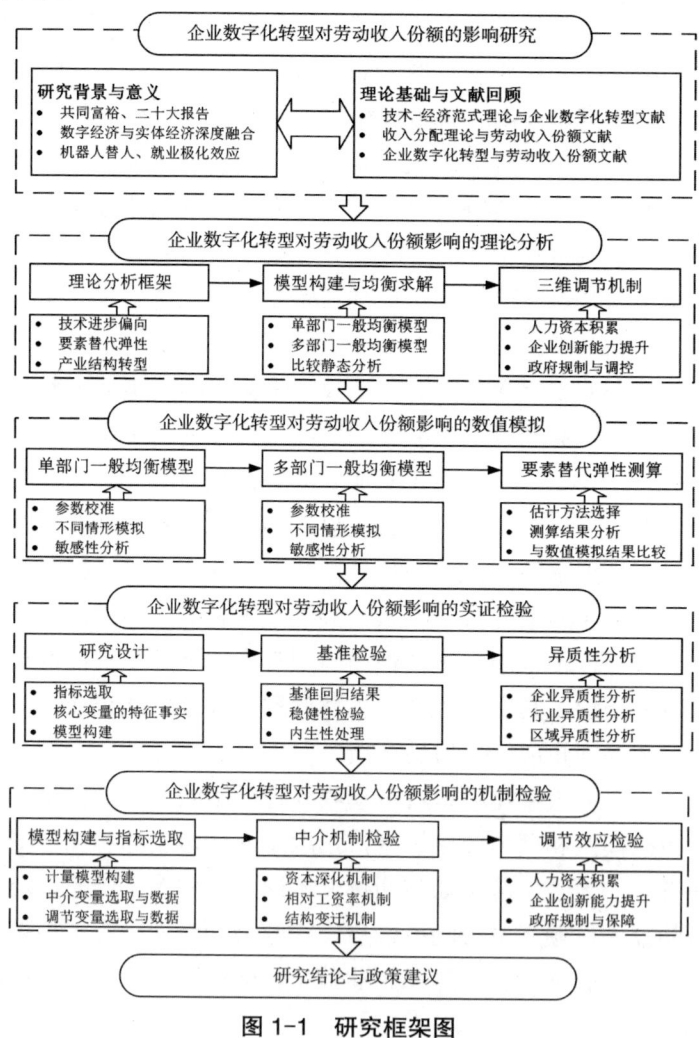

图 1-1　研究框架图

---

① 本书图表均为作者根据相关内容绘制和计算得到。

第三节 研究方法与创新点

本节简要概括本书采用的研究方法以及所做工作的边际贡献。本书主要采用归纳与演绎法、数理分析法、计量分析法展开研究，边际贡献体现在研究框架、研究方法以及研究视角三方面。

一、研究方法

本书主要采用了归纳与演绎法、数理分析法、计量分析法进行研究，具体的研究方法介绍如下。

第一，归纳与演绎法。归纳法作为一种由特殊到一般的推理过程，是本书研究的起点。本书通过梳理已有研究成果，发现它们之间的共通性与规律性，并总结在不同情境下企业数字化转型对劳动收入份额的影响机制，进而提炼出适用于更广泛情境的理论框架。一旦通过归纳法确立了理论框架和初步假设，演绎法则被用于从这些一般性的理论出发，推演出特定环境或条件下企业数字化转型对劳动收入份额的具体影响。特别是，本书将行业特征纳入分析框架，考察企业数字化转型对劳动收入份额影响的行业差异时，演绎法为这一分析提供了逻辑上的支持。这种方法论的选择不仅可以加深对现象本质的理解，也为后文的实证分析奠定了坚实的基础，有利于为政策制定者和企业管理者提供有针对性的见解和有价值的参考。

第二，数理分析法。本书将企业数字化转型纳入数理模型，构建动态一般均衡模型考察企业数字化转型对劳动收入份额的影响机制。供给端的代表性厂商利用资本、劳动以及数字技术进行生产，需求端的代表性家庭通过在要素市场提供劳动、资本获得收入并将其用于消费和储蓄。本书通过求解企业和家庭的最大化问题，结合市场出清条件，数理推导出劳动收入份额的决定方程，并从理论层面揭示了企业数字化转型对劳动收入份额影响的资本深化机制、相对工资率机制以及产业结构变迁机制。为了验证理论分析结论并提供直观认识，本书进一步定量模拟了不同情形下企业数字化转型对劳动收入份额的具体影响。数值模拟结果不仅为理论分析提供了定量支持，而且清晰地展示了企业数字化转型影响劳动收入份额的内在机制。

第三，计量分析法。本书基于中国上市公司面板数据构建固定效应回归模型，通过控制行业、地区及年份固定效应并调整标准误设定，估计企业数字化转型对劳动收入份额的具体影响，并通过替换企业数字化转型和劳动收入份额的衡量方式、调整样本范围、更换估计模型等方式开展稳健性分析。为解决可能存在的内生性问题，即企业数字化转型与劳动收入份额之间的相互影响可能导致估计结果偏误，本书选取外部工具变量和历史工具变量，并采用两阶段最小二乘法（2SLS）进行内生性检验。本书进一步运用分组回归方法探讨了不同企业、行业和地区之间企业数字化转型对劳动收入份额影响的异质性特征。结合理论分析和基准回归结论，本书通过构建中介机制模型和调节效应模型，实证检验了企业数字化转型对劳动收入份额的影响机制与调节效应。通过综合运用不同的计量模型和实证数据，本书回答了"企业数字化转型如何影响劳动收入份额""如何缓解企业数字化转型对劳动收入份额的不利影响"等问题。

二、创新点

本书拓展了企业数字化转型与劳动收入份额的领域研究，为数字经济时代扎实推进共同富裕提供了新的视角，创新之处体现在以下三个方面。

第一，按照"要素—企业—产业"的逻辑链条，从要素赋能偏向、企业投入偏好、产业结构变迁三方面搭建企业数字化转型影响劳动收入份额的理论分析框架。既有文献较多从单一视角考察企业数字化转型对劳动收入份额的影响，未综合考察其内在的多重传导机制，普遍忽视了企业数字化转型的行业差异性。企业数字化转型对劳动收入份额的影响是复杂而深远的，涉及技术进步、组织变革以及结构转型等多个维度。本书基于要素层面、企业层面和产业层面，从要素赋能及其偏向性、企业投入偏好、产业结构变迁三个方面充分考虑数字化转型对劳动收入份额的影响。在此基础上，本书构建单部门动态一般均衡模型和多部门动态一般均衡模型阐释企业数字化转型影响劳动收入份额的内在机理。

第二，采用定性与定量相结合的方法，从多个角度分析并考察了企业数字化转型对劳动收入份额的具体影响，在此基础上阐释并验证了企业数字化转型对劳动收入份额影响的中介机制与调节机制。现阶段，企业数字化转型的相关研究不断涌现，但是囿于数据可得性，企业数字化转型的测算方法与指标设计存在诸多缺陷，不利于保证研究结论的准确性。因此，本书采用定性与定量相结合的方法，从多个维度考察企业数字化转型对劳动收入份额的现实影响。首先，本书使用标准化供给面系统方法测算细分行业资本与劳动之间的替代弹性，初步判断不同行业中企业数字化转型对劳动收入份额的影响方向；其次，本书基于上市公司的微观数据和 WIOD 提供的投入产出数据，构建企业数字化转型和劳动收入份额的衡量指标，使用固定效应模型考察企业数字化转型对劳动收入份额的影响；最后，本书采用中介机制模型和调节效应模型检验企业数字化转型对劳动收入份额的影响机理和调节效应。

第三，构建"劳动者—企业—政府"的三维调节机制，从劳动者人力资本积累、企业创新能力提升、政府规制与保障三方面提出数字经济时代保持劳动收入份额相对稳定的可行路径。现有关于企业数字化转型对劳动收入份额的研究尚未取得一致结论，对此提出的政策建议也往往基于单一视角。本书基于系统的理论分析框架，构建一个包括劳动者、企业、政府在内的三维调节机制框架，探讨如何通过人力资本积累、创新能力提升以及政府调控实现数字经济时代稳定劳动收入份额的目标。本书强调了企业数字化转型对劳动收入份额的影响不仅受到企业自身因素影响，还依赖于劳动者技能提升以及政府的宏观调控。本研究对于理解数字化背景下劳动市场的发展趋势及其政策回应具有重要的理论和现实意义，也为政策制定者因地制宜、精准施策以应对企业数字化转型带来的劳动市场挑战提供科学依据。

第二章 理论基础和文献回顾

本章首先对收入分配相关理论、技术—经济范式理论进行回顾溯源；其次，围绕企业数字化转型的概念界定与测度方法、驱动因素、经济影响等主题系统地总结与归纳相关研究；再次，以劳动收入份额为关键词对国内外相关文献进行梳理，剖析劳动收入份额的演变趋势和影响因素；最后，对企业数字化转型影响劳动收入份额的相关研究进行回顾，为后文研究提供坚实的理论基础和文献支撑。

第一节 理论基础

本节介绍收入分配理论和技术—经济范式理论。收入分配理论是经济学研究关注的经典议题。西方经济学的收入分配理论沿着"劳动价值——商品效用——边际效用"的思想发展，认为参与生产的要素都应获得报酬。马克思主义政治经济学则认为只有劳动才会创造价值，也只有劳动能够获得收入。两种理论体系为本书研究提供了重要的思想来源和分析基础。具体而言，西方经济学的收入分配理论为本书提供了较为科学严谨的研究方法；马克思主义政治经济学的劳动价值论为本书探索劳动收入份额的提升路径提供了价值指向；技术—经济范式理论则为本书研究数字经济这一新型经济形态提供了理论框架。

一、西方经济学的收入分配理论

西方经济学的收入分配理论可以从古典经济学和新古典经济学两大方面加以概括，其发展历程如图2-1所示。其中，古典经济学的收入分配理论以亚当·斯密的劳动价值论和市场经济理论为基础，后由大卫·李嘉图和让·巴蒂斯特·萨伊逐渐发展并完善；新古典经济学的收入分配理论建立在边际效用和市场经济的基础上，认为收入分配是要素市场出清的结果。

第二章 理论基础和文献回顾 · 13 ·

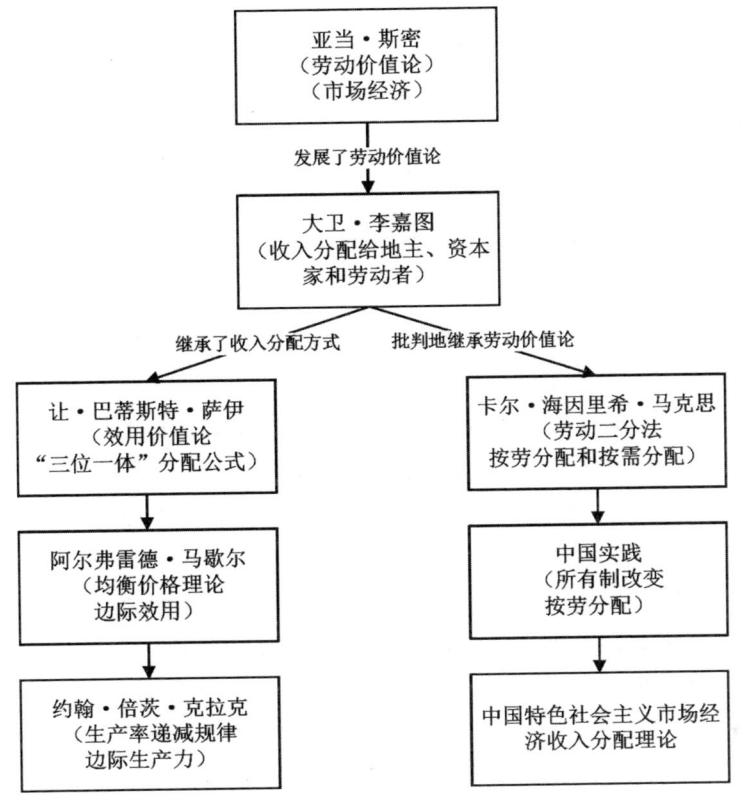

图 2-1 收入分配理论发展图

(一) 古典经济学中的收入分配理论

1776年,亚当·斯密提出的分配思想是以劳动生产物作为分配对象,将其分给生产中的参与者。分工是亚当·斯密经济学理论的核心,分工带来了交换,交换行为产生了商品的价格。在最初没有分工的时候,人们的劳动生产物就是生活所需要的必需品和便利品,只能亲自生产,也就不存在分配的问题。在分工初期,还没有出现资本累积和土地私有的现象。此时,人们仅使用劳动投入生产,进行交换的唯一标准是生产各种物品所需要的劳动量之间的比例,也就是商品的劳动价格。随着资本在少数人手中积累与土地私有化,商品生产不再以劳动作为唯一投入,还需要生产材料和土地等其他要素投入,商品价格也就由地租、劳动工资和利润三部分组成,因此劳动生产物需要在地主、劳动者以及资本家之间分配。劳动价格即工资的决定因素是生活必需品的价格和劳动力的供需关系,其真实价格是维持劳动力生存的生活必需品数量。当生活必需品涨价时，劳动价格会随之提高，劳动需求就会下降，一方面是由于雇主本身因生活必需品涨价而减少了雇佣劳动的资金投入，另一方面是劳动价格的上涨导致劳动市场供大于求。

1817年，大卫·李嘉图继承并发展了亚当·斯密的劳动价值论，认为大部分商品的交换价值来自其生产中所必需的劳动量，但这种劳动量不仅包括商品生产所需的直接劳动，还包括投入在生产工具上的间接劳动。在此基础上，大卫·李嘉图将分配和生产问题分开讨论，提出"劳动、机械、资本联合使用在土地上面，所生产的一切土地生产物，分归社会上三个阶级，即地主、资本家与劳动者"[①]的收入分配方式。工资的自然价格等于劳动者维持一家所必要的食品、必需品、习惯享乐品的价格之和，市场价格等于按劳动市场供求关系付给劳动者的价格。大卫·李嘉图在其著作《政治经济学及赋税原理》(2011)的第五章（工资论）中指出，地租与工资都会随着社会财富和人口的增加而提高，但两种提高有着本质的区别。地租提高是货币地租和谷物地租都提高，地主的实际购买力是增加的；而工资的提高仅是货币工资的提高，谷物工资却在下降，其实际购买力是下降的。

1803年，让·巴蒂斯特·萨伊继承了大卫·李嘉图的分配理论，提出"三位一体"的分配公式，即按商品生产手段的投入进行分配，给地主的部分叫作土地的利润，给资本家的部分叫作资本的利润，给技匠或工人的部分叫作劳动的利润，每个阶级从生产的总价值中获得自己的收入。为了解决阶级间的对立，让·巴蒂斯特·萨伊提出了效用价值论，认为商品的价值是给他人提供的效用，而市场中的交易价格就是商品价值的体现，按效用大小进行收入分配，就不会存在阶级间的对立。这成为新古典经济学收入分配理论的逻辑起点和按要素分配的直接思想源泉。

（二）新古典经济学中的收入分配理论

新古典经济学继承并发展了让·巴蒂斯特·萨伊的效用价值论，在边际效用价值论和边际生产力理论的基础上建立收入分配理论。边际效用的概念起源于德国学者戈森在1954年提出的"戈森定律"。在此基础上，1890年阿尔弗雷德·马歇尔在《经济学原理》中综合边际效用、生产费用和供求市场，提出了"均衡价格理论"。在均衡价格理论中，收入分配只是生产

---

① 大卫·李嘉图. 政治经济学及赋税原理[M]. 郭大力, 王亚南, 译. 南京：译林出版社, 2011.

过程中要素的价格问题，商品价值可以用均衡价格表示，生产要素的价值也可以用其价格衡量。因此，劳动、资本、土地等生产要素的价格会在供求波动中找到均衡，价格与数量之积就是劳动者、资本家、地主等生产要素所有者的收入。1899年，约翰·倍茨·克拉克认同商品的价值由边际效用决定这一观点，并依据"资本生产率""生产力递减规律""效用递减规律"提出收入分配应取决于投入最后一单位生产要素增加的产出，即以边际生产力为基础进行收入分配。在静态的完全竞争市场中，假定资本恒定，劳动以单位递增，那么产出也会随之增加，当经济体实现充分就业时，最后增加一单位劳动带来的产出变化就是工资，同理可得利息的衡量标准是最后一单位资本投入带来的产出增加。

由于新古典经济学基本确立了西方经济学的分析框架，现代经济学家就从商品的边际效用或均衡价格对收入分配展开研究的方法已达成一致。收入分配理论的研究主要表现出两种发展趋势：一是收入分配理论开始关注收入不平等和再分配的问题；二是广义的收入分配问题开始得到关注，自由、机会平等、正义等研究对象被纳入分析范围。

二、马克思收入分配理论与中国实践

（一）经典马克思收入分配理论

经典马克思收入分配理论产生于资本主义经济下阶级矛盾日益尖锐的时代，包括马克思对资本主义分配关系、分配方式的思考以及马克思、恩格斯对未来社会生产与分配制度的预测设计。其思想来源包括两部分。一是古典经济学中的劳动价值论。马克思批判地继承了亚当·斯密和大卫·李嘉图的劳动价值论，首次提出劳动分为具体劳动和抽象劳动的"劳动二重性"概念，抽象劳动是商品价值的来源，具体劳动生产出商品。当商品价值超过劳动价值时，就产生了可被资本家剥削的剩余价值，剩余价值被包装成利润、地租、利息等形式，也就被资本家和地主无偿占有。二是空想社会主义收入分配思想与实践。面对日益严重的收入不平等问题，空想社会主义者首先提出了财富共有、按需分配的分配原则，但这显然是不现实的。随后，欧文等提出了按劳分配方式并进行了实践。1867年马克思在此基础上深刻地认识到只改变分配制度不能从根本上杜绝资本家对劳动者的剥削，他指出"分配关系本质上和生产关系是同一的，是生产关系的反面"①。

马克思以资本主义的生产和分配关系为出发点展开研究，认为资本主义社会的收入分配包括价值创造、价值实现和价值分配三个过程。第一，价值创造解决了什么样的劳动创造价值以及怎样创造价值的问题。马克思认为具体劳动创造商品的使用价值，抽象劳动凝结成商品的价值。第二，价值实现解决了商品价值的确定问题。马克思提出劳动力商品论，阐明劳动和劳动力的本质区别。劳动力是一种商品，它的价值就是生产劳动力所需的劳动时间，等价于维持劳动力生存所必需的物质资料的劳动时间，在不同国家、不同时期有较大的区别。资本主义的生产资料私有制决定了劳动者必须出卖自身劳动力给生产资料所有者才能进行生产，而产生的价值不仅包括劳动力生活维续所需的物质资料，多余的部分即剩余价值则被生产资料所有者以利润、地租等形式据为己有。因此，资本主义生产资料占有的不平等是产生剥削的根源。第三，价值分配包括剩余价值理论、资本积累理论、平均利润和生产成本理论。生产的总价值可以表示为 $C+V+M$，其中 C 表示预付的固定资产投入的回报，V 表示劳动力的工资，M 表示剩余价值。首先，生产资料所有者将固定资产投入和工资视为生产所需成本，将 $C+V+M$ 转化为 $K+M$，K 表示生产成本；其次，将剩余价值转化为利润；最后，不同部门间的利润存在差异，资本会从低利润的部门流向高利润的部门，最终达到所有部门的利润相同，即平均利润，商品的生产价格等于生产成本与平均利润之和，价值转化为生产价格。

综上，解决价值创造和价值分配的矛盾需要从生产资料私有制这一根本问题入手。马克思和恩格斯设想将未来社会的收入分配分为两个阶段：第一阶段是按劳分配，第二阶段是"各尽所能，按需分配"。第一阶段尽管实现了生产资料公有制，但生产力还不够发达，分工仍然停留在旧时代，按需分配还不能实现，因此以劳动作为计量标准，按每人的劳动量分配消费品，全社会用于按劳分配的产品是社会总产品扣除生产资料的损耗和追加、政府管理、社会保障等部分后的剩余。随着生产力发展和生产关系变化，收入分配方式转变为第二阶段的"各尽所能，按需分配"。此时，社会生产力高度发展、产品极大丰富、人们觉悟水平极大提高，劳动者之间不存在差别，劳动不再是谋生的手段。

---

① 马克思. 资本论[M]. 郭大力, 王亚南, 译. 南京：译林出版社, 2013.

（二）马克思收入分配理论的中国实践与发展

马克思收入分配理论在中国的实践探索历程大概可分为三个阶段：第一阶段是 1949—1956 年新民主主义向社会主义过渡时期，中国完成了社会主义改造，实现了公有制；第二阶段是 1957—1978 年的社会主义建设时期，实施"产品经济型"特色的按劳分配制度；第三阶段是改革开放后探索除按劳分配外的其他分配方式，讨论如何兼顾效率与公平的问题，产生了中国特色社会主义市场经济收入分配理论（刘灿 等，2017）。

新民主主义向社会主义过渡时期，在没收封建阶级的土地归农民所有，没收蒋介石、宋子文、孔祥熙、陈立夫为首的垄断资本归新民主主义国家所有，保护民族工商业的"三大经济纲领"指导下，通过土地改革将土地变为农民所有，通过没收官僚资本使工人成为企业的主人，建立了全民所有制经济。农民依靠土地得到收入，工人依靠企业得到收入。在 1953—1956 年的社会主义改造时期，废除了小农土地私有制，成立以集体所有制为基础的"人民公社"。此外，加快推进工业化尤其是重工业化，消灭资本主义民族工商业。这一时期，学界和政界围绕积累与消费的关系与比例、工业与农业是否存在收入差距、实行按劳分配还是平均主义等问题都存在争论，开启了按劳分配的尝试和探索，但缺乏扎根于中国实际的收入分配理论指导，也没有明确系统的收入分配制度。

计划经济时期，中国借鉴苏联的经验建立了高度集中的计划经济体制，社会在按劳分配的方式、作用、劳动量计算、与商品经济的关系等问题上出现了分歧，实践过程出现了曲折。最终这一时期的分配模式可归纳为"产品经济型"按劳分配。这种分配方式具有深刻的计划经济体制烙印，城市企业工人的收入由国家管理，企业没有自主权，单一的分配方式抑制了工人生产的积极性；农村人民公社实行"工分制"，忽略了劳动力之间的个体差异，平均主义导致生产效率低下；为了支持工业发展，国家制定商品价格时会压低农产品价格，提高工业品价格，这种"剪刀差"使农民的生活水平长期处于较低水平。因此，这一阶段的按劳分配存在着不足之处，套用借鉴过度而缺乏对基于现实国情的关注与分析，最终产生平均主义横行、生产积极性受挫、经济发展缓慢的后果。1978 年后，理论界对按劳分配的错误认识进行了反驳，打破了社会主义必须是单一公有制的固有观念，认识到非公有制经济是社会主义公有制的有益补充。与此相对应，收入分配的方式也应存在多样性，劳动性收入不再是居民获得收入的唯一途径。

但 1978—1990 年还处于改革开放初期阶段，对按劳分配与商品经济的关系、分配方式的分类、按劳分配与物质利益的区别以及工资改革与包产到户等问题还有争议，具有中国特色的社会主义收入分配理论体系尚未形成。

1992 年，党的十四大明确提出中国经济体制改革的目标是建立社会主义市场经济体制。1997 年，党的十五大将中国社会主义初级阶段的基本经济制度确立为"公有制为主体，多种所有制共同发展"，分配方式是"按劳分配与按要素分配相结合"。这标志着中国特色社会主义市场经济建设正式开始，由此理论界从关注按劳分配的方式、什么是按要素分配，逐步转向研究如何将按劳分配与按生产要素分配结合才能兼顾效率与公平、什么样的分配制度能让全民共享改革红利。在这一时期，中国居民收入差距逐渐扩大，有学者认为劳动价格偏低、要素价格失衡、有偏技术进步是其中的重要原因（李实、朱梦冰，2018）。党的十七大提出"初次分配和再分配都要处理好效率和公平的关系，再分配更加注重公平"[①]，党的十八大报告中提出要"着力解决收入分配差距较大问题，使发展成果更多更公平惠及全体人民，朝着共同富裕方向稳步前进"[②]。学者们从中等收入群体、人力资本培养、居民财产性收入、社会保障与扶贫等方面给出了自己的建议，为中国特色社会主义市场经济下的收入分配理论添砖加瓦。

2013—2020 年中国实现近一亿农村贫困人口脱贫，历史性地解决了绝对贫困问题，全面建成小康社会，实现了第一个百年奋斗目标。公共教育、医疗卫生、财政转移支付、社会保障等民生建设不断完善，共同富裕取得新成效。党的十九届五中全会提出，中国进入了向第二个百年奋斗目标进军的新发展阶段。新发展阶段要以中国式现代化全面推进中华民族伟大复兴，党的二十大报告指出"中国式现代化是全体人民共同富裕的现代化"[③]。因此，面向新的历史方位与发展阶段，适应中国特色社会主义要求的收入分配理论需要围绕提高劳动报酬、增加居民财产性收入、建立多层次社会保障体系等新挑战展开探索与研究。

---

① 中共中央文献研究室. 十七大以来重要文献选编（上）[M]. 北京：中央文献出版社，2009：30.
② 中共中央文献研究室. 十八大以来重要文献选编（上）[M]. 北京：中央文献出版社，2014：12.
③ 习近平：高举中国特色社会主义伟大旗帜 为全面建设社会主义现代化国家而团结奋斗——在中国共产党第二十次全国代表大会上的报告[EB/OL]. [2022-10-25]（2023-08-23）. http://www.xinhuanet.com/politics/leaders/2022-10/25/c_1129079429.htm.

三、技术—经济范式理论

（一）技术—经济范式理论的提出与形成

托马斯·库恩（2012）最早在其著作《科学革命的结构》提出"范式"的概念，指出科学革命就是范式的演变，当科学家观察到越来越多的反常现象不可用当前的范式解释时，新的思想、理论和方法就会出现，酝酿出新的范式。Dosi（1982）将技术与科学类比，提出技术范式的概念，把以自然科学的原理为基础、解决特定技术问题的模式定义为技术范式，关注如何使用技术范式打开技术进步的黑箱。Perez（1983）把技术范式扩展为技术—经济范式（technoeconomic paradigms，TEP），即以关键技术的突破为核心，研究其如何影响和改变经济体制乃至社会制度的理论。Perez（2010）进一步明确了技术革命是由一系列相互关联的突破性创新形成新的、相互依存的主要技术群的过程，创新在社会中逐渐扩散意味着技术经济范式转换。从英国的工业革命开始，世界共经历了五次技术经济范式的转换。每次新的技术经济范式都会生产出一种新的核心生产要素，核心生产要素具有相对成本较低且边际成本递减、无限供给、应用场景广泛、能够提高传统生产要素的生产率并降低其成本等优势，与新的生产技术结合可以生产出大量的新产品，从而产生新产业。新要素的推广离不开新的基础设施建设，基础设施可以改变产品运输、劳动力流动和能源使用的边界与条件，扩大产品的覆盖范围，同时大幅度降低产品生产的成本。

Freeman 和 Perez（1998）指出新的技术—经济范式出现有以下九个方面的表现：（1）在公司或工厂里出现最佳实践的组织形式；（2）产生新的足以影响劳动力数量和质量、改变收入分配格局的技能；（3）使用低成本核心要素生产的新产品在国民生产总值中占比越来越高；（4）激进式创新和增量创新的方向都是使用新的核心要素替代其他高成本的生产要素；（5）由于相对成本结构改变带来了新的比较优势，投资方式和投资地点也在国内和国际有了新的选择；（6）一波特定的基础设施建设浪潮，为整个经济使用新技术和核心要素提供正外部性；（7）新兴的小型公司也能进入快速扩张的行业甚至成为新行业的创造者；（8）大公司通过扩大规模或多样化生产集中在密集使用核心要素的载体部门，成为经济增长的推动者；（9）涌现新的商品和服务销售模式，消费者行为也随之改变。

（二）数字经济时代的技术—经济范式

20 世纪 70 年代，以互联网为代表的信息技术革命开启了全球数字经济浪潮，带来了新的生产要素——芯片和数据（戚聿东、徐凯歌，2021；王姝楠、陈江生，2019）。芯片和数据都满足技术—经济范式理论对核心要素的要求：芯片的生产工艺不断改进使其边际成本递减，互联网和物联网为芯片提供了广泛的应用场景，芯片与资本结合可以大幅提高资本生产率。海量数据能够实现无限供给且成本较低，劳动者使用数据可以提高劳动生产率。在数字经济范式中，互联网和信息通信技术是新范式取代旧范式的关键突破式创新，电子信息制造业、软件和信息服务业是生产核心生产要素的动力部门，数字化改造效果较好的产业成为载体部门，通信网络和数据中心是基础设施。

与新的技术—经济范式的九大具体表现方面一一对应，数字经济时代背景下的范式主要体现为：（1）在数字经济时代，公司里最佳实践的组织形式是扁平化和网络化的组织架构，以便灵活应对客户多样性的需求（戚聿东、肖旭，2020）；（2）智能机器人、数字设备在生产中的使用成为影响劳动力供给与需求的重要因素，熟练使用数字设备不仅是劳动者需要掌握的新技能，也是增加劳动收入、调节国民收入分配的重要途径（蔡跃洲、陈楠，2019）；（3）数字产业化在 GDP 中占比不断提高，传统产业的数字化改造如火如荼，使用数据和芯片生产的新产品与服务已成为生产生活中不可或缺的部分（郝寿义，2020）；（4）人工智能、物联网、区块链等新技术的创新方向都是使用数据与芯片替代成本上升的其他生产要素；（5）数字化跨国公司成为投资热点，轻资产、重销售的经营方式会帮助企业在东道国实现更多产出，带动当地数字经济发展；（6）信息基础设施和融合基础设施的建设为提升信息网络传输效率、打造工业互联网平台、推进制造业技术改造和设备更新提供支撑；（7）阿里云、字节跳动、寒武纪、大疆等"独角兽"企业成为数字经济先锋，在数字产业化过程中成为新产业的龙头企业；（8）传统大公司一方面通过搭建行业内的物联网平台获取海量数据，优化现有业务运营（胡贝贝 等，2019），如徐工集团搭建 Xrea 工业互联网平台，实时、精准监测设备的运行情况，实现智能化制造；另一方面提供新的数字化服务创造新的可持续业务，如海尔以 U+智慧生活 X.0 平台收集的大数据为基础，分析用户的使用习惯和偏好，提供定制智慧家庭服务，最终实现智能家电产品、U+平台用户数与智慧家庭服务的同步增长；(9) 远程即时通信催生了一大批新模式新业态，如在线教育、互联网医疗、电子商务、共享经济等，基于社交网络和新媒介的消费者行为正成为主流。

与以往的技术—经济范式相比，数字经济范式要求生产更加灵活。大规模生产与同质化产品已不能满足消费者多样性、差异性和分散性的需求。灵活的产品组合和相对高效的产品设计具有更高的潜力刺激消费，同时新的技术风格有利于为生产者和消费者提供信息密集型产品和服务，因此新的经济增长点转变为知识密集型产业与生产性服务业。

第二节 企业数字化转型的相关研究

本节介绍与企业数字化转型相关的研究进展。首先，界定企业数字化转型的概念并梳理其测算方法；其次，整理总结企业数字化转型的驱动因素；最后，归纳企业数字化转型产生的经济效应。

一、企业数字化转型的概念界定与测算方法

（一）概念界定

企业数字化转型有着丰富的内涵，不能简单理解为企业在生产中应用数字设备，也不仅仅是局限在营销环节的数字化改造过程。尽管尚未有明确统一的定义，但已有众多学者从不同视角对企业数字化转型展开了研究，对企业数字化转型的理解也不断深入。早期学者的研究通常从技术视角将企业数字化转型简单地视为数字化工具、技术和手段在企业某些业务领域的应用（Lucas et al., 2013）。如 Lee 等（2015）指出制造业企业在工厂中增设联网数字设备以获取生产信息，并利用先进的数据分析技术帮助管理者做决策，从而能够更高效、更协同、更灵活地执行生产任务。随着研究的逐渐深入，学者们发现企业数字化转型不仅仅涉及技术范畴，还需要从组织变革的角度去理解其内涵（Besson and Rowe, 2012；Ilvonen et al., 2018）。如 Markus（2004）指出企业数字化转型不仅仅是数字设备的叠加使用，还包括需重新设计业务流程、改善操作程序以及提升组织能力等。Chen 等（2014）以海尔为例指出，企业数字化转型过程中需要对组织架构和经营方式进行重组。Matt 等（2015）认为数字化转型可被视作支持企业通过整合数字技术主导转型的一种战略蓝图，以配合企业竞争力提升和可

持续发展的目标。近年来，还有一些学者从更广泛的视角考察了企业数字化转型，认为企业数字化转型还意味着全新商业模式的变革和公司愿景、组织战略、文化的重塑等（Chanias et al.，2019；Warner and Wäger，2019）。如李载驰和吕铁（2021）指出数字化转型不同于信息化转型，在优化生产流程、提升生产效率的同时，还会改变企业与客户的沟通方式、商业模式以及企业整体价值的获取方式。

事实上，学者们对于企业数字化转型概念界定的发展，一定程度上与企业自身数字化转型的演变历程有关。Verhoef 等（2021）将企业数字化转型划分为三个阶段。第一阶段是运用数字技术收集数据，将模拟信息转化为数字信息的过程；第二阶段是利用数字化技术改进业务流程等实现组织变革的过程；第三阶段是通过战略性地改变商业模式创造更多价值的过程。Schallmo 等（2017）认为企业数字化转型是企业将价值链上的所有环节联网并进行数据分析，以便做出能够提高公司绩效和影响力的决策。吴非等（2021）提出企业数字化转型是企业全方位、多要素与数字经济深度融合的过程。李晓华（2022）认为企业数字化转型最终代表着组织全领域、价值链与产品生命周期全过程、供应链全链条以及商业生态各方面的数字化，能将企业价值来源从产品价值扩展到服务价值、体验价值、信息价值和网络价值等多个方面。

综合上述研究，本书将企业数字化转型定义为企业将数字技术的运用贯穿于生产、经营与管理各个环节，通过组织变革创造更多价值、提升企业竞争力的过程，它既是数字科技与生产发展深度融合的微观转变，又是企业从传统生产体系向数字化体系转型的创新标志。

（二）测算方法

关于企业数字化转型水平的测度，目前国家统计局等官方机构尚未明确给出标准的度量方法，但是已有不少学者从不同角度进行了探索，相关文献大致可分为以下三类。第一类文献采用问卷调查法衡量企业数字化转型水平。如 Schumacher 等（2016）从客户、产品、技术、运营、战略、领导力、治理、文化和人员九个维度设计制造业企业数字化转型调查问卷并进行测试。池毛毛等（2020）基于企业数字化转型的三项关键技术和国外数字化转型的相关量表，设计适合中国中小医疗器械制造企业的数字化转型调查问卷，收集相关数据。卢艳秋等（2021）从商业运作、业务流程和价值创造三方面设计问卷，向企业高层管理者发放问卷，收集企业数字化转型数据。

第二类文献采用文本分析法测算企业数字化转型。鉴于调查问卷法受限于被调查者的主观认知，难以准确反映企业数字化转型水平，部分学者创新性地采用文本分析方法以试图全面客观地刻画企业数字化转型。如赵宸宇等（2021）从数字技术应用、互联网商业模式、智能制造和现代信息系统四个维度，利用 Jieba 中文分词功能形成数字化转型分词词典，统计上市公司年报中关键词披露次数，进而得到企业层面的数字化发展指数。吴非等（2021）参考经典文献和政策文件，从人工智能技术、大数据技术、云计算技术、区块链技术和数字技术应用五方面形成企业数字化转型特征词图谱，借助爬虫技术归集企业年报中"数字化转型"的关键词以衡量企业数字化转型强度。袁淳等（2021）借助数字经济相关的国家政策语义表述，建立相对完备的数字化词典，并利用机器学习的文本方法度量出微观企业数字化转型水平。

第三类方法是以企业实际的数字化投入为依据构建数字化转型指标。采用文本分析方法进行测度会因为企业故意夸大表述其数字化转型而造成测量误差，因此，部分学者以企业软硬件投入占比、数字技能员工占比、投入产出法等衡量方法，更有效地呈现出企业数字化转型的实际水平。如刘飞和田高良（2019）以数字技术方面的软硬件投入，即软件投资占比和数字硬件投资占比作为基础，测度企业数字化转型。以祁怀锦等（2020）、张永珅等（2021）为代表的部分学者，将上市公司财务报告附注中披露的与数字化转型相关的无形资产占比作为企业数字化转型程度的代理变量。何小钢等（2019）通过问卷调查获取企业经常使用计算机的员工占所有员工之比来捕捉企业的信息与通信技术（ICT）应用程度。由于企业数字化转型水平不仅取决于企业在信息技术和通信设备等方面投入多少，还与企业数字化人才的招聘与培训相关，如企业开展信息化技能培训以促使员工适应新技术。因此，员工使用计算机的比例可以更直接地反映出企业信息化程度（王永进 等，2017；邵文波 等，2018）。张晴和于津平（2021）通过划分数字经济相关产业，结合 WIOD，采用投入产出法，从企业真实投入视角测算了制造企业的数字化转型水平。

二、企业数字化转型的驱动因素

企业数字化转型是主动选择还是被环境所迫？其驱动因素是内在动

能还是外在需求吸引？本书从助推企业数字化转型的实现要素和引致企业数字化转型的需求两个维度，系统性梳理了国内外学者对企业数字化转型驱动因素的相关研究。助推企业数字化转型的实现要素包括技术、数据和人才三种。技术要素驱动是指数字技术的更新迭代与广泛应用对企业数字化转型的实现。大数据的无处不在以及新兴数字技术的出现，如人工智能、区块链、物联网、云计算等，深刻改变了传统的商业逻辑（Ng and Wakenshaw，2017；肖旭、戚聿东，2019）。数字技术的快速发展成为驱动企业数字化转型的根本因素。企业不断加大数字技术投入，推动组织产生适用性变革，以数字化方式转变企业业务，由此驱动企业数字化转型（Furr and Shipilov，2019；谢康 等，2020；Caputo et al.，2021）。数据要素驱动是指分析数据资源对企业数字化转型的驱动作用。数字化的信息和知识等数据资源为企业发展提供了机遇。若企业抢抓大数据红利，实现数据资源的有效管理和协调整合，则能够更好地理解商业环境和客户需求，助推企业数字化转型（Cappa et al.，2021；Huang et al.，2017；焦豪 等，2021）。人才要素驱动是指分析人力资本对企业数字化转型的驱动作用。数字化人才培养是数字化转型的关键（邱红、林汉川，2014；戚聿东、肖旭，2020；陈琳琳 等，2022）。企业需要兼备数字化技术和核心业务能力的复合型人才，了解业务的数字化切入点、流程优化点、产品创新点以及全流程管理方案，才能助推企业数字化转型的真正实施和落地（祝合良、王春娟，2021）。

引致企业数字化转型的需求包括市场竞争和消费需求两方面。市场竞争驱动，即数字技术引致的市场竞争变革对企业数字化转型的驱动。数字技术的快速发展形成大量异质性竞争者，导致企业间竞争模式发生了根本性变革，从以往工业化体系的同行竞争模式转向了基于规模经济、范围经济和网络经济相结合的跨界竞争模式（张骁 等，2019）。面对快速多变且纷繁复杂的市场竞争，企业很难再以原有的方式维持竞争力，由此不断驱动企业数字化转型（肖静华，2020；Verhoef et al.，2021）。消费需求驱动即数字经济时代消费者行为变革对企业数字化转型的驱动。在数字技术广泛应用和数据价值深度挖掘的数字经济时代，传统消费逐渐向数字化消费转型，即以数字技术为重要支撑，打破以往消费的单一性、滞后性和时空限制，更多地释放出消费者个性化需求（Belk，2014；张峰、刘璐璐，2020；Li et al.，2020）。当下，消费者的消费行为强烈依赖移动设备、应用程序和人工智能技术等（Gensler et al.，2017；Hoffman and Novak，2018）。随着新的搜索引擎和社交互动软件的出现，消费者获取资讯的渠道更加多元化，更加乐于分享自己的消费体验并积极参与产品的设计和定制过程以共同创造价值（Verhoef et al., 2017；Beckers et al., 2018）。基于此，若企业不能及时适应和调整以应对上述变化，将失去对消费者的吸引力，同时可能被快速跟进数字技术的企业所取代（Verhoef et al., 2021）。对于数字化消费快速增长的中国而言，数字内容消费的拓展与延伸、下沉市场数字化消费潜力的释放以及新型数字化消费业态的细化，形成了越来越有力的需求牵引，不断推动企业组织结构变革和决策模式转变，驱动企业内部流程及工艺数字化转型，最终提升用户体验和企业运行效率（Yong and Huipeng, 2022）。

三、企业数字化转型的经济效应

数字经济是未来发展的方向，是经济增长的新动能和新机遇。当前，世界经济数字化转型已成为大势所趋，企业在数字技术日益渗透的环境中运营（Yoo 等，2012）。将企业数字化转型视为数字经济发展的重要着力点，已成为国内外学者的基本共识。但是，企业数字化转型并非一蹴而就，而是一个较为漫长的系统性过程（戚聿东、蔡呈伟，2020）。在展望企业数字化转型未来的同时，许多学者认识到其中的各种挑战与难题，并对当下企业数字化转型的真实经济效益如何持观望态度（陈冬梅 等，2020）。面对数字化转型的高昂成本，企业对数字化转型产生的经济效益持怀疑态度，已经开始的企业由于前期投入巨大却迟迟见不到收益，对是否继续投入产生了疑问，甚至部分企业因数字化转型陷入"不转型等死，转型找死"的两难困境（Ravichandran and Liu，2011；刘淑春 等，2021）。

一方面，众多学者认为企业数字化转型有助于通过改进企业的组织管理模式提高组织能力，通过增强员工的人力资本积累，优化生产流程提升企业竞争优势，进而形成卓越的企业绩效（Benner and Waldfogel, 2023；Bruce et al., 2017；宁光杰、林子亮，2014；Johnson et al., 2017；Mikalef and Pateli, 2017）。具体而言，Bayo-Moriones 等（2013）指出企业数字技术的应用有助于降低企业内部和外部沟通成本，提高沟通效率，最终提升了企业市场份额、利润和利润率，但这种积极影响并非立竿见影，其滞后效应因数字技术类型而异。何帆和刘红霞（2019）利用 2012—2017 年 A 股实体上市公司数据展开研究，发现实体企业数字化变革通过降低成本、提高资产使用效率和增强创新能力三条渠道显著提高了企业的经济效益。李琦等（2021）通过2007—2019年中国上市公司数据实证研究得出，数字化转型通过提高供应链稳定性提升企业绩效，而企业家精神有助于正向调节数字化转型对企业绩效的积极影响。

另一方面，也有一些学者对此提出了质疑。数字化转型是一项周期长、投资大的复杂工程，需要企业持续不断投入大量资金，企业在进行数字化转型过程中可能面临转型成本高、转型持续投资时间长、转型能力弱三大困局。因此，数字化转型与企业绩效最终不一定呈现正相关关系。如Liang等（2010）提出企业数字化转型可以提升生产效率，但不一定直接提升财务绩效。Hajli等（2015）的研究同样发现，只有部分企业从数字化转型中获得绩效，另一部分企业数字化转型的利益可能会被所衍生出来的管理成本抵消。囿于企业管理能力滞后于数字化技术变化，数字技术与企业原有资源和业务流难以融合，导致企业推行数字化后的绩效增长并不显著（戚聿东、蔡呈伟，2020）。此外，数字化转型可能导致领军企业与一般企业数字化差距进一步拉大，导致两极分化的绩效表现。

此外，大部分学者认为企业数字化转型有助于增强企业创新能力，提升企业生产率（吕越 等，2023；吕可夫 等，2023；刘艳霞，2022）。数字化转型有助于企业培育专精特新的深耕式发展模式，提升其专业化优势，还能作为中国企业沿价值链攀升的新引擎和新动能，通过出口产品质量升级，推动全球创新网络的融入（李万利 等，2022；裘莹、郭周明，2019；杜明威 等，2022；李雪松 等，2022）。Bakhshi等（2014）以英国500家企业为样本，比较对用户数据进行分析和不收集用户数据的企业的生产率，发现对用户数据进行分析的企业生产率更高。周冬华和万贻健（2023）发现上市公司实施数字化转型会显著提高企业全要素生产率。

第三节 劳动收入份额的相关研究

本节以劳动收入份额为主题，从劳动收入份额的测算与演变趋势、劳动收入份额变化的理论解释、企业数字化转型影响劳动收入份额三方面梳理和回顾相关文献。

一、劳动收入份额的测算与演变趋势

劳动收入份额是指劳动收入在国民收入中的占比,现有研究中对劳动收入份额的测算通常从宏观和微观两个层面展开(刘长庚、柏园杰,2022)。宏观层面的测算主要依据国民收入核算体系,将国民收入分为劳动者报酬、生产税净额、固定资产折旧和营业盈余四个部分,其中劳动者报酬在国民收入中的占比即为劳动收入份额(吕光明,2011)。国民收入核算数据主要有三个来源:一是按收入法计算的国内生产总值,如李稻葵等(2009)采用中国1990—2006年省份收入法GDP数据测算了中国劳动收入份额,并与世界各国进行比较,发现与发达国家相比,中国的劳动收入份额较低。二是国民经济核算的资金流量表的实物部分,如张车伟和张士斌(2010)使用1978—2007年中国资金流量表分析了中国劳动收入份额的变化趋势,发现数据调整前后中国劳动收入份额都在2002—2007年呈现出下降趋势。三是投入产出表,如孙文杰(2012)使用1987—2007年国家统计局发布的中国投入产出表测算中国劳动报酬份额的演变趋势,认为最终需求变动和技术效率是导致劳动收入份额下降的重要原因。刘维林(2022)使用WIOD提供的国际投入产出表测算了中国和世界主要经济体的劳动收入份额变动趋势,发现1995—2014年全球劳动收入份额基本呈下降趋势,中国劳动收入份额在1995—2007年间下降,在2007—2014年间快速回升。

微观层面通常采用企业支付给劳动者的报酬与企业总收入之比衡量劳动收入份额,根据总收入的测算方法不同可分为收入法和生产法两种。生产法是指使用劳动者报酬在企业营业总收入中的比重衡量劳动收入份额,如钱震杰和朱晓冬(2013)使用中国工业企业年度调查数据测算中国劳动收入份额,并和其他国家进行对比,发现中国劳动收入份额并不低于世界平均水平。收入法是指使用企业支付给劳动的报酬在支付给劳动、资本的报酬之和中的比重表示企业劳动收入份额。陆雪琴和田磊(2020)采用收入法和1998—2007年中国工业企业数据测算发现,微观企业数据测算得到的劳动收入份额也呈现出下降趋势,其背后的原因是企业规模分化导致的资源配置低效。施新政等(2019)研究指出虽然上市公司测算的劳动收入份额低于宏观数据测算,但二者测算得到的劳动收入份额变化趋势一致。

近年来,全球性劳动收入份额下降的现象引发众多学者关注,这打破了 Keynes（1939）发现的劳动收入份额宏观稳定的"奇迹"，也颠覆了 Kaldor（1961）提出的劳动收入份额稳定这一"程式化事实"。Blanchard 等（1997）指出德国、法国、意大利和西班牙在 1985 年后都出现了资本收入份额的大幅上升。Karabarbounis 和 Neiman（2014）发现 1975—1990 年世界 57 个国家中有 42 个国家的劳动收入份额出现了下降。Dao 等（2019）研究发现，1991—2014 年间占世界 GDP 三分之二的 29 个国家其劳动收入份额出现了下降。中国劳动收入份额自 20 世纪 90 年代以来同样出现下降趋势，虽然于 2010 年后略有提升，但始终低于国际平均水平（罗长远、张军，2009；陆雪琴、田磊，2020）。白重恩和钱震杰（2009a）使用 2004 年经济普查后修订的资金流量表分析了 1992—2005 年中国劳动收入份额的变化趋势，研究发现居民部门在全国可支配收入中的占比在 1996 年达到最高，此后逐年降低，截至 2005 年总共下降了 12.72%。李稻葵等（2009）研究指出经济发展过程中劳动收入份额会先下降后上升，呈现 U 型规律，而中国正处于劳动收入份额的下降期。陈宇峰等（2013）利用跨国数据比较发现中国劳动收入份额低于世界平均水平，并且在持续下降。由于劳动收入份额不仅可以衡量初次收入分配的平等，还会通过影响总需求进而影响经济增长，因此稳定劳动收入份额对保障经济运行和缩小收入差距具有重要意义（黄乾、魏下海，2010）。

二、劳动收入份额变化的理论解释

大量文献试图为劳动收入份额下降的事实寻求合理的解释，但目前仍未形成统一共识。现有文献主要从产业结构变迁、有偏技术进步、市场集中度提高、国际贸易冲击和劳动保护不足等方面进行了研究（刘亚琳 等，2022）。

第一，产业结构变迁视角。Solow（1958）开创性地提出劳动收入份额不仅受产业内要素收入分配的影响，还受产业结构变迁的影响。刘亚琳等（2018）发现发展中国家劳动收入份额与经济发展水平呈现 U 型规律，与工业就业份额和经济发展水平间的倒 U 型关系正好相反，并利用三部门一般均衡模型验证了第二产业就业人数占比的倒 U 型变化的确会导致劳动收入份额的 U 型变动。还有学者认为，中国劳动收入份额下降是由第一产业占比下降，外加工业内部劳动收入份额下降导致的（罗长远、张军，2009）。

第二，有偏技术进步视角。有偏技术进步理论认为，技术进步偏向某种要素表示技术进步会使得这种生产要素边际产出的增加高于其他生产要素，从而不利于其他要素收入份额的提高。近年来，国内外技术进步均偏向于资本，对劳动边际产出的提高没有资本多，因此导致了劳动收入份额的下降（David and Klundert，1965；Sato，1970；戴天仕、徐现祥，2010；黄先海、徐圣，2009；Zhang，2019）。王林辉和袁礼（2018）进一步指出有偏技术进步对劳动收入份额的影响表现出阶段性特征，从而导致了中国劳动收入份额的 U 型变化。有偏技术进步理论在一定程度上较好地解释了劳动收入份额下降的原因，然而，正如 Hubmer（2023）所指出的，只有当资本和劳动力的替代弹性超过 1 时，技术进步偏向资本才会引发资本品相对价格的下降，进而导致劳动收入份额下降。这一严苛假定遭到了部分学者的质疑，有文献证明资本和劳动力的替代弹性大于 1 的假设与现实并不太相符（Grossman and Oberfield，2022；Antras，2004；Oberfield and Raval，2021）。

第三，市场集中度视角。市场集中度假说认为，市场集中度高的行业内企业的市场势力大，拥有劳动市场的定价权，因此会降低劳动收入份额（Barkai，2020；Manning，2021）。如 Autor 等（2017）提出为了更好地解释总劳动收入份额的下降，还必须研究在异质性企业之间要素资源的重新分配，即要素进一步向劳动收入份额低且呈下降趋势的企业流动。Autor 等（2020）通过构建"超级明星企业"模型，指出若行业中"赢家通吃"竞争特征更加明显，则少数高利润的企业将占据越来越多的市场份额，对劳动价格的影响力越大，劳动收入份额下降的幅度更为明显。部分国内学者同样从市场不完全竞争视角展开研究，如白重恩等（2008）考察了中国工业部门的劳动收入份额变动，发现市场垄断能力增强是导致工业部门劳动收入份额降低的重要原因。王宋涛等（2017）研究发现要素市场分割越严重的地区劳动收入份额越低。申广军等（2018）指出市场力量越强的企业利润份额越高，从而劳动收入份额越低。盛斌和郝碧榕（2021）发现企业相对规模扩大和市场集中度的提高均会提升企业的成本加成率，进而降低其劳动收入份额。

第四，国际贸易视角。Böckerman 和 Maliranta（2012）指出，国际贸易的增加淘汰了生产率低下的企业，提高了相关行业的劳动生产率，进而降低了劳动收入份额。Elsby 等（2013）基于美国数据发现，遭受进口冲击影响最大的行业，其劳动收入份额下降得也最多。Boehm 等（2020）研同样得出离岸外包是减少美国制造业就业水平以及提高现存行业部门中每个员工工资的重要驱动因素。刘维林（2021）指出中国劳动收入份额的下降是由于中国企业在嵌入全球价值链时受到进口中间品和国际资本的双重挤压。然而，批发、零售和公用事业等多数非贸易部门中的劳动收入份额同样出现下滑趋势，这便对上述国际贸易增长观点的合理性带来了挑战。

第五，劳动保护视角。还有学者基于劳动保护角度分析了劳动收入份额的下降原因（Fichtenbaum，2009，2011）。如 Blanchard 和 Giavazzi（2003）提出，影响企业和工人之间议价能力的劳动力市场法规可能是 20 世纪 70 年代和 80 年代多个国家要素收入份额变动的原因。Drautzburg 等（2021）同样认为社会和政治因素可能是影响工人议价能力，进而影响要素收入分配波动的重要因素。此外，还有学者考虑从资本折旧、住房价格、个体经营者与知识产权资本、企业所有制等方面对劳动收入份额的下降进行补充解释（Bridgman，2018；Rognlie，2016；Gollin，2002；Koh et al.，2020；陆正飞 等，2012）。

三、企业数字化转型影响劳动收入份额的相关研究

在数字经济迅猛发展和加快推动共同富裕的大背景下，从企业数字化转型的视角探究劳动收入份额变动具有重要意义（Londoño-Vélez，2022）。企业数字化转型必然会带来生产方式和生产关系的转变，从而促使就业水平和就业结构发生相应变化（Manita et al.，2020；Novakova，2020）。比如，人工智能、大数据、云计算等新一代信息技术使得要素资源在"机器赋予人"或"机器替代人"的两种情形下重新组合，而要素资源的重组本质上意味着收入分配的变化（柏培文、张云，2021）。接下来，本书首先围绕企业数字化转型对员工的"赋能"和"负能"效应展开文献梳理，再归纳整理现有学者在企业数字化转型对劳动收入份额影响方向的观点。

企业数字化转型对员工的"赋能"效应的相关文献可以从员工地位提升、生产率提升、工资提升和新岗位创造四个方面展开。第一，企业数字化转型可以促使企业的组织结构从集权向分权、从金字塔状向扁平化发展，这有助于提升普通员工自主话语权，提高普通劳动者的地位和收入，缩小企业管理者与员工的收入差距（戚聿东、肖旭，2020；Verhoef et al.，2021）。第二，企业数字化转型一方面可以提高企业整体生产率，扩大企业规模，从而增加高技能劳动力的就业以满足规模扩张后的技术需求（Autor，

2015）；另一方面可以减少劳动力之间的协调成本，扩大不同技能劳动力劳动生产率的差异，使得分工程度进一步深化，高技能劳动力将承担更多任务，从而进一步增加高技能劳动力的需求（Borghans and Ter，2006）。由于高技能劳动力通常要求更高的工资薪酬，因此高技能劳动力收入份额上升，并显著带动企业劳动收入份额的上升（Li et al.，2024）。第三，企业数字化转型使得基层员工可以更加便捷地收集和处理信息，提高了他们拥有技能的含金量和劳动报酬（Bloom et al.，2014）。第四，企业数字化转型会创造出更多新型职业，从而带动劳动收入份额的提高（Dauth et al.，2021；Santos et al.，2023；Acemoglu and Restrepo，2018；Agrawal et al.，2019a）。

企业数字化转型可能对员工产生"负能"效应体现在劳动替代、收入差距扩大和市场垄断三方面。许多学者警示数字化转型会降低劳动力的比较优势，在劳动力市场上更多表现为数字化和智能化替代人力，导致大量劳动力失业，扩大不同技能劳动力之间的收入差距（Brynjolfsson et al.，2014；王永钦、董雯，2020；Acemoglu and Restrepo，2019）。Agrawal 等（2019b）认为数字化转型本身不具有对资本或劳动的绝对替代性，而是根据配置效应决定数字技术对资本或劳动的相对替代，这一观点也得到了王林辉和袁礼（2018）的支持。Laffont 和 Martimort（1998）发现数字化转型使信息传达在企业内部变得更加顺畅，可能带来管理层更高的信息传达效率，提高管理层的决策地位。徐朝辉和王满四（2022）认为数字化转型能够提升高管集权控制力，从而攫取公司更多利润分成，扩大高管与员工的收入差距。数字化转型带来就业技能结构高级化的同时，普通员工之间技能收入差距也可能不断扩大，这同样不利于劳动收入份额的提高（钞小静、周文慧，2021）。数字化转型在扩大企业内不同技能劳动者之间收入差距的同时，还会提升行业垄断程度，使得市场份额逐渐集中掌握在少数企业手中，造成市场集中度上升和劳动收入份额下降的现象（Autor et al.，2020）。

企业数字化转型对劳动收入份额变动方向在一定程度上取决于上述"赋能"效应和"负能"效应的相对大小。现有文献的观点大体可划分为三种类型——积极派、消极派和中立派。部分学者认为企业数字化转型对企业劳动收入份额起正向的促进作用。数字经济与实体经济的融合更多表现为提高资本与劳动的配置效率，即提高"机器赋予人"程度，强"赋能效应"使得劳动收入份额提升（Hjort and Poulsen，2019）。还有学者指出尽管如机器人等数字技术的应用确实减少了低技能工人的就业份额，但它们并没有显著减少总就业人数（Korinek and Stiglitz，2017；Graetz and Michaels，2018）。国内学者通过实证分析同样证明了中国企业数字化转型有利于提升劳动收入份额。如方明月等（2022）基于文本分析方法展开实证研究，发现企业数字化转型具有生产率效应、就业创造效应和替代效应，从而可提高营业收入、劳动收入及其份额。肖土盛等（2022）发现，应用数字技术会带来生产技术升级，引致替代低技能劳动者的同时，也会增加对高技能劳动者的需求，进而提升企业劳动收入份额。熊家财等（2022）的研究表明，数字金融发展会促进企业人力资本投资，降低融资成本，提高劳动收入份额。赵春明等（2023）认为企业数字化转型会提高劳动者的平均工资，提高劳动力配置效率，显著提升劳动收入份额。

然而，研究结论并非如前文所述总是积极的，有许多学者对数字化转型产生了担忧，认为数字技术应用会降低劳动收入份额（Lashkari et al.，2024；芦婷婷、祝志勇，2022；Dinlersoz and Wolf，2023；Yang et al.，2023）。Acemoglu 和 Restrepo（2020）基于美国劳动力市场数据发现，在每千名工人的基础上增加一个机器人，就业人口比例会降低 0.20%，工资降低 0.42%。还有学者如 Cette 等（2022）基于法国企业数据，指出 ICT 专家的雇用和数字技术的使用，使企业的劳动生产率提高了约 23.00%，全要素生产率提高了约 17.00%，但是同时使得劳动收入份额下降了约 2.50%。随着企业更多使用数字化技术替代传统生产方式，总增加值的收益更多地流向资本持有者，而不是劳动力（Manyika et al.，2019；宋旭光、杜军红，2021）。企业数字化转型导致劳动收入份额下降的可能原因是：即使数字技术的应用可能会创造新的职业与岗位，但数字化转型对劳动力替代效应更为显著（Chen et al.，2023）。相对于高技能和低技能职业的劳动力而言，中等职业的劳动力被替代的可能性更高，其就业比例在大幅下降，长期而言，企业数字化转型还可能会使得整体就业人数下降（Rajnai and Kocsis，2017；Braña，2019；Ballestar et al.，2021）。除劳动替代效应以外，工资率效应和生产率效应不同幅度的提升也是导致劳动收入份额下降的原因（何小钢等，2023）。

此外，还有学者表示企业数字化转型对劳动收入份额的影响是不确定的（Aghion et al.，2017；Bessen，2019；Nordhaus，2021）。如 Acemoglu 和 Restrepo（2019）提出劳动收入份额变动方向主要取决于企业数字化转型造成的负向替代效应与正向生产率效应和就业创造效应之间的权衡。郭凯明（2019）指出人工智能的发展会促使生产要素在产业间流动，带来劳动收入份额的变化，变化方向取决于不同产业部门在人工智能产出弹性以及人工智能与传统生产方式的替代弹性上的差别。也有学者提出，数字技术应用对劳动收入份额的影响是非线性的，如芦婷婷等（2022）研究发现人工智能对劳动收入份额的影响呈现先抑后扬的 U 型特征；孙慧文和王贺雨（2023）指出虽然现阶段工业机器人的使用对劳动收入份额造成负向影响，但长期来看工业机器人会提高劳动收入份额。Acemoglu 和 Restrepo（2022）指出，劳动岗位替代效应短期内超过创造效应，加剧收入不平等，但是长期看，新岗位技能的普及会抑制收入差距的进一步扩大。

第四节　文献述评

本章首先对收入分配相关理论、技术—经济范式理论进行回顾溯源；其次，从概念界定与测度方法、驱动因素、经济效应三个方面系统地梳理和归纳企业数字化转型的相关研究；再次，围绕劳动收入份额对国内外相关文献展开分析，总结劳动收入份额的演变趋势和影响因素；最后，回顾企业数字化转型对劳动收入份额影响的相关研究。本节是文献述评，既肯定了现有研究取得的成果与进展，又指出了现有研究存在的不足之处，而本书的研究是对现有文献的有益补充。

第一，现有文献从技术进步、就业极化等多方面探讨了企业数字化转型对劳动收入份额的影响机制，但系统探究两者之间影响机制的研究不足。从技术进步视角探讨劳动收入份额变化的理论较为成熟且经验研究大量存在。但不同于传统的技术—经济范式，企业数字化转型需要遵循数字经济时代技术—经济范式的演变规律，其对劳动收入份额的影响不仅限于技术进步渠道，还包括生产方式、产业结构等。例如，不同行业在技术扩散、人力资本水平以及市场结构方面存在较大差异，因此企业数字化转型会推动生产要素在产业间的重新配置，从而对劳动收入份额产生影响。现有研究大多从单因素视角探讨两者之间的影响机制，构建系统性分析框架并进行实证检验的文献匮乏。

第二，现有关于企业数字化转型对劳动收入份额的研究尚未取得一致结论，对此提出的政策建议也往往基于单一视角，缺乏系统探讨在数字经济时代保持劳动收入份额相对稳定的实现路径。已有研究指出企业数字化转型可能会降低劳动收入份额，但关于如何缓解两者之间负向影响的理论研究和实证检验较少。换言之，企业和劳动者可以通过何种措施减少数字化转型带来的资本—劳动替代效应，增加技术—劳动互补效应？政府在其中如何发挥作用？现阶段，关于这些问题的探讨缺乏可行的经验证据。本书基于系统的理论分析框架，构建一个包括劳动者、企业、政府在内的三维调节机制框架，探讨如何通过人力资本积累、创新能力提升以及政府调控实现数字经济时代稳定劳动收入份额的目标。

第三，已有文献对企业数字化转型的指标测度进行了大量探索，但限于数据可得性，现有测算方法的准确性与科学性有待进一步提高。第一类问卷调查法的测量结果往往会受到量表条目设置的影响，难以全面反映数字化转型，被调查者个人的主观认知也会干扰结果的准确性。第二类文本分析方法在国内学术界被广泛使用，但由于企业在年报中有增加数字化、大数据、人工智能、云计算等表达，通过塑造自身良好数字化形象而吸引投资的强烈意愿，与实际数字化转型进程不符，可能引起较大的测量误差。同时，文本分析方法也存在数字化转型关键词概念快速更迭、词库构建偏差等问题。相较于前两类方法，第三类实际投入法从企业实际投入视角刻画数字化转型，虽然更为有效，但微观层面的统计数据暂不完善，仍需借助投入产出数据进行匹配。

第四，现有文献在实证检验企业数字化转型对劳动收入份额的影响时，更加关注其影响方向而忽视了不同企业、行业、地区之间的差异。从企业特征看，不同企业在主营业务、股权结构、人力资本等方面存在差异，其数字化转型的程度与方式也不尽相同，因此数字化转型对劳动收入份额的影响具有企业异质性。从行业特征看，不同行业在技术进步、生产方式、价值链地位等方面存在差异，其数字化转型对劳动收入份额的影响也将沿着不同路径演变。因此，企业数字化转型对劳动收入份额的影响在不同主体之间不可一概而论。本书在实证检验企业数字化对劳动收入份额影响方向的基础上，进一步从企业特征、行业差异和地理位置等视角展开异质性分析，为政府精准施策、实现效率与公平兼顾的高质量发展目标提供经验证据。

第三章　企业数字化转型对劳动收入份额影响的理论分析

前文围绕企业数字化转型与收入分配，对经典理论与现有研究进行系统梳理与归纳。接下来，本章聚焦于理论分析，着重阐释企业数字化转型对劳动收入份额的影响机制。首先，遵循"要素—企业—产业"的逻辑思路，搭建企业数字化转型对劳动收入份额影响的理论分析框架；其次，将企业数字化转型纳入数理模型，构建单部门一般均衡模型和多部门一般均衡模型阐述企业数字化转型影响劳动收入份额的内在机制；最后，构建"劳动者—企业—政府"的三维调节机制，从劳动者人力资本、企业创新能力、政府规制与保障三方面探寻数字经济时代保持劳动收入份额相对稳定的可行路径。

第一节　企业数字化转型对劳动收入份额影响的理论框架

根据技术—经济范式理论，技术变革对经济社会的影响是从关键要素创新到企业组织重组再到新产业扩张，即从微观到宏观逐渐扩散的过程。伴随着人工智能、大数据、云计算等新一代信息技术的持续迭代与更新，数字技术与实体经济的深度融合发展同样遵循技术—经济范式理论。基于此，本节首先按照"要素—企业—产业"的逻辑链条，搭建企业数字化转型影响劳动收入份额的理论分析框架；其次，分别基于要素层面、企业层面和产业层面，从要素赋能及其偏向性、企业投入偏好、产业结构变迁三个方面阐述企业数字化转型对劳动收入份额的影响机制。本节内容可以为后文的数理分析与实证检验奠定理论基础。

一、理论框架

根据技术—经济范式理论,企业数字化转型对劳动收入份额的影响需要遵循由微观生产要素到企业生产方式变化再到宏观产业结构变迁的逐渐渗透规律。因此,本书按照"要素—企业—产业"的逻辑链条,搭建企业数字化转型影响劳动收入份额的理论分析框架,如图3-1所示。

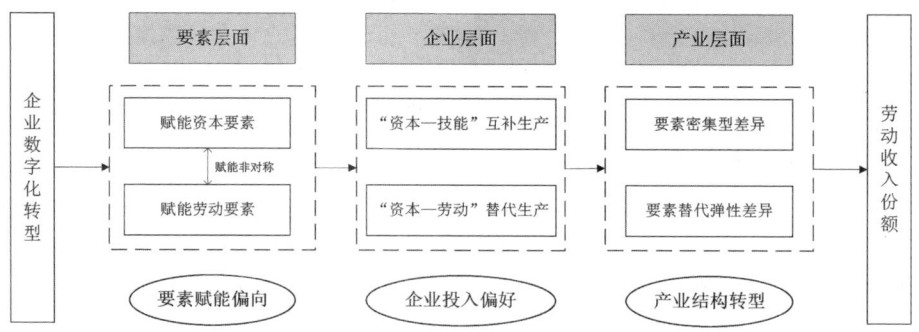

图3-1 企业数字化转型影响劳动收入份额的理论分析框架

根据图3-1展示的内容,首先,从要素层面来看,作为数据等新型生产要素与资本、劳动等传统生产要素相结合的表现形式,企业数字化转型能够通过数字赋能提高传统生产要素的生产力。然而,数字技术与实体经济的深度融合需要遵循技术变革的一般性规律与阶段性特征,微观层面突出表现为数字技术的要素赋能偏向。相较于劳动要素,当前数字技术对资本的赋能效果更强,如智能制造、人工智能等。因此,作为一种有偏技术进步,企业数字化转型会带来劳动与资本生产力的非对称增长,从而造成资本租金与劳动工资的差异性变化,最终导致劳动收入份额变动。其次,从企业层面来看,数字技术应用促使企业不断优化生产决策,调整生产方式,从而实现利润最大化目标。例如,数字技术应用通过智能化方式极大提升了机器设备等资本要素的生产效率,一方面促使企业倾向于采用资本替代传统劳动的生产方式,对劳动收入份额产生负向影响,即"资本—劳动"替代性特征;另一方面也要求企业加快形成资本结合技能型劳动的生产方式,对劳动收入份额产生正向影响,即"资本—技能"互补性特征。最后,从产业层面来看,考虑不同产业的要素密集型与要素替代弹性各异,企业数字化转型对各类产业的影响也存在异质性特征,如资本密集型产业的资本深化速度加快。因此,企业数字化转型会加速各类生产要素在不同产业间的重新优化配置，从而带来不同产业产出份额的变化，即产业结构变迁。由于不同产业内部的劳动收入份额差异明显，企业数字化转型在推动产业结构转型的同时必然会带来劳动收入份额的变动。综上所述，本书按照从微观到宏观的研究思路展开理论分析具有内在一致性与逻辑合理性。接下来，本书将从要素、企业以及产业三个层面，更为详细地探究企业数字化转型对劳动收入份额的影响机制。

二、基于要素赋能偏向的理论分析

从要素层面来看，企业数字化转型就是数字技术与传统要素相结合的过程，如数字技术与资本、劳动等传统要素结合产生智能资本、数字员工等高效生产要素，有利于提高传统要素生产率（吕铁、李冉，2022）。首先，对资本要素而言，数字技术可以在机器设备等资本要素之间建立起深度链接，从而形成智能化资本，并将其运用于企业内部价值创造活动，包括研发、采购、生产、销售等，这极大提升了资本要素的生产效率。例如，企业将产品生产的全流程接入工业互联网平台，实现柔性化生产与个性化加工，有利于大幅提升传统要素的生产力，降低必要劳动时间，增加资本边际产出，提高资本生产率。其次，对劳动要素而言，企业数字化转型可以从两方面提升劳动生产率。一方面，数字设备应用将原先处于重复性工作中的大量劳动力释放出来，为劳动者灵活就业和更合理地安排劳动时间提供机会，有利于提高劳动边际产出进而增加劳动收入。例如，互联网发展涌现出共享经济、平台经济、直播经济等新业态，提高了劳动者就业的灵活性。另一方面，企业数字化转型为劳动者自身的人力资本积累提供了便捷途径，会更大程度地激发员工在生产过程中产生的"干中学"效应。在数字技术与生产流程相结合的过程中，劳动者会逐渐熟悉甚至熟练使用各种数字化设备，并发挥人的主观能动性，根据实际生产需要不断改进现有的工艺流程。此外，从要素优化配置的视角来看，企业数字化转型会催生"黑灯工厂"制造模式，促使资本和劳动等传统生产要素在产品生产中不断重组与优化，从而实现提高生产效率、降低产品成本、缩短订单周期、减小生产波动等一系列经济效益。同时，企业数字化转型可以通过有效利用企业生产过程中产生的大量数据，加强不同要素、产业以及区域之间的互联互通，提高产业链供应链协同水平，实现生产资源在不同主体之间的快速流动和网络化共享，从而有效降低交易成本，提升要素配置效率。根据中国工业和信息化部的数据，智能化改造的示范工厂其产品研发周期平均缩短20.70%，生产效率平均提升34.80%，产品不良品率平均下降27.40%，企业产出效率和产出质量都在数字化转型过程中得到了极大提升。①

虽然企业数字化转型有助于提高资本生产率和劳动生产率，但该影响在不同阶段往往会呈现出明显的非对称性，即要素赋能偏向。在固定的要素替代弹性关系下，企业数字化转型会通过技术进步偏向改变资本与劳动的边际产出，从而对要素收入分配产生影响。具体而言，以要素替代弹性较高情形为例，当企业数字化转型对资本生产率的提升效果优于劳动生产率时，资本的边际产出相对劳动更高，从而会导致劳动收入份额的下降；相反，当企业数字化转型更有利于劳动生产率提升时，劳动的边际产出将会更高，从而有利于提升劳动收入份额。根据数字技术变革的阶段性特征，企业数字化转型会按照从数字化向网络化再向智能化的方向发展，而数字技术对资本生产率的赋能效果在这一过程中会呈现出指数级增长趋势。在数字化阶段，企业从生产过程中收集数据并加以分析，将数据转化为生产要素，从而实现降成本、提质量的目标。在网络化阶段，企业利用物联网、大数据等技术对生产流程进行实时感知、采集和监测，促进生产网络的高效衔接和动态协同，打造网络化生产方式。在智能化阶段，企业依托新一代人工智能技术实现人机协同与动态决策，同时借助虚拟现实技术和智能制造系统催生协同制造、网络制造、体验式制造等新型制造业态，构建起数据驱动、人机协同、跨界融合、共创分享的智能经济形态，推动制造形态从"规模生产"向"定制生产"转变。由此可见，无论是自动化和数字化还是网络化和智能化，在企业数字化转型的不同阶段，数字技术应用的重点对象始终是以机器设备形式存在的资本要素或者说是物化劳动。因此，企业数字化转型对资本生产率的赋能效果明显超过劳动生产率，且两者之间的差距会随着新一代信息技术变革不断扩大。当资本与劳动之间的替代弹性较高时，企业数字化转型带来的要素赋能偏向会对劳动收入份额产生负向影响。

---

① 工信部：以智能化重塑制造业产业模式和企业形态[EB/OL]. [2023-03-02]（2023-08-23）. http://www.ce.cn/cysc/newmain/yc/jsxw/202303/02/t20230302_38421687.shtml

三、基于企业生产方式的理论分析

从企业层面来看，数字化转型在提升要素生产率、形成要素赋能偏向之后，紧接着就会带来企业生产方式的改变，该影响可以通过企业的生产投入结构变化得以体现。在数字经济时代，企业生产方式可以从两个方面加以概括，分别是"资本—劳动"替代生产与"资本—技能"互补生产。

首先是"资本—劳动"替代生产方式。"资本—劳动"替代生产方式主要是指，企业借助数字化转型将新一代信息技术应用于经营生产活动中，不断优化要素投入比例，如增加自动化设备、减少招工人数以实现生产流程的自动化与智能化，对传统劳动力产生挤出效应。在早期大规模的机器自动化生产阶段，虽然自动化技术极大提升了机器设备的运行效率，但由于复杂程度高、智能化水平不足、应用场景受限、模块单元间割裂等缺陷，自动化技术无法完全胜任重复性工作和常规岗位，劳动力仍是企业生产中的重要要素投入，从而形成"资本—劳动"互补生产方式。然而，伴随着人工智能、大数据、区块链等新一代信息技术的蓬勃发展，传统的自动化技术正在向数字化、网络化与智能化方向转变，应用场景不断丰富，不同生产模块间的联系越发密切，传统劳动力在生产过程中逐渐成为可能被完全替代的生产要素如"无人工厂"，从而形成"资本—劳动"替代生产方式。

其次是"资本—技能"互补生产方式。"资本—技能"互补生产方式主要是指，企业在将数字技术应用于生产经营活动继而实现数字化转型的过程中，会对技能型人才和高人力资本劳动力产生新的需求即互补效应。根据现有研究，劳动力可以大致分为脑力劳动者和体力劳动者、生产性工人与非生产性工人等不同种类。一方面，企业数字化转型会促使大量厂商采用机器替人的生产方式，对传统的体力劳动者与生产性工人产生挤压，尤其迫于劳动力成本不断上升的压力，大量中国企业都在积极尝试将最新的数字技术与企业生产决策相结合，希望通过应用创新提升市场竞争优势与国际分工地位；另一方面，在数字经济时代，为更好地将数字技术与自身生产经营活动相结合，企业对技能型人才与高人力资本劳动力的需求会不断增加，从而形成"资本—技能"互补生产方式。这是因为，企业数字设备和信息系统的使用离不开数字技能人才和交叉学科背景人才的支撑。数字技能人才可以推动数字技术创新，而交叉学科背景人才有助于提高数字技术在不同行业的应用可行性。《产业数字人才研究与发展报告（2023）》

指出，目前中国数字人才缺口已达到2500万人，数字化转型相关方向的数据、技术、运营等高端人才缺乏，跳槽时涨薪幅度往往能达到30.00%。[①]

  接下来，本书着重分析"资本—劳动"替代生产、"资本—技能"互补生产这两种生产方式对劳动收入份额的影响。第一，在数字化转型浪潮中，企业采用"资本—劳动"替代生产方式会对劳动收入份额产生负向影响。根据新古典学派的收入分配理论，要素价格取决于各类要素在生产过程中的边际贡献，而要素收入份额则由要素禀赋和要素价格共同决定。在"资本—劳动"替代生产方式中，数字技术应用一方面加快了企业资本积累，大幅提升了资本劳动比；另一方面极大提高了资本的边际产出，从而造成资本租金相对劳动工资更快地上涨，最终对劳动收入份额产生负向影响。因此，企业数字化转型会通过形成"资本—劳动"替代生产方式降低劳动收入份额。第二，在企业数字化转型过程中出现的"资本—技能"互补生产方式有助于提升劳动收入份额。具体而言，数字化转型会增加企业对研发人员、数字人才等技能型劳动力的需求，而这类劳动力总供给有限并且难以被资本要素所替代，工资水平也往往较高。国家统计局数据指出，2022年中国年平均工资水平最高的行业就是数字经济核心产业——信息传输、计算机服务和软件业。在"资本—技能"互补生产方式中，数字技术应用既提高了资本的边际产出，又会提升技能型劳动力的边际产出，然而技能型劳动力的工资相对资本租金上涨幅度更高，最终有助于提升劳动收入份额。因此，企业数字化转型会通过形成"资本—技能"互补生产方式提升劳动收入份额。

  综上所述，企业数字化转型对劳动收入份额的影响取决于挤出效应与互补效应的相对大小。现阶段，中国仍处于发展中阶段，劳动力结构高级化与人力资本水平不够，大量劳动者只能从事重复性工作和常规岗位，在数字技术的迭代更新中面临着较高的失业风险。此时，"资本—劳动"替代引致的挤压效应占主导地位，从而不利于劳动收入份额提升。但伴随着中国劳动力结构的不断优化，高技能人才在劳动要素中的占比将逐渐提升，"资本—技能"互补带来的互补效应将占主导地位，有利于提升劳动收入份额。

[①] 人瑞人才，德勤中国. 产业数字人才研究与发展报告（2023）[M]. 北京：社会科学文献出版社，2023.

四、基于产业结构变迁的理论分析

企业数字化转型改变生产方式的本质是生产要素在不同企业之间的重新优化配置，从而带来各类企业在数量、规模等方面相对比例关系的变化，这在产业层面则体现为产业结构变迁，如新兴产业与高技术产业占比的不断提升。因此，从产业层面来看，企业数字化转型会推动产业结构转型，从而对劳动收入份额产生影响。前文阐述了企业数字化转型对要素生产率和企业生产方式的影响，既强调了数字赋能在资本要素和劳动要素之间的非对称性，还指出了企业数字化转型会促使企业采用"资本—技能"互补生产和"资本—劳动"替代生产这两种生产方式。由于不同企业所属行业的要素密集型和要素替代弹性存在差异，要素赋能偏向与新的生产方式所产生的经济影响也具有显著的行业异质性，因此，企业数字化转型会通过促进产业结构转型，进而对劳动收入份额产生影响。

首先，从要素密集型特征视角来看，本书将行业划分为劳动密集型和资本密集型两类展开阐述。第一，对于资本密集型行业来说，由于企业数字化转型对资本生产率的提升效果比劳动生产率更好，资本密集型行业在数字化转型过程中产生了相对比较优势。资本密集型行业本就依赖资本要素投入，当数字化转型带来的技术进步偏向资本时，资本密集型行业中的企业会选择使用资本替代劳动，尤其是替代从事低技能重复性工作和中等技能常规岗位的劳动者。第二，对于劳动密集型行业来说，该行业中的部分劳动力属于低技能的手工劳动者，这一类劳动力所生产出来的产品往往包含情感、品牌等价值，虽然生产效率较低，但是难以被数字技术所替代。与此同时，劳动密集型行业所属企业也会将数字技术应用于营销、广告、设计等环节，从而实现数字化转型。总而言之，相较于劳动密集型行业，资本密集型行业的生产效率提升幅度更大。当两类行业产品之间的消费替代弹性较高时，即替代性消费，企业数字化转型将会提升资本密集型行业在经济体中的占比，即产业结构向资本密集型为主转变。此时，企业数字化转型对经济体劳动收入份额的影响将由资本密集型行业决定。相反地，当两类行业产品之间的消费替代弹性较低时，即互补性消费，企业数字化转型将会提升劳动密集型行业在经济体中的占比，即产业结构向劳动密集型为主转变。此时，企业数字化转型对经济体劳动收入份额的影响将由劳动密集型行业决定。

其次,从要素替代弹性特征视角来看,本书将产业划分为高要素替代弹性和低要素替代弹性两类展开阐述。要素替代弹性既可以表征不同要素之间的可替代关系,还能用于刻画企业生产的"灵活性"特征。相较于低要素替代弹性行业的企业,高要素替代弹性行业的企业可以更为灵活地优化配置劳动和资本等要素。当企业数字化转型对资本要素赋能效果更优时,高要素替代弹性行业的企业可以更为灵活地使用资本要素来替代劳动要素,即更快地采用"资本—劳动"替代生产方式,从而发挥出"灵活性"这一相对比较优势。当两类行业产品之间的消费替代弹性较高时,即替代性消费,企业数字化转型将会提升高替代弹性行业在经济体中的占比,即产业结构向高替代弹性行业为主转变。此时,企业数字化转型对经济体劳动收入份额的影响将由高替代弹性行业决定。相反地,当两类行业产品之间的消费替代弹性较低时,即互补性消费,企业数字化转型将会提升低替代弹性行业在经济体中的占比,即产业结构向低替代弹性行业为主转变。此时,企业数字化转型对经济体劳动收入份额的影响将由低替代弹性行业决定。

为了更方便理解上述理论机制,接下来,本书以制造业和服务业为例展开进一步阐释。根据郭凯明等(2020)的研究,相较于服务业,制造业的资本密集特征更为明显,并且行业内部的要素替代弹性更高。目前数字技术应用更偏向于提高资本生产率,数字化转型会促使制造业企业使用资本要素替代劳动要素,推动资本深化,导致制造业的劳动收入份额不断下降。同时,被制造业挤出的劳动力在数字经济时代将不断流入服务业,但服务业生产力的提升幅度低于制造业,从而导致制造品产量相对服务品的大幅增加,制造品价格相对服务品的大幅下降。考虑服务品与制造品在居民消费中的互补性,企业数字化转型会推动产业结构向服务化转型。由于经济体劳动收入份额可以表示为不同产业劳动收入份额以产业产出份额为权重的加权和,伴随着产业结构服务化转型,企业数字化转型对经济体劳动收入份额的影响将取决于服务业。当服务业内部要素替代弹性较高时,企业数字化转型将不利于经济体劳动收入份额的提升。然而,随着劳动力人力资本水平的不断提高,劳动与资本之间的要素替代弹性将不断下降,形成与数字设备互补生产的优势,即采用"资本—技能"互补生产方式。此时,企业数字化转型将有助于经济体劳动收入份额的提升。

第二节 基于单部门一般均衡模型的数理分析

前文遵循"要素—企业—产业"的逻辑思路,搭建了企业数字化转型对劳动收入份额影响的理论分析框架,并从要素、企业以及产业三个层面进行了定性分析。围绕这一理论框架,接下来本书将企业数字化纳入数理模型,构建动态一般均衡模型深入阐述企业数字化转型对劳动收入份额的影响机制。本书数理分析按照由浅入深、由易到难、由简到繁的渐进思路展开。首先,不考虑行业特征,构建单部门一般均衡模型,分析企业数字化转型如何通过技术进步偏向和要素替代弹性影响劳动收入份额;其次,将行业特征纳入模型,构建多部门一般均衡模型,剖析企业数字化转型对劳动收入份额的影响。本节重点介绍不考虑行业特征的单部门一般均衡模型,推导均衡时经济体的劳动收入份额决定方程,从理论层面阐述企业数字化转型影响劳动收入份额的内在机理。

一、前提假设与模型构建

数字化转型是企业购买数字设备产品,培养数字技能人才,探索数字技术应用场景的一个持续性投资过程。前文分析指出,企业数字化转型的影响是从微观要素开始,主要表现为赋能传统要素升级。例如,智能制造、工业机器人等均是数字技术推动资本要素升级的典型事实,这极大提高了资本的运行效率,同理数字技术也会赋能劳动要素升级,通过加速人力资本积累从而提高劳动生产率。基于此,本书将企业数字化转型以要素扩展型技术进步形式纳入动态一般均衡模型。模型中,企业持续将一定比例的投资用于数字化转型,从而带来要素扩展型技术进步,但数字技术在应用过程中存要素赋能偏向,这体现了数字化转型是一种有偏技术进步的特点。模型假定在封闭经济体中存在若干个代表性厂商,每个企业使用资本和劳动要素以常替代弹性技术生产一种产品。产品市场和要素市场均满足完全竞争市场假设,因此服从产品分配净尽原则。

索洛(Solow)经济增长模型虽然是最简单的动态一般均衡模型,但同样包含劳动市场、资本市场和产品市场,之后诞生的拉姆齐(Ramsey)、戴蒙德(OLG)等模型都是建立在 Solow 模型的基础上,虽然计算过程更为复杂,但也仅是验证了 Solow 模型的核心结论。因此,为尽可能用简单模型厘清经济变量之间的复杂关系,本书选择拓展 Solow 模型展开理论分析。

模型包括生产部门和家庭部门，生产部门由多个代表性厂商构成，以常替代弹性（constant elasticity of substitution，CES）生产函数进行生产，表示如下：

$$Y_t = A_t \left[\alpha^{\frac{1}{\sigma}} \left(D_t^\beta K_t \right)^{\frac{\sigma-1}{\sigma}} + (1-\alpha)^{\frac{1}{\sigma}} \left(D_t^\gamma L_t \right)^{\frac{\sigma-1}{\sigma}} \right]^{\frac{\sigma}{\sigma-1}} \tag{3.1}$$

其中，t 表示时期；Y 表示产品产量，在不失一般性的情况下，将其价格标准化为 1；K 表示生产性资本存量，L 表示生产性劳动投入，A 表示生产技术进步；D 表示企业用于数字化转型的投资，其值越大代表数字化转型水平越高；D^β 表示数字化转型带来的资本增强型技术进步，D^γ 表示数字化转型带来的劳动增强型技术进步；β 和 γ 的差异刻画了数字化转型对资本和劳动的偏向性技术进步；α 表示资本和劳动在产品生产中的相对重要性，满足 $0<\alpha<1$；σ 表示资本和劳动在产品生产中的替代弹性，当 $\sigma \in (0,1)$ 时，资本与劳动之间表现为互补关系，当 $\sigma \in (1,+\infty)$ 时，资本与劳动之间表现为替代关系。

家庭部门由多个代表性家庭构成，代表性家庭在要素市场提供资本和劳动并获取劳动工资和资本租金，并以 s 比例的储蓄率形成生产性投资 I_K，以 d 比例的储蓄率形成企业数字化转型投资 I_D，将剩下 $(1-s-d)$ 的比例用于消费 C。本书将企业数字化转型水平表示为数字化转型资本存量的增函数。在 Solow 模型中将储蓄率外生化并不会影响研究结论，同理，本书也未将数字化转型的投资行为内生化，但这并不妨碍本书的理论分析。原因在于：一方面，数字技术作为通用目的技术，具有显著的外溢性特征；另一方面，数字化转型前期投资巨大，需要将传统生产设备更换为数字设备，因此，仅靠市场机制下的利润最大化原则难以推动企业数字化转型的自发行为。本书模型设定可以理解为，政府与企业经过博弈协商，共同决定将 d 比例的产出用于数字化转型投资以持续推进企业数字化转型。同时，按照一般均衡模型中的常规设定，本书将家庭视为企业的股权所有者，家庭的消费储蓄行为就决定了企业的投资行为。

生产性资本存量和数字化转型资本存量的动态积累方程可以表示为：

$$K_t = (1-\delta_K) K_{t-1} + I_{Kt} \tag{3.2}$$

$$D_t = (1-\delta_D) D_{t-1} + I_{Dt} \tag{3.3}$$

其中，δ_K、δ_D 分别表示生产性资本存量和数字化转型资本存量的折旧率。

本书假定家庭部门的劳动供给外生给定，记为 $\bar{L}$，因此要素市场出清条件为：

第三章 企业数字化转型对劳动收入份额影响的理论分析

$$\overline{L}_t = L_t \tag{3.4}$$

产品全部用于家庭消费、生产性资本投资和数字化转型投资,因此产品市场出清条件为:

$$C_t + I_{Kt} + I_{Dt} = Y_t \tag{3.5}$$

记资本租金为 R、劳动工资为 W。按照产品分配净尽原则,产品分配满足以下条件:

$$R_t K_t + W_t L_t = Y_t \tag{3.6}$$

二、均衡求解

不失一般性,本书将产品价格标准化为 1。根据式(3.1),代表性厂商通过选择最优的劳动和资本投入最大化其利润,利润函数表示为:

$$\max \pi_t = A_t \left[\alpha^{\frac{1}{\sigma}} \left(D_t^\beta K_t \right)^{\frac{\sigma-1}{\sigma}} + (1-\alpha)^{\frac{1}{\sigma}} \left(D_t^\gamma L_t \right)^{\frac{\sigma-1}{\sigma}} \right]^{\frac{\sigma}{\sigma-1}} - R_t K_t - W_t L_t \tag{3.7}$$

根据代表性厂商利润最大化的一阶条件可得:

$$R_t = \alpha^{\frac{1}{\sigma}} Y_t^{\frac{1}{\sigma}} \left(A_t D_t^\beta \right)^{\frac{\sigma-1}{\sigma}} K_t^{-\frac{1}{\sigma}} \tag{3.8}$$

$$W_t = (1-\alpha)^{\frac{1}{\sigma}} Y_t^{\frac{1}{\sigma}} \left(A_t D_t^\gamma \right)^{\frac{\sigma-1}{\sigma}} L_t^{-\frac{1}{\sigma}} \tag{3.9}$$

由式(3.9)可知,劳动工资最终取决于产品产量、生产技术进步、企业数字化转型带来的劳动增强型技术进步、资本与劳动之间的替代弹性、资本和劳动在生产中的相对重要性以及劳动投入。CES 生产函数满足稻田条件以及规模报酬不变特征,根据产品分配尽净原则,可推导得到劳动收入份额的决定方程为:

$$\begin{aligned} LP_t &= \frac{W_t L_t}{Y_t} \\ &= \frac{W_t L_t}{R_t K_t + W_t L_t} \\ &= \frac{(1-\alpha)^{\frac{1}{\sigma}} Y_t^{\frac{1}{\sigma}} \left(AD_t^\gamma \right)^{\frac{\sigma-1}{\sigma}} L_t^{\frac{\sigma-1}{\sigma}}}{\alpha^{\frac{1}{\sigma}} Y_t^{\frac{1}{\sigma}} \left(A_t D_t^\beta \right)^{\frac{\sigma-1}{\sigma}} K_t^{\frac{\sigma-1}{\sigma}} + (1-\alpha)^{\frac{1}{\sigma}} Y_t^{\frac{1}{\sigma}} \left(AD_t^\gamma \right)^{\frac{\sigma-1}{\sigma}} L_t^{\frac{\sigma-1}{\sigma}}} \\ &= \frac{1}{1 + \left(\frac{\alpha}{1-\alpha} \right)^{\frac{1}{\sigma}} \left(\frac{D_t^\beta K_t}{D_t^\gamma L_t} \right)^{\frac{\sigma-1}{\sigma}}} \end{aligned} \tag{3.10}$$

其中，LP_t 表示 t 期的劳动收入份额。根据劳动收入份额的决定方程可以发现，劳动收入份额的高低本质取决于资本和劳动的相对稀缺性，而资本和劳动之间的替代弹性、资本和劳动的要素禀赋、数字技术应用带来的资本和劳动增强型技术进步均是影响要素相对稀缺性的重要因素。

三、比较静态分析

企业数字化转型对劳动收入份额的影响可从静态分析和动态分析两个层面展开。其中，静态分析是不考虑动态的资本积累，假定资本和劳动之间的替代弹性、资本和劳动禀赋都不变，剖析数字化转型带来的资本和劳动增强型技术进步差异对劳动收入份额的影响；动态分析是考虑动态的资本积累或人口变化，假定资本和劳动之间的替代弹性不变，剖析数字化转型带来的资本和劳动增强型技术进步差异对劳动收入份额的影响。本书首先控制资本积累和人口变化因素，从静态视角分析企业数字化转型对劳动收入份额的影响。将劳动收入份额的决定方程即式（3.10）对 D_t^β/D_t^γ 求导可得：

$$\frac{dLP_t}{d\left(D_t^\beta/D_t^\gamma\right)} = -\frac{\left(\frac{\alpha}{1-\alpha}\right)^{\frac{1}{\sigma}} \frac{\sigma-1}{\sigma} \left(\frac{K_t}{L_t}\right)^{\frac{\sigma-1}{\sigma}} \left(\frac{D_t^\beta}{D_t^\gamma}\right)^{\frac{-1}{\sigma}}}{\left(1+\left(\frac{\alpha}{1-\alpha}\right)^{\frac{1}{\sigma}}\left(\frac{D_t^\beta K_t}{D_t^\gamma L_t}\right)^{\frac{\sigma-1}{\sigma}}\right)^2} \quad (3.11)$$

进一步地，将资本与劳动之间的相对价格对 D_t^β/D_t^γ 求导可得：

$$\frac{d(W_t/R_t)}{d\left(D_t^\beta/D_t^\gamma\right)} = -\left(\frac{1-\alpha}{\alpha}\right)^{\frac{1}{\sigma}} \frac{\sigma-1}{\sigma} \left(\frac{D_t^\beta}{D_t^\gamma}\right)^{\frac{1-2\sigma}{\sigma}} \left(\frac{K_t}{L_t}\right)^{\frac{1}{\sigma}} \quad (3.12)$$

根据式（3.11）可以发现，企业数字化转型对劳动收入份额的静态影响取决于资本和劳动之间的替代弹性 σ 以及数字技术对资本和劳动的技术进步偏向 D_t^β/D_t^γ。根据式（3.12），劳动与资本之间的相对价格也会随替代弹性 σ 和技术进步偏向 D_t^β/D_t^γ 的变化而改变。具体而言，当 $\sigma>1$、$\beta>\gamma$ 时，即资本与劳动之间的替代弹性较高，且企业数字化转型对资本要素的增强效果优于劳动，企业在生产中将倾向于采用资本替代劳动的生产方式，此时，劳动、资本之间的相对价格与技术进步偏向（D_t^β/D_t^γ）呈负相关，这意味着企业数字化转型会带来劳动与资本之间相对价格的下降，而替代效应和价格效应最终共同导致劳动收入份额降低。当 $\sigma>1$、$\beta<\gamma$ 时，即资本与劳动之间的替代弹性较高，且企业数字化转型带来的技术进步更多体现为劳增强型,企业在生产中将倾向于使用劳动替代资本的生产方式，此时劳动与资本之间的相对价格会上升，劳动收入份额在替代效应与价格效应的共同作用下将不断提升。当 $0<\sigma<1$、$\beta>\gamma$ 时，即资本与劳动之间的替代弹性较低，且企业数字化转型更多体现为资本增强型技术进步，此时劳动相对资本更为稀缺，但又因为资本和劳动在生产中表现为互补关系，从而促使企业在扩大生产中投入更多劳动力，因此劳动与资本之间的相对价格上涨较快，价格效应占主导，从而有利于提升劳动收入份额。当 $0<\sigma<1$、$\beta<\gamma$ 时，即资本与劳动之间的替代弹性较低，且企业数字化转型体现为劳动偏向性技术进步，企业会在生产中投入更多的资本要素，劳动与资本之间的相对价格将会下降，此时价格效应大于替代效应，从而带来劳动收入份额的逐渐下降。

上述分析并未考虑资本积累，接下来，本书展开动态分析。将劳动收入份额 LP_t 对 K_t/L_t 求导可得：

$$\frac{dLP_t}{d(K_t/L_t)}=-\frac{\left(\frac{\alpha}{1-\alpha}\right)^{\frac{1}{\sigma}}\frac{\sigma-1}{\sigma}\left(\frac{K_t}{L_t}\right)^{\frac{-1}{\sigma}}\left(\frac{D_t^\beta}{D_t^\gamma}\right)^{\frac{\sigma-1}{\sigma}}}{\left(1+\left(\frac{\alpha}{1-\alpha}\right)^{\frac{1}{\sigma}}\left(\frac{D_t^\beta K_t}{D_t^\gamma L_t}\right)^{\frac{\sigma-1}{\sigma}}\right)^2} \quad (3.13)$$

进一步地，将资本与劳动之间的相对价格对 K_t/L_t 求导可得：

$$\frac{d(W_t/R_t)}{d(K_t/L_t)}=\frac{1}{\sigma}\left(\frac{1-\alpha}{\alpha}\right)^{\frac{1}{\sigma}}\left(\frac{D_t^\beta K_t}{D_t^\gamma L_t}\right)^{\frac{1-\sigma}{\sigma}} \quad (3.14)$$

从式（3.13）中可以看出，资本深化（可理解为资本和劳动禀赋的改变）也会对劳动收入份额产生影响，其影响方向主要取决于资本和劳动之间的替代弹性 σ。根据式（3.14），资本深化对劳动与资本之间的相对价格影响总是为正。具体而言，当 $\sigma>1$ 时，资本和劳动在生产中表现为可替代关系，资本深化会不断加强资本相对劳动的禀赋优势，从而促使厂商更倾向于采用资本要素进行生产。此时，劳动与资本之间的相对价格会逐渐上涨，但替代效应大于价格效应，最终导致劳动收入份额的不断降低。当 $0<\sigma<1$ 时，资本与劳动在生产中表现为互补关系，资本深化意味着劳动

相较于资本成为稀缺资源，此时劳动与资本之间的相对价格将不断上升，劳动收入份额在替代效应与价格效应的共同作用下呈现出不断上升的趋势。

综上可知，在单部门动态一般均衡模型中，劳动收入份额的变化取决于两种因素的综合影响：一是企业数字化转型带来的要素赋能偏向；二是资本与劳动在生产过程中的替代弹性。

第三节　基于多部门一般均衡模型的数理分析

前文构建了单部门一般均衡模型，从技术进步偏向和要素替代弹性视角阐释了企业数字化转型对劳动收入份额的影响机理，但尚未纳入行业特征。从行业层面来看，经济体劳动收入份额可以表示为不同产业劳动收入份额的加权和。考虑企业数字化转型本身及其对劳动收入份额的影响均具有明显的行业异质性，接下来，本节将行业特征纳入模型，构建多部门一般均衡模型，进一步阐释企业数字化转型影响劳动收入份额的内在机理。

一、前提假设与模型构建

作为一种通用目的技术，数字技术会改变许多行业的生产组织模式。由于不同行业的生产方式（替代弹性）和要素密集型（资本密集型或劳动密集型）存在明显差异，企业数字化转型对劳动收入份额影响也呈现出显著的行业异质性特征。为了清晰说明上述机理，本书借鉴郭凯明等（2020）、Alvarez-Cuadrado 等（2017）的研究，构建一个多部门动态一般均衡模型展开理论分析。

模型的供给端包括一个最终品部门和两个中间品部门。其中，最终品部门的代表性厂商投入两种中间品进行生产；中间品部门的代表性厂商投入资本和劳动进行生产，并促进数字资本积累实现数字化转型。模型的需求端是家庭部门，通过代表性家庭的投资和消费行为刻画。产品市场和要素市场均是完全竞争市场，产品和要素出清意味着产品完全分配给投入生产的要素——资本和劳动。

（一）供给端

1. 最终品部门

最终品部门中的代表性厂商将两种中间品作为生产要素投入，以常替

代弹性技术生产既可用于投资又可用于消费的最终品,其生产函数为:

$$Q_t = \left[\omega^{\frac{1}{\varepsilon}} Y_{1t}^{\frac{(\varepsilon-1)}{\varepsilon}} + (1-\omega)^{\frac{1}{\varepsilon}} Y_{2t}^{\frac{(\varepsilon-1)}{\varepsilon}}\right]^{\frac{\varepsilon}{\varepsilon-1}} \quad (3.15)$$

其中,t 表示时期;Q 表示最终品产量,在不失一般性的情况下,将其价格标准化为 1;Y_1 表示第一类中间品的产量;Y_2 表示第二类中间品的产量;ω 表示第一类中间品和第二类中间品在最终品生产中的相对重要性,满足 $0<\omega<1$;ε 表示第一类中间品和第二类中间品在最终品生产中的替代弹性,当 $\varepsilon \in (0,1)$ 时,两种中间品在生产中表现为互补关系,当 $\varepsilon \in (1,+\infty)$ 时,两种中间品在生产中表现为替代关系。

2. 中间品部门

中间品部门包括部门 1 和部门 2,它们将资本和劳动作为生产要素投入,以常替代弹性技术分别生产第一类中间品和第二类中间品,其生产函数表示为:

$$Y_{1t} = A_{1t}\left[\alpha_1^{\frac{1}{\sigma_1}}\left(D_t^{\beta} K_{1t}\right)^{\frac{\sigma_1-1}{\sigma_1}} + (1-\alpha_1)^{\frac{1}{\sigma_1}}\left(D_t^{\gamma} L_{1t}\right)^{\frac{\sigma_1-1}{\sigma_1}}\right]^{\frac{\sigma_1}{\sigma_1-1}} \quad (3.16)$$

$$Y_{2t} = A_{2t}\left[\alpha_2^{\frac{1}{\sigma_2}}\left(D_t^{\beta} K_{2t}\right)^{\frac{\sigma_2-1}{\sigma_2}} + (1-\alpha_2)^{\frac{1}{\sigma_2}}\left(D_t^{\gamma} L_{2t}\right)^{\frac{\sigma_2-1}{\sigma_2}}\right]^{\frac{\sigma_2}{\sigma_2-1}} \quad (3.17)$$

其中,t 表示时期;下标 $\{1,2\}$ 用来区分部门 1 和部门 2;Y_1、Y_2 分别表示第一类中间品和第二类中间品的产量,其价格分别记为 P_1、P_2;A_1、K_1、L_1 表示中间品部门 1 的技术进步、生产性资本和劳动投入;A_2、K_2、L_2 表示中间品部门 2 的技术进步、生产性资本和劳动投入;D 表示数字化转型资本存量,其值越大代表企业数字化转型水平越高;D^{β}、D^{γ} 分别表示部门内数字化转型带来的资本增强型技术进步和劳动增强型技术进步;β 和 γ 分别刻画了数字化转型对资本和劳动的偏向性技术进步;α_1、α_2 分别用来刻画中间品部门 1 和部门 2 生产中的要素密集型特征,满足 $0<\alpha_i<1$;σ_1、σ_2 分别表示中间品部门 1 和部门 2 生产中资本和劳动之间的替代弹性,当 $\sigma_i \in (0,1)$ 时,资本与劳动之间表现为互补关系,当 $\sigma_i \in (1,+\infty)$ 时,资本与劳动之间表现为替代关系。值得注意的是,由于数字技术是一种通用目的技术,本书企业数字化转型的赋能偏向通过要素增强型技术进步差异得以体现,同种要素的赋能效果在不同行业之间是无偏的,即企业数字化转型对资本和劳动的赋能效果存在差异,但对不同部门

的同种要素增强效果相同,因此,企业数字化转型的行业异质性主要以行业之间的要素密集程度和要素替代弹性差异体现。

（二）需求端

模型的需求端由投资和消费构成。家庭部门由一个代表性家庭刻画,家庭一生效用函数采用 CRRA 形式刻画,表示为:

$$U = \sum_t \lambda^{t-1} \frac{C_t^{1-\rho} - 1}{1-\rho} \quad (3.18)$$

其中,t 表示时期;U 表示家庭一生的总效用;λ 表示时间偏好因子,满足 $0 < \lambda < 1$;ρ 表示跨期替代弹性的倒数,满足 $\rho > 0$;C 表示家庭消费。代表性家庭通过在要素市场提供资本和劳动,获得资本租金和劳动工资。家庭作为企业的股权所有者,分别以 d 和 s 比例的储蓄率形成数字化转型投资 I_D 和生产性投资 I_K,并将剩余收入用于消费 C。家庭的预算约束方程为:

$$R_t K_t + W_t L_t = C_t + I_{Kt} + I_{Dt} \quad (3.19)$$

生产性资本存量和数字化转型资本存量可以表示为:

$$K_t = (1 - \delta_K) K_{t-1} + I_{Kt} \quad (3.20)$$

$$D_t = (1 - \delta_D) D_{t-1} + I_{Dt} \quad (3.21)$$

其中,δ_K 表示生产性资本存量的折旧率,δ_D 表示数字化转型资本存量的折旧率。

（三）市场出清条件

产品市场的出清条件为最终品全部用于家庭消费、生产性资本投资和数字化转型投资,满足以下条件:

$$Q_t = C_t + I_{Kt} + I_{Dt} \quad (3.22)$$

要素市场的出清条件为总资本和总劳动分别用于第一类中间品和第二类中间品的生产,满足以下条件:

$$L_t = L_{1t} + L_{2t} \quad (3.23)$$

$$K_t = K_{1t} + K_{2t} \quad (3.24)$$

二、均衡求解

用 P 表示最终品价格,并将其标准化为 1,即 $P \equiv 1$。通过求解最终品部门的利润最大化问题,可以得到一阶条件为:

$$P_{1t} = Q_t^{\frac{1}{\varepsilon}} \omega^{\frac{1}{\varepsilon}} Y_{1t}^{\frac{-1}{\varepsilon}} \quad (3.25)$$

$$P_{2t} = Q_t^{\frac{1}{\varepsilon}} \omega^{\frac{1}{\varepsilon}} Y_{2t}^{\frac{-1}{\varepsilon}} \quad (3.26)$$

其中,P_{1t}、P_{2t} 分别表示 t 期第一类中间品和第二类中间品的价格。式(3.25)和式(3.26)即为第一类中间品和第二类中间品的需求函数。通过求解中间品部门的利润最大化问题,可以得到一阶条件为:

$$\begin{aligned} R_t &= P_{1t} Y_{1t}^{1/\sigma_1} \alpha_1^{1/\sigma_1} (D_t^\beta)^{(\sigma_1-1)/\sigma_1} K_{1t}^{-1/\sigma_1} \\ &= P_{2t} Y_{2t}^{1/\sigma_2} \alpha_2^{1/\sigma_2} (D_t^\beta)^{(\sigma_2-1)/\sigma_2} K_{2t}^{-1/\sigma_2} \end{aligned} \quad (3.27)$$

$$\begin{aligned} W_t &= P_{1t} Y_{1t}^{1/\sigma_1} (1-\alpha_1)^{1/\sigma_1} (D_t^\gamma)^{(\sigma_1-1)/\sigma_1} L_{1t}^{-1/\sigma_1} \\ &= P_{2t} Y_{2t}^{1/\sigma_2} (1-\alpha_2)^{1/\sigma_2} (D_t^\gamma)^{(\sigma_2-1)/\sigma_2} L_{2t}^{-1/\sigma_2} \end{aligned} \quad (3.28)$$

其中,R、W 分别表示资本租金和劳动工资。通过求解代表性家庭一生效用最大化的动态优化问题,可以得到欧拉方程为:

$$\frac{C_t^{-\rho}}{\lambda C_{t+1}^{-\rho}} = \frac{P_t}{P_{t+1}}[1 - \delta_K + (1-\tau)R_{t+1}] = 1 - \delta_K + (1-\tau)R_{t+1} \quad (3.29)$$

定义中间品部门 1 使用的资本和劳动比重分别为 $x_t^k = K_{1t}/K_t$、$x_t^l = L_{1t}/L_t$,中间品部门 2 使用的资本和劳动比重则为 $(1-x_t^k)$、$(1-x_t^l)$。联立式(3.27)与(3.28),化简可得:

$$(\frac{\alpha_2}{1-\alpha_2})^{1/\sigma_2} \frac{(x_t^k)^{1/\sigma_1}}{(1-x_t^k)^{1/\sigma_1}} (\frac{D_t^\beta K_t}{D_t^\gamma L_t})^{1/\sigma_1 - 1/\sigma_2} = (\frac{\alpha_1}{1-\alpha_1})^{1/\sigma_1} \frac{(x_t^l)^{1/\sigma_1}}{(1-x_t^k)^{1/\sigma_2}} \quad (3.30)$$

联立式(3.25)与(3.26),经计算可得:

$$\frac{P_{1t}}{P_{2t}} = (\frac{\omega}{1-\omega})^{1/\varepsilon} (\frac{Y_{1t}}{Y_{2t}})^{-1/\varepsilon} \quad (3.31)$$

将式(3.28)变形并把式(3.31)代入可得:

$$(D_t^\gamma)^{1/\sigma_1 - 1/\sigma_2} \frac{(x_t^l)^{1/\sigma_1}}{(1-x_t^l)^{1/\sigma_2}} = (\frac{\omega}{1-\omega})^{1/\varepsilon} \frac{Y_{1t}^{1/\sigma_1 - 1/\varepsilon}}{Y_{2t}^{1/\sigma_2 - 1/\varepsilon}} \frac{(1-\alpha_1)^{1/\sigma_1}}{(1-\alpha_2)^{1/\sigma_2}} \quad (3.32)$$

给定生产性资本、数字化转型资本、劳动的初始值以及其他的外生技术参数,那么,模型的静态均衡解(x_t^k、x_t^l)可以由式(3.30)和式(3.32)求解得出,而 x_t^k 和 x_t^l 一旦确定,模型中的其他内生变量也就相应确定。令 $LP_{it} = W_t L_{it}/P_{it} Y_{it}$ 为 i 部门的劳动收入份额,根据产品分配净尽原则,i 部门的资本收入份额则可以表示为 $KP_{it} = 1 - LP_{it} = R_t K_{it}/P_{it} Y_{it}$。此时,经济体总的劳动收入份额可以表示为:

$$LP_t = \frac{W_t L_t}{Q_t} = \frac{W_t L_{1t} + W_t L_{2t}}{P_{1t} Y_{1t} + P_{2t} Y_{2t}}$$

$$= \frac{P_{1t} Y_{1t}}{P_{1t} Y_{1t} + P_{2t} Y_{2t}} \frac{W_t L_{1t}}{P_{1t} Y_{1t}} + \frac{P_{2t} Y_{2t}}{P_{1t} Y_{1t} + P_{2t} Y_{2t}} \frac{W_t L_{2t}}{P_{2t} Y_{2t}} \quad (3.33)$$

从式（3.33）中可以看出，经济体整体劳动收入份额的变化取决于两个因素：一是中间品部门的劳动收入份额变化，这是因为企业数字化转型会带来不同行业内部要素收入分配格局的变化，本书将这一影响渠道称为集约边际效应；二是中间品部门的产出份额变化，即产业结构变迁，这是因为企业数字化转型对资本和劳动赋能效果的非对称性会带来产业结构变迁，而不同产业内部的要素收入份额存在明显差异，从而导致劳动收入份额的改变，本书将这一影响渠道称为广延边际效应。

三、比较静态分析

（一）基于模型均衡的基础性分析

前文详细介绍了模型的构建过程，接下来，本书借助比较静态分析方法，阐述企业数字化转型对劳动收入份额的影响机制。由前文分析可知，从行业内与行业间视角来看，企业数字化转型对劳动收入份额的影响可分解为集约边际效应和广延边际效应。在详细探讨集约边际效应和广延边际效应之前，本书需要基于模型均衡展开一系列基础性分析。

定义 $\theta_{it} = (\partial Y_{it} / \partial K_{it}) / (Y_{it} / K_{it})$ 为中间品部门 $i(i=1,2)$ 的资本产出弹性，根据式（3.16）和式（3.17）可得：

$$\theta_{it} = \frac{\alpha_i^{1/\sigma_i} (D_t^\beta K_{it})^{(\sigma_i - 1)/\sigma_i}}{\alpha_i^{1/\sigma_i} (D_t^\beta K_{it})^{(\sigma_i - 1)/\sigma_i} + (1-\alpha_i)^{1/\sigma_i} (D_t^\gamma L_{it})^{(\sigma_i - 1)/\sigma_i}} \quad (3.34)$$

根据式（3.27）可知，部门 i 的资本产出弹性等于部门 i 的资本收入份额，因此，部门 i 的劳动产出弹性和劳动收入份额可以表示为 $(1-\theta_{it})$。根据式（3.30）易知：$x_t^k > x_t^l \Leftrightarrow \theta_{1t} > \theta_{2t}$。这意味着资本产出弹性越大的产业，其所使用的资本要素投入占比也越高，因此，本书以参数 θ_{it} 来刻画中间品部门的要素密集程度。

将式（3.30）取自然对数后进行全微分可得：

$$V_{x^l} \frac{d \log x^l}{1 - x^l} + V_{x^k} \frac{d \log x^k}{1 - x^k} = V_K d \log K + V_D d \log D \quad (3.35)$$

其中，

第三章　企业数字化转型对劳动收入份额影响的理论分析

$$V_{x^l} = \frac{1}{\sigma_1}(1-x^l) + \frac{1}{\sigma_2}x^l$$

$$V_{x^k} = -\left[\frac{1}{\sigma_1}(1-x^k) + \frac{1}{\sigma_2}x^k\right]$$

$$V_K = \frac{1}{\sigma_1} - \frac{1}{\sigma_2}$$

$$V_D = (\frac{1}{\sigma_1} - \frac{1}{\sigma_2})(\beta - \gamma)$$

将式（3.16）取自然对数后进行全微分可得：

$$d\log Y_1 = \theta_1 d\log K_1 + (1-\theta_1)d\log L_1 + [\theta_1\beta + (1-\theta_1)\gamma]d\log D \quad (3.36)$$

将式（3.17）取自然对数后进行全微分可得：

$$d\log Y_2 = \theta_2 d\log K_2 + (1-\theta_2)d\log L_2 + [\theta_2\beta + (1-\theta_2)\gamma]d\log D \quad (3.37)$$

将式（3.32）取自然对数后进行全微分，并把式（3.36）和式（3.37）代入，化简可得：

$$U_{x^l}\frac{d\log x^l}{1-x^l} + U_{x^k}\frac{d\log x^k}{1-x^k} = U_K d\log K + U_D d\log D \quad (3.38)$$

其中，

$$U_{x^l} = (\frac{1}{\sigma_1} - \frac{1}{\varepsilon})(1-\theta_1)(1-x^l) + (\frac{1}{\sigma_2} - \frac{1}{\varepsilon})(1-\theta_2)x^l - \frac{1}{\sigma_1}(1-x^l) - \frac{1}{\sigma_2}x^l$$

$$U_{x^k} = (\frac{1}{\sigma_1} - \frac{1}{\varepsilon})\theta_1(1-x^k) + (\frac{1}{\sigma_2} - \frac{1}{\varepsilon})\theta_2 x^k$$

$$U_K = -\left[(\frac{1}{\sigma_1} - \frac{1}{\varepsilon})\theta_1 - (\frac{1}{\sigma_2} - \frac{1}{\varepsilon})\theta_2\right]$$

$$U_D = -\left[(\frac{1}{\sigma_1} - \frac{1}{\varepsilon})\theta_1 - (\frac{1}{\sigma_2} - \frac{1}{\varepsilon})\theta_2\right](\beta - \gamma)$$

从上述推导可知，由于 $V_D = (\beta-\gamma)V_K$、$U_D = (\beta-\gamma)U_K$，生产性资本 K 对均衡解 x^k 和 x^l 的影响是数字化转型资本 D 的 $1/(\beta-\gamma)$。因此，本书首先关注 D 对劳动收入份额的影响，然后分析 $1/(\beta-\gamma)$ 的正负即可得到 K 对劳动收入份额的影响。联立式（3.35）和式（3.38）并进行求解可得：

$$\frac{d\log x^l}{1-x^l}/d\log D = \frac{V_D U_{x^k} - U_D V_{x^k}}{V_{x^l} U_{x^k} - U_{x^l} V_{x^k}} \quad (3.39)$$

$$\frac{d\log x^k}{1-x^k} / d\log D = \frac{V_{x^l}U_D - U_{x^l}V_D}{V_{x^l}U_{x^k} - U_{x^l}V_{x^k}} \quad (3.40)$$

由式（3.39）和式（3.40）可知，企业数字化转型会带来劳动和资本在部门间的优化配置，而具体的影响方向取决于分子和分母的正负。经计算可知：

$$V_{x^l}U_{x^k} - U_{x^l}V_{x^k}$$

$$= -\frac{1}{\sigma_1\sigma_2}(x^k - x^l)(\theta_1 - \theta_2) - \frac{1}{\varepsilon}\left\{\begin{array}{l}[\frac{1}{\sigma_1}(1-x^l) + \frac{1}{\sigma_2}x^l][\theta_1(1-x^k) + \theta_2 x^k] \\ +[\frac{1}{\sigma_1}(1-x^k) + \frac{1}{\sigma_2}x^k][(1-\theta_1)(1-x^l) + (1-\theta_2)x^l]\end{array}\right\} < 0$$

$$V_D U_{x^k} - U_D V_{x^k} = \left[\frac{1}{\sigma_1}\left(\frac{1}{\sigma_2} - \frac{1}{\varepsilon}\right)\theta_2 - \frac{1}{\sigma_2}\left(\frac{1}{\sigma_1} - \frac{1}{\varepsilon}\right)\theta_1\right](\beta - \gamma)$$

$$V_{x^l}U_D - U_{x^l}V_D = \left[\frac{1}{\sigma_2}\left(\frac{1}{\sigma_1} - \frac{1}{\varepsilon}\right)(1-\theta_1) - \frac{1}{\sigma_1}\left(\frac{1}{\sigma_2} - \frac{1}{\varepsilon}\right)(1-\theta_2)\right](\beta - \gamma)$$

因此，经计算可知：

$$\frac{d\log x^l}{d\log D} > 0 \Leftrightarrow (\beta - \gamma)\left[(\varepsilon - \sigma_2)\theta_2 - (\varepsilon - \sigma_1)\theta_1\right] < 0$$

$$\frac{d\log x^k}{d\log D} > 0 \Leftrightarrow (\beta - \gamma)\left[(\varepsilon - \sigma_1)(1-\theta_1) - (\varepsilon - \sigma_2)(1-\theta_2)\right] < 0$$

由此可见，企业数字化转型对资本和劳动在部门间配置的影响取决于一系列参数的大小关系，包括要素赋能偏向、要素密集特征以及要素替代弹性等。基于上述基础性分析，接下来，本书重点从集约边际效应和广延边际效应两个层面阐述企业数字化转型对劳动收入份额的影响机制。

（二）集约边际效应

这部分关注集约边际效应，重点考察企业数字化转型对部门内劳动收入份额的影响。为便于分析，本书在集约边际效应分析中假设部门间的产出份额保持不变。根据式（3.27）和式（3.28）可得：

$$d\log(RK_1/WL_1) = \frac{\sigma_1 - 1}{\sigma_1}\left(d\log x^k - d\log x^l + d\log K + (\beta - \gamma)d\log D\right)$$

将式（3.39）和式（3.40）代入，可得：

$$\frac{d\log(RK_1/WL_1)}{d\log K} = \frac{d\log(RK_1/WL_1)}{(\beta-\gamma)d\log D}$$

经计算可得:

$$\frac{d\log(RK_1/WL_1)}{d\log D} = -(\beta-\gamma)\frac{\sigma_1-1}{\sigma_1\sigma_2\varepsilon}\frac{1}{V_{x^l}U_{x^k}-U_{x^l}V_{x^k}}$$

$$\frac{d\log(RK_1/WL_1)}{d\log K} = -\frac{\sigma_1-1}{\sigma_1\sigma_2\varepsilon}\frac{1}{V_{x^l}U_{x^k}-U_{x^l}V_{x^k}}$$

化简后可得:

$$\frac{d\log(RK_1/WL_1)}{d\log D} > 0 \Leftrightarrow (\sigma_1-1)(\beta-\gamma) > 0 \quad (3.41)$$

$$\frac{d\log(RK_1/WL_1)}{d\log K} > 0 \Leftrightarrow \sigma_1 > 1 \quad (3.42)$$

同理可得:

$$\frac{d\log(RK_2/WL_2)}{d\log D} > 0 \Leftrightarrow (\sigma_2-1)(\beta-\gamma) > 0 \quad (3.43)$$

$$\frac{d\log(RK_2/WL_2)}{d\log K} > 0 \Leftrightarrow \sigma_2 > 1 \quad (3.44)$$

根据上述数理推导可以发现,企业数字化转型对部门内劳动收入份额的影响方向取决于部门内资本和劳动之间的替代弹性以及数字化转型带来的要素赋能偏向。为了更加清楚地展示这一经济机制,接下来,本书重点讨论两种特殊情形。第一种特殊情形强调企业数字化转型带来的要素赋能偏向的影响。为此,首先假设中间品部门内资本和劳动之间的替代弹性相等且均大于 1,然后讨论 β 和 γ 之间大小关系变化产生的影响。第二种特殊情形考虑中间品部门内资本和劳动之间的替代弹性的影响。为此,首先假设企业数字化转型提高了中间品部门的劳动增强型技术即 $\beta < \gamma$,且中间品部门 1 资本和劳动之间的替代弹性大于 1,然后探讨中间品部门 2 资本和劳动之间的替代弹性变化产生的影响。

特殊情形 1:$\sigma_1 = \sigma_2 > 1$。此时,在两个中间品部门中,资本与劳动之间的替代弹性均大于 1,这意味着资本和劳动在中间品生产中容易相互替代。根据式(3.42)和式(3.44)可知,在这种情形下,资本收入份额会随着经济体的资本积累而不断上升,从而带来劳动收入份额的逐渐下降。根据式(3.41)和式(3.43),企业数字化转型对劳动收入份额的影响取决于

β和γ的相对大小,即要素赋能偏向。当数字化转型带来的技术进步偏向于资本增强型时,资本边际产出的提升幅度会更大,同时由于资本与劳动在生产中表现为替代关系,中间品厂商会倾向于使用资本进行生产。此时,企业数字化转型虽然促使中间品和最终品产量大幅增加,但劳动与资本之间的相对工资不断下降,从而不利于劳动收入份额提升,数字化转型红利将更多地被资本所占据。相反地,若数字化转型带来的技术进步偏向于劳动增强型时,劳动边际产出的提升幅度会更大。由于资本与劳动在生产中表现为替代关系,中间品厂商会更多地使用劳动进行生产,从而促使劳动工资不断上涨,数字化转型红利将更多地被劳动者所拥有。

特殊情形2:$\sigma_1 > 1$,$\beta > \gamma$。此时,企业数字化转型带来的技术进步偏向于资本增强型,并且在中间品部门1中,资本与劳动之间的替代弹性均大于1,这意味着资本和劳动在第一种中间品生产中呈现出相互替代的关系。从式(3.41)和式(3.42)中不难发现,在这种情形下,中间品部门1的劳动收入份额会随着企业数字化转型和资本积累而上升。中间品部门2中劳动收入份额的变化方向取决于资本和劳动之间的替代弹性。当中间品部门2中的要素替代弹性足够大时,由于企业数字化转型更能提高资本的边际产出,劳动收入份额会随着资本积累和数字化转型逐渐下降;当中间品部门2中的要素替代弹性足够小时,由于企业数字化转型更能提高资本的边际产出,"资本—劳动"互补式生产方式会导致厂商对劳动需求的上升,促使劳动工资相对资本租金更快上涨,从而有助于提升劳动收入份额。

(三)广延边际效应

接下来,这部分关注广延边际效应,重点考察企业数字化转型通过改变产业结构进而对劳动收入份额产生影响的作用机制。由式(3.31)可知:

$$\frac{P_1 Y_1}{P_2 Y_2} = \left(\frac{\omega}{1-\omega}\right)^{1/\varepsilon} \left(\frac{Y_1}{Y_2}\right)^{(\varepsilon-1)/\varepsilon}$$

对上式取对数并求微分,可得:

$$d\log(P_1 Y_1 / P_2 Y_2) = \frac{\varepsilon - 1}{\varepsilon} d\log(Y_1 / Y_2)$$

根据式(3.36)和式(3.37)可得:

$$d\log(Y_1/Y_2) = \theta_1 d\log K_1 - \theta_2 d\log K_2 + (1-\theta_1)d\log L_1$$
$$-(1-\theta_2)d\log L_2 + (\theta_1-\theta_2)(\beta-\gamma)d\log D$$

将式（3.39）和式（3.40）代入上式，化简可得：

$$\frac{d\log(Y_1/Y_2)}{d\log K} = \frac{d\log(Y_1/Y_2)}{(\beta-\gamma)d\log D}$$

经计算可得：

$$\frac{d\log(Y_1/Y_2)}{d\log D} = -(\beta-\gamma)\frac{1}{\sigma_1\sigma_2}\frac{(\theta_1-\theta_2)}{V_{x^l}U_{x^k}-U_{x^l}V_{x^k}}$$

$$\frac{d\log(Y_1/Y_2)}{d\log K} = -\frac{1}{\sigma_1\sigma_2}\frac{(\theta_1-\theta_2)}{V_{x^l}U_{x^k}-U_{x^l}V_{x^k}}$$

化简后可得：

$$\frac{d\log(P_1Y_1/P_2Y_2)}{d\log D} > 0 \Leftrightarrow (\beta-\gamma)(\varepsilon-1)(\theta_1-\theta_2) > 0$$

$$\frac{d\log(P_1Y_1/P_2Y_2)}{d\log K} > 0 \Leftrightarrow (\varepsilon-1)(\theta_1-\theta_2) > 0$$

结合前文的计算可推出：

$$\frac{d\log x^l}{d\log K} = \frac{d\log x^l}{(\beta-\gamma)d\log D} > 0 \Leftrightarrow (\varepsilon-\sigma_2)\theta_2 < (\varepsilon-\sigma_1)\theta_1 \quad (3.45)$$

$$\frac{d\log x^k}{d\log K} = \frac{d\log x^k}{(\beta-\gamma)d\log D} > 0 \Leftrightarrow (\varepsilon-\sigma_1)(1-\theta_1) < (\varepsilon-\sigma_2)(1-\theta_2) \quad (3.46)$$

$$\frac{d\log(P_1Y_1/P_2Y_2)}{d\log K} = \frac{d\log(P_1Y_1/P_2Y_2)}{(\beta-\gamma)d\log D} > 0 \Leftrightarrow (\varepsilon-1)(\theta_1-\theta_2) > 0 \quad (3.47)$$

根据上述数理推导可以发现，企业数字化转型会推动生产要素在部门间重新优化配置，继而推动产业结构转型，最终对经济体劳动收入份额产生影响，即广延边际效应。这一影响的具体变化方向取决于两种中间品在最终品生产中的替代弹性、中间品部门内部资本和劳动之间的替代弹性以及数字化转型带来的要素赋能偏向。为了更加清楚地展示这一经济机制，接下来，本书重点讨论两种特殊情形。第一种特殊情形强调两种中间品在最终品生产中的替代弹性的影响；第二种特殊情形强调中间品部门内要素替代弹性的影响。

特殊情形1：$\sigma_1 = \sigma_2 > 1$，$\beta > \gamma$。此时，两个中间品部门中资本和劳

动之间的替代弹性相同，均大于 1，并且企业数字化转型更多地体现为资本偏向型技术进步。式（3.45）和式（3.46）可以化简为：

$$\frac{d\log x^l}{d\log D} > 0 \Leftrightarrow \frac{d\log x^k}{d\log D} > 0 \Leftrightarrow (\varepsilon - \sigma_1)\theta_2 < (\varepsilon - \sigma_1)\theta_1$$

从上式中可以发现，企业数字化转型会促使劳动和资本的同方向流动。以两种中间品在最终品生产中的替代弹性大于 1 为例，企业数字化转型会推动资本和劳动向中间品部门 1 流动。这是因为，相较于中间品部门 2，中间品部门 1 的资本产出弹性更高，数字化转型会更大幅度地提高第一种中间品的实际产出，从而带来第一种中间品和第二种中间品之间相对价格的下降。由于两种中间品之间的替代弹性较大，最终品厂商会倾向于选择使用更多的第一种中间品，降低对第二种中间品的需求，此时中间品部门 1 的名义产出份额将不断上升。根据前文分析，中间品部门内资本与劳动之间的替代弹性大于 1，数字化转型带来资本增强型技术进步会促使劳动收入份额下降。综上所述，在这种情形中，数字化转型会推动产业结构向部门 1 为主变迁，从而促使经济体劳动收入份额呈现出不断下降的趋势。

特殊情形 2：$\sigma_1 = \varepsilon > 1$，$\beta > \gamma$。此时，中间品部门 1 中资本和劳动之间的替代弹性大于 1，最终品部门中两种中间品之间的替代弹性大于 1，并且企业数字化转型更多地体现为资本偏向型技术进步。将上述条件代入式（3.45）和式（3.46），可以得到：

$$\frac{d\log x^l}{d\log D} > 0 \Leftrightarrow \frac{d\log x^k}{d\log D} < 0 \Leftrightarrow \sigma_2 > \varepsilon$$

从上式中可以发现，企业数字化转型会促使劳动和资本的反方向流动。以中间品部门 2 中资本和劳动之间的替代弹性大于 ε 为例，伴随着企业数字化转型，资本将流向中间品部门 2，而劳动则会流入中间品部门 1。这是因为，企业数字化转型会更大幅度提高资本的边际产出，由于中间品部门 2 中资本与劳动之间的替代弹性更高，该部门的厂商会更"灵活"地选择"资本—劳动"替代生产方式，从而促使劳动逐渐流向中间品部门 1，反之亦然。另外，由于两种中间品在最终品生产中的替代弹性大于 1，企业数字化转型会不断提高中间品部门 1 的名义产出份额增加，即产业结构向以中间品部门 1 为主变迁。结合前文分析，中间品部门中资本与劳动之间的替代弹性大于 1，其劳动收入份额将随着企业数字化转型而下降。综上所述，在这种情形下，企业数字化转型会推动产业结构向中间品部门 1 为主变迁，从而带来劳动收入份额的不断下降。值得注意的是，生产性资本和数字化转型资本对劳动收入份额的影响方向在 $\beta > \gamma$ 时是一致的。

第四节　企业数字化转型对劳动收入份额影响的调节机制

前文数理分析阐述了企业数字化转型对劳动收入份额的影响机制，指出两者之间的影响方向取决于要素赋能偏向、要素密集特征、要素替代弹性以及产业结构变迁等多个因素。多数研究指出，当前数字技术对就业的破坏效应大于创造效应，这意味着企业数字化转型对劳动收入份额的影响极有可能为负。基于此，本节结合前文数理分析，构建"劳动者—企业—政府"的三维调节机制，从劳动者人力资本、企业创新能力、政府规制与保障三方面探索数字经济时代保持劳动收入份额相对稳定的可行路径。

一、劳动者人力资本的调节机制

在数字经济时代，"资本—劳动"替代生产方式导致劳动者面临被智能资本替代的风险，但劳动者可以通过教育培训不断提升自身职业技能，促进人力资本积累，从而适应企业数字化转型带来的生产方式变革。因此，人力资本积累可以降低资本与劳动之间的替代弹性，在企业数字化转型影响劳动收入份额中发挥着积极的调节作用。为更加清楚地阐释劳动者人力资本积累的调节机制，接下来，本书按照以下两个步骤展开理论分析。

首先，人力资本积累会降低资本与劳动之间的替代弹性。第一，人力资本积累有利于增强企业数字化转型过程中劳动者与数字技术之间的互补程度，降低被智能化资本替代的风险。根据员工组织匹配理论，企业数字化转型的持续推进离不开人力资本积累的支撑。数字化转型是企业使用数字设备收集生产、销售等环节的大数据，并借助信息系统等软件进行数据分析与决策，从而实现降本、增效、提质等一系列经济效益目标的过程。无论是处于数据化阶段，还是网络化与智能化阶段，数字化转型都极大增加了企业对数字化人才的需求，包括数字化管理人才、数字化应用人才以及数字化技术人才。与"资本—劳动"替代生产方式不同，企业数字化转型后的生产方式主要以"资本—技能"互补型为主，如"人机耦合"的用工模式，从而大大降低了资本与劳动之间的替代弹性。第二，从全球价值链分工视角来看，人力资本积累是企业从传统组装加工等低附加值环节向现代服务、研发设计等高附加值攀升的重要前提。相较于低附加值环节，高附加值环节更能发挥人力资本创造性与数字化设备之间的互补效应。例如，在产品的研发设计环节，高人力资本水平的员工可以借助数字平台开展合作研发，降低不同企业、科研院所之间的创新成本，提高创新成功率。综上所述，在企业数字化转型的过程中，促进劳动者人力资本积累能有效降低资本与劳动之间的替代弹性。

其次，资本与劳动之间的替代弹性降低可以正向调节企业数字化转型对劳动收入份额的影响。接下来，本书结合前文数理分析，深入阐释这一机理。第一，以前文单部门一般均衡模型为例，将要素替代弹性设为人力资本积累 h 的减函数，并用 $\sigma = f(h)$ 表示，其中 $f'(h) < 0$。现有研究以及本书后文研究表明，企业数字化转型或数字技术应用对资本的赋能效果更强（干春晖、姜宏，2022）。此时，根据式（3.11）和（3.14）可知，随着资本与劳动之间的要素替代弹性不断降低，企业数字化转型对劳动收入份额的负向影响也将逐渐减小。当资本与劳动之间的替代弹性小于 1 时，企业数字化转型将有利于提升劳动收入份额。第二，以前文多部门一般均衡模型为例，将中间品部门 2 中资本与劳动的替代弹性表示为人力资本积累的减函数，并用 $\sigma_2 = f(h)$ 表示，其中 $f'(h) < 0$。这一设定可以反映伴随着产业结构转型，从低技能劳动力在资本密集型部门被智能化资本替代，并经过培训重新在劳动密集型或知识密集型部门实现再就业。当两类中间品之间的替代弹性较低、两个中间品部门的要素替代弹性都较高、企业数字化转型带来的技术进步偏向资本时，生产要素将流向产出增长较慢的部门，同时造成经济体整体劳动收入份额的下降。但随着人力资本水平的不断提高，中间品部门 2 的要素替代弹性将逐渐降低，即流入中间品部门 2 的劳动力难以被智能化资本替代，产业结构将向着以中间品部门 2 为主的方向变迁。此时，企业数字化转型在降低中间品部门 1 劳动收入份额的同时会提高中间品部门 2 的劳动收入份额，而经济体劳动收入份额会伴随着产业结构转型最终呈现不断上升趋势。

综上所述，在企业数字化转型的大浪潮中，"资本—劳动"替代和"资本—技能"互补的生产方式将成为经济运行的必然趋势，促进劳动者人力资本积累可以降低资本与劳动之间的替代弹性，缓解劳动者对于"机器替人"的担忧,积极适应并融入"人机耦合"的用工模式,从而实现劳动收入份额的相对稳定。因此,劳动者人力资本积累在企业数字化转型影响劳动收入份额中发挥着积极的调节作用。

二、企业创新能力的调节机制

前文分析表明,要素赋能偏向和要素替代弹性是企业数字化转型对劳动收入份额影响的关键因素。企业创新能力的提升不但可以降低资本与劳动之间的替代弹性,还有助于改变技术进步偏向。因此,企业创新能力提升在企业数字化转型影响劳动收入份额中发挥着积极的调节作用。接下来,本书从降低要素替代弹性和改变技术进步偏向两方面阐述这一机制。

首先,企业创新能力提升有助于降低资本与劳动之间的替代弹性。第一,企业创新能力提升会不断吸引高级要素集聚,如技术、人才等,从而创造出更多的高薪岗位,吸纳更多高技能人才。正如前文所讲,伴随着企业就业结构的高级化发展,即高技能劳动力相比传统劳动力比例的不断上升,资本与劳动之间的替代弹性将逐渐下降,劳动者的议价能力会显著提升,从而有利于提升劳动收入份额。第二,创新能力越强的企业,其生产过程中的"干中学"效应越明显。企业创新能力提升不仅大幅增加了其对高技能人才如数字化人才的需求,还为员工在工作过程中不断自我学习、增强技能以及释放创造力等营造了良好的环境,即"干中学"效应,而员工知识积累又将进一步提升企业创新能力,有利于形成"创新能力提高—知识积累—创新能力进一步提高"的良性循环发展模式。这一创新发展模式更多地体现为"资本—技能"互补式生产,不仅会为企业创造源源不断的收入,还有利于增加劳动者收入,进而提升劳动收入份额。

其次,企业创新能力提升会改变数字化转型带来的要素赋能偏向。现阶段,企业数字化转型带来的技术进步更多地表现出资本偏向性特征,极大提高了资本生产率。根据西方经济学的收入分配理论,要素价格由其在生产过程中带来的边际贡献决定。因此,当企业数字化转型带来的技术进步偏向于资本时,资本的价格即租金可能会不断上涨,外加资本深化的速度可以远高于人力资本积累的速度,最终导致资本在要素收入分配中占据绝对比重,劳动收入份额不断降低。反之,当企业数字化转型带来的技术进步偏向于劳动时,劳动工资可能会不断上涨,从而有利于提高劳动收入份额。企业创新能力提升为劳动增强型技术进步提供了机遇,有利于改变企业数字化转型带来的要素赋能偏向。现阶段，创新能力提升仍然是以人也就是劳动者的脑力劳动为主得以实现。虽然人工智能、机器学习、神经网络等技术在一定程度上已经可以通过自我学习替代部分的人脑进行工作，但技术创新包括人工智能等数字技术革新仍是以人脑活动为主。基于此，企业创新能力提升尤其是在数字经济时代，可以促使劳动力以脑力工作者身份参与到产品生产过程中，而脑力劳动主要是以人的精神、服务等高附加值投入构成，在收入分配中占据明显的比较优势，这正是劳动增强型技术进步的重要体现。现阶段，企业数字化转型大大提高了产品的生产效率，但低端产品生产效率的提升只会引发严重的产能过剩问题。此时，创新能力提升有助于企业突破技术瓶颈，掌握核心技术和知识产权，研发出符合市场需求的高端产品，从而避免产能过剩和低端竞争，在市场竞争中获得更大的比较优势。高端产品的主要特征是其生产高度依赖于以人的情感、精神、服务等为代表的高附加值投入，这是机器无法替代的。从上述分析可知，企业创新能力提升可以改变要素赋能偏向，继而有利于提升劳动收入份额。

接下来，为了更直接地展示创新能力提升在企业数字化转型影响劳动收入份额中发挥的作用，本书结合前文数理模型展开进一步分析。第一，以单部门一般均衡模型为例，将劳动增强型技术进步中的参数 γ 表示为企业创新能力 q 的增函数，记为 $\gamma = g(q)$，其中 $g'(q) > 0$。根据式（3.11）和（3.14）可知，当资本与劳动之间替代弹性较高时，随着劳动增强型技术进步逐渐大于资本增强型技术进步，企业数字化转型对劳动收入份额的影响将由降转升。第二，以多部门一般均衡模型为例，同样将劳动增强型技术进步中的参数 γ 表示为企业创新能力 q 的增函数，记为 $\gamma = g(q)$，其中 $g'(q) > 0$。从式（3.41）和式（3.43）中可知，当中间品部门的要素替代弹性大于 1 时，若 γ 随着企业创新能力提升而不断增加并超过资本增强型技术进步 β，企业数字化转型将会对劳动收入份额产生正向影响。根据式（3.44）、式（3.45）和式（3.46）可知，当中间品部门 1 和中间品部门 2 之间的替代弹性较高、中间品部门 1 内部的资本产出弹性高于中间品部门 2 时，资本会随着劳动增强型技术进步流向中间品部门 1，产业结构将向着以中间品部门 2 为主转变，此时经济体整体劳动收入份额会逐渐上升。

综上所述，企业创新能力提升一方面有助于降低资本与劳动之间的替代弹性；另一方面可能会改变数字化转型的要素赋能偏向，从而有利于提升劳动收入份额。因此，企业创新能力提升在企业数字化转型影响劳动收入份额中发挥着积极的调节作用。

三、政府规制与保障的调节机制

政府在经济发展和社会稳定中扮演着重要的角色。特别是在市场失灵的情况下，政府更需要发挥其监管职能，以确保市场的公平和稳定。现阶段，由于数字化转型带来的技术进步偏向资本，企业更倾向于使用智能化的资本要素替代大量低技能劳动力，不利于劳动收入份额提升。而保持劳动收入份额的相对稳定是扎实推进共同富裕的重要一环。因此，在数字经济时代，需要发挥"有为政府"在收入分配中的积极作用。政府可以从提高最低工资标准、完善社会保障体系以及制定创新激励政策等方面入手，为数字经济时代保持劳动收入份额相对稳定提供制度保障。

首先，在未来的数字经济时代，政府应及时调整最低工资标准，保障劳动者在初次分配中的收入份额。从短期视角来看，政府可以完善最低工资制度以确保低收入劳动者获得公平的报酬，缓解其经济压力，增加其抗风险能力。最低工资制度对劳动收入份额的影响包括补偿效应和替代效应两部分。顾名思义，补偿效应指的是提高最低工资标准有利于增加低技能劳动力的平均工资，产生补偿性收入。替代效应指的是提高最低工资标准会提高企业用工成本，迫使企业采取减少劳动力需求、提高生产效率或者机器替人等生产策略，反而会造成劳动收入份额的下降。因此，最低工资制度对劳动收入份额的影响取决于补偿效应和替代效应的相对大小。联系当下，人工智能、大数据、云计算等数字技术的革新与应用已经对劳动力市场产生了较大冲击，如就业极化、机器替人等，而短期内劳动力的需求价格弹性较低，提高最低工资标准可以在较短的时间内产生立竿见影的效果，有利于保持劳动收入份额的相对稳定。

其次，完善社会保障体系对保持劳动收入份额相对稳定具有积极意义。社会保障体系作为国家的一项基本制度安排，旨在保障公民的基本生活需求，促进社会公平和稳定。对于劳动者来说，拥有完善的社会保障意味着在年老、疾病、失业等情况下能够得到一定的经济保障，从而减少后顾之忧。当前，随着新就业形态的不断涌现，如网约车司机、外卖配送员等，传统的社保制度已经无法完全覆盖这些领域。因此，扩大社会保险的覆盖范围、健全灵活就业人员的社保制度显得尤为重要。这不仅有助于保护劳动者权益，降低劳动者在工作中可能面临的各类风险，还能保障新就业形态的规范发展，进而对劳动收入份额产生积极影响。国家多部门共同印发《关于维护新就业形态劳动者劳动保障权益的指导意见》明确指出"放开灵活就业人员在就业地参加基本养老、基本医疗保险的户籍限制""按时足额支付劳动报酬，并完善休息制度"①，为保证灵活就业劳动者的收入份额、避免隐蔽性雇佣、强化职业伤害保障提供了法律支撑。此外，由于企业和职工合谋逃费会损害社会保障制度的公平性，因此加强对社会保障费用的征管也有利于稳定劳动收入份额。2011年施行的《中华人民共和国社会保险法》加强了社保费用的征管力度，确保企业和职工按时足额缴纳社会保障费用，有助于提高实际缴费率和劳动收入（刘长庚 等，2023；张同斌 等，2023）。

最后，"做大蛋糕"是"分好蛋糕"的基础与前提，而实现经济可持续发展的必经之路是推动经济增长动能由要素驱动向创新驱动转变。创新是推动经济发展的内生动力，不仅可以提高企业的竞争力，还可以为劳动者创造更多的高技能工作岗位，有利于提升劳动收入份额。因此，从长期视角来看，政府可以营造良好的政策生态激发企业创新动力，通过制定相关政策鼓励企业技术创新，从而为劳动收入份额的相对稳定提供物质保障与缓冲空间。具体而言，政府可以通过税收优惠、研发补贴、政府采购和扶持战略性新兴产业等政策降低企业创新面临的资金压力，激发企业创新活力。第一，企业创新往往具有投入大、风险高、不确定性强等特征，而政府可以通过财政拨款、税收减免等方式缓解企业研发面临的融资约束，为企业提供充足的研发资金支持，从而降低企业创新风险。第二，企业创新具有较强的正外部性，若仅靠市场机制，可能会导致企业缺乏创新动力。政府通过给予企业创新补贴，能够有效地弥补企业因正外部性而导致的私人效益损失，有助于激发企业研发积极性，推动社会技术进步和产业升级。第三，不同行业的创新成本、创新难度以及政策环境存在较大差异。政府应制定差异化的创新政策，如加大对战略性新兴产业的创新补贴和税收优惠，放松其银行信贷审批和市场准入限制。此外，在优化创新环境方面，政府既要加强知识产权的法律法规建设，加大对侵权行为的打击力度，保

---

① 人力资源社会保障部 国家发展改革委 交通运输部 应急部 市场监管总局 国家医保局 最高人民法院 全国总工会关于维护新就业形态劳动者劳动保障权益的指导意见[EB/OL]. [2021-01-16]（2023-08-23）. https://www.gov.cn/zhengce/zhengceku/2021-07/23/content_5626761.htm.

护企业的合法权益，还要注重完善科技中介服务，为企业提供专业化的服务，如技术转移转化、知识产权保护、市场开拓等。

综上所述，政府作为市场的重要监管者，在保障劳动收入份额相对稳定方面应采取短期和长期相结合的策略，一方面要通过提高最低工资标准和完善社会保障来保障劳动者的基本权益，另一方面要引导企业向创新驱动转型，从而实现在数字经济时代保持劳动收入份额相对稳定的初次分配目标，为扎实推进共同富裕奠定基础。因此，政府规制与保障在企业数字化转型影响劳动收入份额中发挥着积极的调节作用。

第五节 本章小结

本章主要围绕企业数字化转型影响劳动收入份额的理论机制展开研究。首先，遵循"要素—企业—产业"的逻辑思路，搭建企业数字化转型对劳动收入份额影响的理论分析框架；其次，将企业数字化转型纳入数理模型，构建单部门一般均衡模型和多部门一般均衡模型阐述企业数字化转型影响劳动收入份额的内在机制；最后，构建"劳动者—企业—政府"的三维调节机制，从劳动者人力资本、企业创新能力、政府规制与保障三方面探寻数字经济时代保持劳动收入份额相对稳定的可行路径。主要研究结论有以下三点。

第一，根据技术—经济范式理论，企业数字化转型对劳动收入份额的影响需要遵循由微观生产要素到企业生产方式变化再到宏观产业结构变迁的逐渐渗透规律。首先，从要素层面来看，作为一种有偏技术进步，企业数字化转型会带来劳动与资本生产力的非对称增长，从而造成资本租金与劳动工资的差异性变化，最终导致劳动收入份额变动。其次，从企业层面来看，数字化转型一方面促使企业倾向于采用资本替代传统劳动的生产方式，对劳动收入份额产生负向影响，即"资本—劳动"替代性特征；另一方面也要求企业加快形成资本结合技能型劳动的生产方式，对劳动收入份额产生正向影响，即"资本—技能"互补性特征。最后，从产业层面来看，考虑不同产业的要素密集型与要素替代弹性各异，企业数字化转型会加速各类生产要素在不同产业间的重新优化配置，推动产业结构转型，进而对劳动收入份额产生影响。

第二，在单部门动态一般均衡模型中，企业数字化转型对劳动收入份额的影响主要取决于要素赋能偏向、资本与劳动在生产过程中的替代弹性以及资本深化。进一步地,基于多部门动态一般均衡模型的分析指出,企业数字化转型对劳动收入份额的影响可以分为集约边际效应和广延边际效应,其中,集约边际效应强调了企业数字化转型对部门内劳动收入份额的影响,该影响方向取决于部门内资本和劳动之间的替代弹性以及数字化转型带来的要素赋能偏向;广延边际效应强调了产业结构变迁在企业数字化转型影响劳动收入份额中发挥的作用,该影响方向取决于两种中间品在最终品生产中的替代弹性、中间品部门内部资本和劳动之间的替代弹性以及数字化转型带来的要素赋能偏向。

第三,劳动者人力资本积累、企业创新能力提升以及政府规制与保障在企业数字化转型影响劳动收入份额中发挥着积极的调节作用。首先,在企业数字化转型的大浪潮中,"资本—劳动"替代和"资本—技能"互补的生产方式将成为经济运行的必然趋势,促进劳动者人力资本积累可以降低资本与劳动之间的替代弹性,缓解劳动者对于"机器替人"的担忧,积极适应并融入"人机耦合"的用工模式,从而实现劳动收入份额的相对稳定。其次,企业创新能力提升不仅有助于降低资本与劳动之间的替代弹性,还可能会改变数字化转型的要素赋能偏向,从而有利于提升劳动收入份额。最后,政府规制与保障在短期内可以通过提高最低工资标准、完善社会保障体系等措施缓解企业数字化转型对劳动收入份额造成的负向影响,长期可以引导企业向创新驱动转型,从而实现在数字经济时代保持劳动收入份额相对稳定的初次分配目标,为扎实推进共同富裕奠定基础。

第四章 企业数字化转型对劳动收入份额影响的数值模拟

前文基于"要素—企业—产业"的逻辑框架,构建了包含企业数字化转型的动态一般均衡模型,深入阐述了企业数字化转型对劳动收入份额的影响机制。接下来,基于前文数理分析,本章采用数值模拟方法定量分析企业数字化转型对劳动收入份额的具体影响。首先,分别对单部门一般均衡模型和多部门一般均衡模型中的参数进行校准;其次,模拟不同要素替代弹性、技术进步偏向、资本深化、中间品替代弹性情形下企业数字化转型对劳动收入份额的具体影响,并阐释数值模拟结果的内在经济含义;再次,通过改变相关参数取值展开敏感性分析,以保证数值模拟结果的可靠性;最后,使用标准化供给面系统方法估算中国 2003—2021 年 41 个行业的要素替代弹性,并结合数值模拟结果展开对比分析,初步判断企业数字化转型对劳动收入份额的影响方向。

第一节 基于单部门一般均衡模型的数值模拟

本节基于第三章中的单部门一般均衡模型进行数值模拟。首先,对单部门一般均衡模型中的参数进行校准;其次,模拟不同要素替代弹性、技术进步偏向、资本深化情形下企业数字化转型对劳动收入份额的影响,并深入剖析数值模拟结果背后的经济含义;最后,在一定范围内调整需求端和供给端的相关参数展开敏感性分析,以保证研究结论的可靠性与稳健性。

一、参数校准

本书取模型 1 期为 1 年,关注模型中变量持续 30 期的变化。在开展数值模拟之前,本书需要对模型中的参数进行校准。单部门一般均衡模型中的参数包括生产部门和家庭部门两部分。其中,生产部门里需要进行校准的参数有生产技术进步 A、资本密集度 α、资本与劳动之间的替代弹性 σ、数字化转型带来的资本增强型技术进步 β、劳动增强型技术进步 γ、生产性资本的折旧率 δ_K、数字化转型资本的折旧率 δ_D、初始生产性资本 K_0、初始劳动 L_0 以及初始数字化转型资本 D_0 共 10 个；家庭部门需要进行校准的参数有 2 个，一是生产性投资的储蓄率 s，二是企业数字化转型投资的储蓄率 d。

为了考察要素赋能偏对劳动收入份额的影响，本书设定 $A=1$，以控制模型中的其他形式技术进步保持不变。根据卡尔多事实，资本与劳动在生产中所占的份额约为 3:7，因此本书设定 $\alpha = 0.30$，以贴合现实经济。本书参考张军等（2004）的估计结果，将生产性资本和数字化转型资本的折旧率设定为 $\delta_K = \delta_D = 0.10$。本书将初始的生产性资本存量设定为 1，并参考郭凯明等（2020）的研究，设定初始数字化转型资本为 0.20，即生产性资本的 20.00%，同时将劳动供给标准化为 1。

根据第三章中单部门一般均衡模型的数理分析，企业数字化转型对劳动收入份额的影响取决于要素间的替代弹性、技术进步偏向以及资本深化。为考察不同情形下企业数字化转型对劳动收入份额的差异化影响，本书为上述参数设定不同取值以进行比较分析。第一，设定资本与劳动之间的替代弹性 σ 分别为 1.20 和 0.80，表征资本和劳动在生产中容易替代、难以替代两种情形，从而判断要素替代弹性在企业数字化转型影响劳动收入份额中发挥的作用。第二，针对数字化转型带来的资本增强型技术进步 β 与劳动增强型技术进步 γ，本书分别从技术进步无偏、技术进步偏向资本和技术进步偏向劳动三种情形进行数值模拟。三种情形下 β 和 γ 的取值分别为：（1）$\beta = \gamma = 0.10$；（2）$\beta = 0.20$、$\gamma = 0.10$，$\beta = 0.30$、$\gamma = 0.10$；（3）$\beta = 0.10$、$\gamma = 0.20$，$\beta = 0.10$、$\gamma = 0.30$，从而判断技术进步偏向在企业数字化转型影响劳动收入份额中发挥的作用。第三，设定生产性投资的储蓄率 S 分别等于 0 和 0.40，分别表征无资本深化和有资本深化即"静态"和"动态"两种情形，从而判断资本深化在企业数字化转型影响劳动收入份额中发挥的作用。

二、数值模拟结果分析

为直观展示企业数字化转型对劳动收入份额的具体影响，本节从以下五种情形展开数值模拟并进行比较分析。如表 4-1 所示，本书五种情形可以按是否存在资本积累分为静态和动态两大类。本节数值模拟的研究思路是将情形一作为基准模拟情形，通过与情形二对比分析可以判断技术进步偏向的影响，与情形三进行对比可以判断要素替代弹性的作用，与情形四展开对比则可以推断资本深化的影响。此外，将情形五与情形三、情形四展开比较，可以进一步验证不同宏观经济环境下要素替代弹性和资本深化的影响。关于每种情形的数值模拟结果分析，本书首先描述主要经济变量的增减趋势、变化幅度与速度等特征，并比较分析要素替代弹性、技术进步偏向、资本深化等因素的作用效果，再阐述该情形背后的经济学含义。

表 4-1 单部门模型模拟的五种情形

不同环境		要素间是否容易替代	技术进步是否偏向资本
静态	情形一	是	是
	情形二	是	否
	情形三	否	是
动态	情形四	是	是
	情形五	否	是

（一）静态模拟结果分析

1. 情形一的数值模拟结果

图 4-1 显示了情形一中数字化转型资本存量、劳动—资本价格比以及劳动收入份额的变化趋势。其中，实线表示企业数字化转型带来的技术进步在资本和劳动间无偏时的模拟结果，虚线表示技术进步偏向资本时的模拟结果，点线表示技术进步偏向资本程度进一步提高时的模拟结果。从图中可以看出，在情形一的参数设定下，随着数字化转型资本存量的不断积累，企业数字化转型大幅提高了社会总产出，有利于持续推动数字化转型资本积累。当技术进步无偏时，企业数字化转型并不会改变劳动—资本价格比以及劳动收入份额；当技术进步偏向资本时，企业数字化转型会带来劳动—资本价格比和劳动收入份额的持续下降。对比实线、虚线和点线发现，企业数字化转型带来的资本增强型技术进步越大时，劳动—资本价格比和劳动收入份额下降就越快。

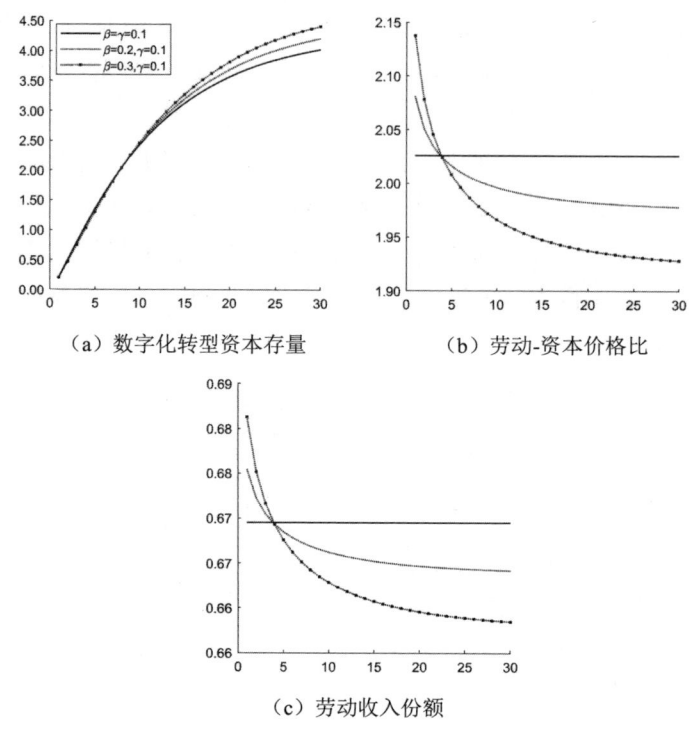

(a) 数字化转型资本存量　　(b) 劳动-资本价格比

(c) 劳动收入份额

图 4-1　单部门模型企业数字化转型对劳动收入份额的影响（情形一）

图 4-1 的经济学含义涉及以下三方面。第一，给定投入的要素禀赋，随着企业数字化转型的不断推进，总产出也不断增加，有利于进一步促进企业数字化转型，实现经济增长与数字化转型的良性循环。第二，当企业数字化转型对资本和劳动的增强效果相同时，即使资本和劳动在生产中可以相互替代，资本和劳动之间的相对价格、劳动收入份额也不会改变。第三，当企业数字化转型对资本的增强效果高于劳动，即数字化转型可以更多地提高资本边际产出时，企业会倾向于使用资本—劳动替代生产方式，从而造成劳动收入份额的不断下降。同时，数字化转型对两种要素的增强效果差异越明显，劳动收入份额降低的幅度和速度就越大。这与当前数字经济时代下的就业极化、机器替人等发展趋势相符。现阶段，企业数字化转型的主要特征形式是数字技术与资本相结合形成智能化资本，从而提高机器设备的生产效率，如无人工厂、数控机床、自动生产线等。因此，数字化转型会促使企业增加资本投入，减少对劳动要素的需求，最终导致经济增长红利更多地被资本要素获得，揭示出未来健全发展资本市场进而增

第四章　企业数字化转型对劳动收入份额影响的数值模拟

加居民资产性收入成为扎实推进共同富裕的重要渠道。

2. 情形二的数值模拟结果

图 4-2 显示了情形二中数字化转型资本存量、劳动—资本价格比以及劳动收入份额的变化趋势。其中，实线、虚线和点线表示的含义与前文相同。从图中可以看出，当技术进步无偏时，劳动—资本价格比和劳动收入份额随着企业数字化转型的持续推进保持不变；当技术进步偏向资本时，劳动—资本价格比和劳动收入份额会随着企业数字化转型呈现出持续上升的趋势。与图 4-1 相比，伴随着数字化转型资本积累，两种情形下的劳动—资本价格比和劳动收入份额的变化方向完全相反，这说明在要素替代弹性不变、不考虑资本深化时，技术进步偏向决定了企业数字化转型对劳动收入份额的影响方向。此外，对比实线、虚线和点线发现，企业数字化转型带来的劳动增强型技术进步越大时，劳动—资本价格比和劳动收入份额上升就越快。

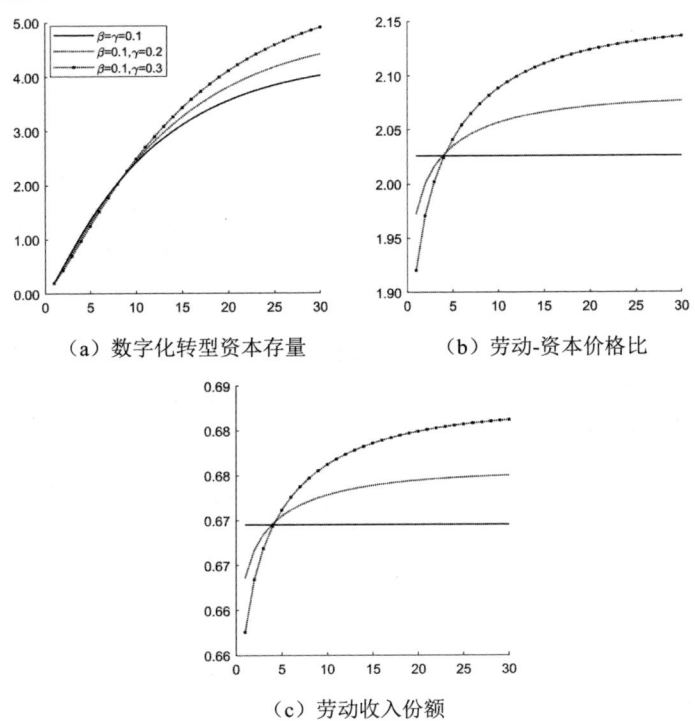

（a）数字化转型资本存量　　（b）劳动-资本价格比

（c）劳动收入份额

图 4-2　单部门模型企业数字化转型对劳动收入份额的影响（情形二）

图 4-2 的经济学含义涉及以下两个方面。第一，给定投入的要素禀赋，无论是资本增强型技术进步还是劳动增强型技术进步，企业数字化转型都有利于提高总产出。第二，当数字技术应用对劳动的增强效果更好时，企业数字化转型会大幅提高劳动边际产出，增加企业对劳动的需求，促使劳动工资不断上涨，最终带来劳动收入份额的持续上升。数字化转型赋能劳动生产率提升，需要建立在人力资本充分积累并高效运用的基础之上。比如在数字技术与高技能人才双向赋能的场景下，数字技术通过数据分析和挖掘为人力资本提供决策支持，而高技能人才又充分利用数字技术提高生产效率并提供个性化服务，从而实现"人机耦合"，共同生产高质量产品与服务，既满足了消费者的多样化需求，创造更多的经济产出，又大幅提升了高技能人才的劳动报酬，最终实现经济高质量发展。

3. 情形三的数值模拟结果

图 4-3 显示了情形三中数字化转型资本存量、劳动—资本价格比以及劳动收入份额的变化趋势。其中，实线、虚线和点线表示的含义与前文相同。从图中可以发现，当技术进步无偏时，劳动—资本价格比和劳动收入份额随着企业数字化转型保持不变；当技术进步偏向资本时，劳动—资本价格比和劳动收入份额随着企业数字化转型呈现出逐渐上升的趋势。与图 4-1 相比可以发现，伴随着资本与劳动之间的要素替代弹性不断下降，劳动—资本价格比和劳动收入份额的变化方向会从下降转为上升，这说明在不考虑资本深化、技术进步偏向不变时，要素替代弹性会改变企业数字化转型对劳动收入份额的影响方向。此外，对比实线、虚线和点线发现，企业数字化转型带来的资本增强型技术进步越大时，劳动—资本价格比和劳动收入份额上升就越快。

上述模拟结果的经济学含义为：当数字技术应用对资本的赋能效果相对更大时，企业数字化转型可以更多地提高资本边际产出，从而使得相对更为稀缺的劳动工资不断上升。在资本和劳动不容易互相替代的情形下，劳动价格上升效应占据主导地位，最终有助于提升劳动收入份额。这意味着充分发挥资本与劳动之间的互补性是数字经济时代提升劳动收入份额的重要途径。由于高技能劳动力更有可能与机器设备形成互补生产方式，因此这里的资本与劳动的互补性与前文理论分析中的资本—技能互补生产本质相同。

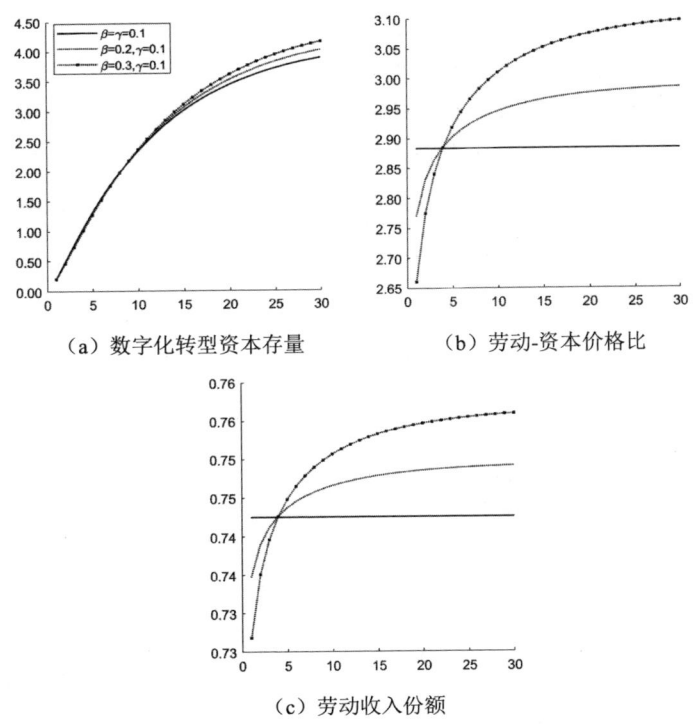

(a) 数字化转型资本存量　　(b) 劳动-资本价格比

(c) 劳动收入份额

图 4-3　单部门模型企业数字化转型对劳动收入份额的影响（情形三）

（二）动态模拟结果分析

1. 情形四的数值模拟结果

图 4-4 显示了情形四中数字化转型资本存量、资本深化、劳动—资本价格比与劳动收入份额的变化趋势。其中，实线、虚线和点线表示的含义与前文相同。相较于情形一，情形四进一步纳入了资本深化因素。从图中可以发现，无论是技术进步无偏还是偏向资本，数字化转型资本存量、资本深化、劳动—资本价格比均呈现不断上升的趋势，劳动收入份额则逐渐下降。对比实线、虚线和点线发现，企业数字化转型带来的资本增强型技术进步水平越高，数字化转型资本存量、资本深化以及劳动—资本价格比增加幅度越大，劳动收入份额下降越快。与图 4-1 相比，资本深化带来的变化主要体现在以下三点。第一，数字化转型资本存量在有资本深化情形下增加更为明显，增速也更快。第二，劳动—资本价格比在技术进步无偏时不再是常数而是呈现出上升趋势，具体而言，当技术进步偏向资本时，劳动—资本价格比不降反升，这说明资本深化通过增加资本的供给，改变

了资本和劳动的相对稀缺性。由于该情形下资本对劳动的替代效应高于劳动工资的上涨幅度,因此造成劳动收入份额的不断下降。第三,与劳动—资本价格比变化相对应的,劳动收入份额在技术进步无偏时呈现出下降趋势,在技术进步有偏时下降幅度加大。因此,在要素替代弹性较高和技术进步无偏时,资本深化将导致劳动收入份额下降,在技术进步有偏时,资本深化不仅不会改变企业数字化转型对劳动收入份额的影响方向,还会扩大原有的影响效应。

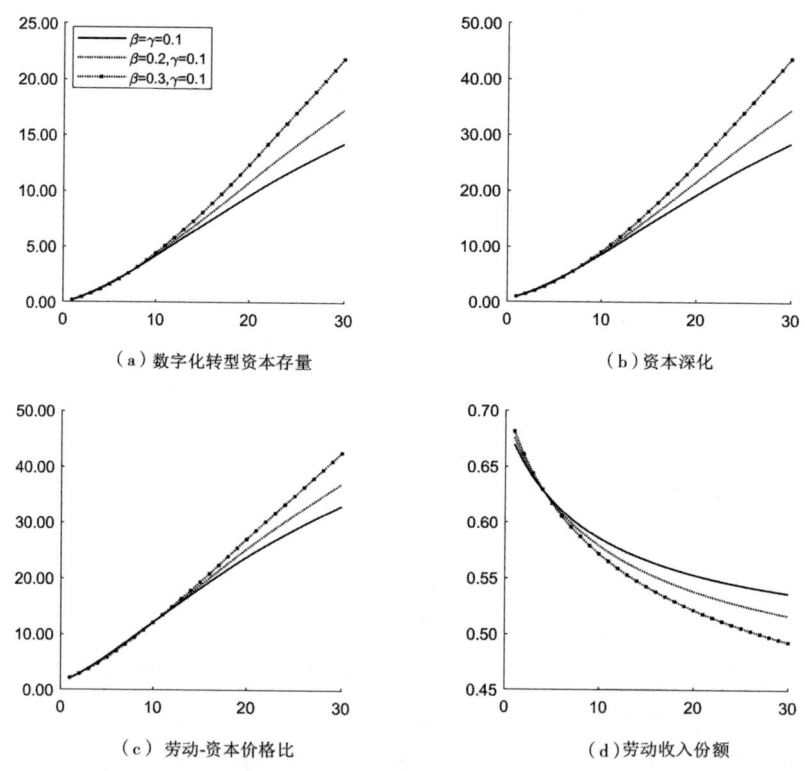

图 4-4 单部门模型企业数字化转型对劳动收入份额的影响(情形四)

上述模拟结果的经济学含义为:资本深化具有加速器效应,可以加快企业数字化转型速度,更大程度释放数字技术应用对经济变量的影响。具体而言,资本深化提高了经济中的资本供给,促使资本相对劳动更为丰裕,从而带来劳动—资本价格比的不断上升。同时,在企业数字化转型对资本生产率的提升效果更好,并且资本与劳动在产品生产过程中容易相互替代的情形下,企业会在劳动力不断上涨的情况下改变要素配置,选择使用资本替代劳动的生产方式，从而导致劳动工资的上涨效应会被资本投入增加的替代效应所抵消，最终造成劳动收入份额的不断下降。上述情形的模拟结果为政府在数字经济时代警惕智能化资本积累可能产生的结构性失业问题，从而造成劳动人民福利损失的困境提供依据。

2. 情形五的数值模拟结果

图 4-5 显示了情形五中数字化转型资本存量、资本深化、劳动—资本价格比与劳动收入份额的变化趋势。其中，实线、虚线和点线表示的含义与前文相同。从模拟结果中可以看出，随着经济动态演化，无论是技术进步无偏还是技术进步偏向资本情形，数字化转型资本存量、资本深化、劳动—资本价格比和劳动收入份额都呈现出上升趋势。本书将情形五与情形四展开对比分析，从而判断要素替代弹性、技术进步偏向以及资本深化在企业数字化转型影响劳动收入份额过程中发挥的重要作用。

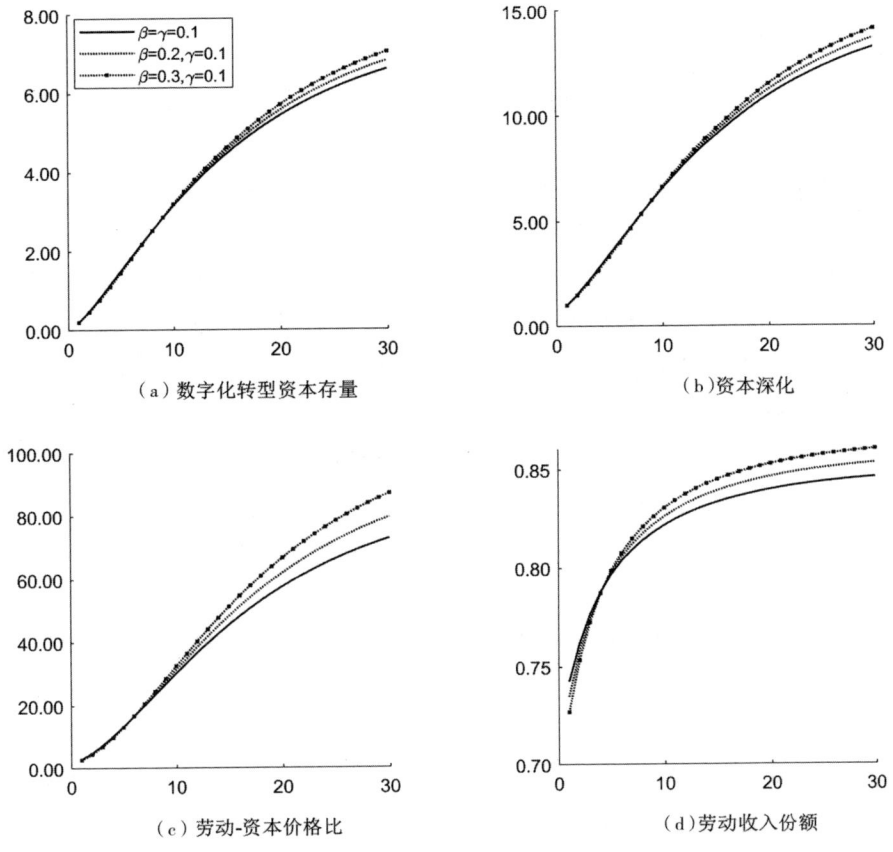

图 4-5　单部门模型企业数字化转型对劳动收入份额的影响（情形五）

与图4-4相比可知,情形五下数字化转型资本存量和资本深化的增幅更小,但劳动收入份额不降反升,说明要素替代弹性是企业数字化转型影响劳动收入份额方向的决定性因素。结合图4-4和图4-1的对比可知,在资本深化条件不变的情况下,较高的要素替代弹性会导致企业数字化转型对劳动收入份额的负向影响,反之则相反。与图4-3比较可知,即使在技术进步无偏的情形下,资本深化也会促使劳动—资本价格比变化,从而改变劳动收入份额。当技术进步偏向于资本时,资本深化将加速劳动—资本价格比和劳动收入份额的增长。结合图4-3和图4-1的对比可总结得到资本深化的作用,即当技术进步无偏时,资本深化将促使劳动收入份额由静止转为变动;当技术进步偏向资本时,资本深化将会加大劳动收入份额的变化程度与速度,而不会改变演化方向。情形五模拟结果的经济学含义与情形三类似,这里不再赘述。

三、敏感性分析

为保证上述数值模拟结果的稳健性和可靠性,防止参数设置的特殊性和主观性带来的偶然结果,本书在不改变上文参数之间关系的同时,通过调整需求端和供给端的相关参数取值,展开敏感性分析。敏感性分析的原理是在不改变其他参数取值的情况下调整某个参数取值,重新进行数值模拟,并观察企业数字化转型对劳动收入份额影响的定量结果是否有显著变化,从而判断前文基本结论是否仍然成立。为了较为全面地反映要素替代弹性、技术进步偏向和资本深化三者的影响,本书选取前文情形四和情形五展开敏感性分析。

一是关注资本和劳动之间替代弹性的影响,将替代弹性较高情形由$\sigma=1.20$改为$\sigma=1.50$,替代弹性较低情形由$\sigma=0.80$改为$\sigma=0.50$,从而展开敏感性分析。表4-2汇报了敏感性分析一的数值模拟结果。根据第三章的理论分析,当要素替代弹性更高时,企业数字化转型将加快数字化转型资本存量和资本深化的增长速度,促使资本以更大的幅度替代劳动,并带来劳动—资本价格比更快地上升;当要素替代弹性更低时,企业数字化转型对数字化转型资本存量和资本深化的提升作用减弱,促使劳动相对资本更为稀缺,从而带来劳动—资本价格比更快地上升。与图4-4对比发现,在要素替代弹性更高的情形下,数字化转型资本存量和资本深化的变化幅度更大,劳动—资本价格比的变化扩大到44.731,劳动收入份额降幅达到

0.486。与图 4-5 对比发现，在要素替代弹性更低的情形下，劳动—资本价格比的变化扩大到 548.090，劳动收入份额提升了 0.187。敏感性分析一的数值模拟结果表明，改变要素替代弹性的取值只会导致经济变量绝对值的变化，研究结论仍与前文一致。

表 4-2 单部门模型敏感性分析一：改变要素替代弹性[①]

参数设置	$\sigma=1.50$			$\sigma=0.50$		
	无偏	有偏	更有偏	无偏	有偏	更有偏
数字化转型资本存量变化	56.311	94.609	217.633	7.650	7.675	7.696
资本深化变化	28.441	47.591	109.103	4.111	4.123	4.134
劳动—资本价格比变化	24.391	30.479	44.731	401.961	469.688	548.090
劳动收入份额变化	-0.324	-0.397	-0.486	0.134	0.159	0.187

二是关注生产中资本和劳动之间相对重要性的影响，将基准模型中生产函数的资本密集度由 $\alpha=0.30$ 改为 $\alpha=0.50$，从而展开敏感性分析。表 4-3 汇报了敏感性分析二的数值模拟结果。根据理论分析，当要素替代弹性较高、技术进步偏向资本时，资本密集度的提升会更大幅度地提高总产出、数字化转型资本存量以及资本深化，从而导致劳动收入份额更快地下降。当要素替代弹性较低、技术进步偏向资本时，资本密集度提升会提升劳动要素的稀缺性，带来劳动收入份额的上升。与图 4-4 对比发现，在要素替代弹性较高、技术进步偏向资本、资本密集度提升至 0.50 的情形下，数字化转型资本存量在 30 期的增量达到 472.430，资本深化增加了 944.289，劳动收入份额下降了 0.307。与图 4-5 对比发现，在要素替代弹性和技术进步偏向相同、资本密集度提升至 0.50 的情形下，劳动收入份额提升了 0.272。敏感性分析二的数值模拟结果表明，调整要素密集度不会改变企业数字化转型影响劳动收入份额的方向，研究结论仍与前文一致。

表 4-3 单部门模型敏感性分析二：改变要素密集度特征

参数设置	$\sigma=1.20$			$\sigma=0.80$		
	无偏	有偏	更有偏	无偏	有偏	更有偏
数字化转型资本存量变化	67.080	140.525	472.430	17.719	19.906	22.315
资本深化变化	133.589	280.479	944.289	34.866	39.241	44.057
劳动—资本价格比变化	58.453	100.224	244.691	86.772	108.289	135.482
劳动收入份额变化	-0.194	-0.242	-0.307	0.210	0.241	0.272

① 本书小数点后统一保留两位，第四章至第六章表格及相关数据为保持测算数据的精确度保留三位。

三是关注家庭储蓄和投资行为的影响,将基准模型中家庭的储蓄率和投资率由 $s=0.40$,$d=0.20$ 改为 $s=0.20$,$d=0.10$,从而展开敏感性分析。表4-4汇报了敏感性分析三的数值模拟结果。根据理论分析,储蓄率和投资率的下降会导致数字化转型资本存量和生产性资本存量积累变慢,在要素替代弹性和技术进步相同时,将减弱企业数字化转型对劳动收入份额的影响。与图4-4、图4-5对比发现,改变家庭储蓄和投资行为后,劳动收入份额的变化幅度收窄,但变化方向不变。敏感性分析三的数值模拟结果表明,调整储蓄率和投资率不会改变企业数字化转型影响劳动收入份额的方向,研究结论仍与前文一致。

表4-4 单部门模型敏感性分析三:改变家庭储蓄和投资行为

参数设置	$\sigma=1.20$			$\sigma=0.80$		
	无偏	有偏	更有偏	无偏	有偏	更有偏
数字化转型资本存量变化	3.536	3.778	4.061	2.380	2.423	2.465
资本深化变化	8.836	9.100	9.406	19.699	20.837	22.035
劳动—资本价格比变化	6.501	6.984	7.551	4.188	4.273	4.359
劳动收入份额变化	-0.078	-0.092	-0.107	0.071	0.083	0.095

综上分析,在保证参数间关系不变的情况下,一定范围内改变要素替代弹性、要素密集度以及投资与储蓄率等参数的取值,只会带来相关变量之间影响程度及速度的变化,并不会改变相关变量的演变趋势。因此,上述单部门模型的数值模拟结果保持了较好的稳健性。接下来,本书将行业差异纳入考察范围,基于多部门一般均衡模型展开数值模拟,定量分析企业数字化转型对劳动收入份额的具体影响。

第二节 基于多部门一般均衡模型的数值模拟

前文基于单部门一般均衡模型进行了数值模拟。接下来,本节基于第三章中的多部门一般均衡模型进行数值模拟。首先,对多部门一般均衡模型进行参数校准;其次,模拟不同中间品替代弹性、要素替代弹性、技术进步偏向、资本深化情形下企业数字化转型对劳动收入份额的具体影响,并深入剖析数值模拟结果背后的经济含义;最后,在一定范围内调整需求端和供给端的相关参数展开敏感性分析,以保证研究结论的可靠性与稳健性。

一、参数校准

与单部门一般均衡模型相同,多部门一般均衡模型的数值模拟取 1 期为 1 年,关注模型中变量持续 30 期的变化。在数值模拟之前,需要对模型中的参数进行校准。本书先根据现有研究设定一部分参数,然后让其他参数在一定合理范围内变动,以比较不同经济环境中企业数字化转型对劳动收入份额的影响。根据多部门一般均衡模型的设定,需要校准的参数及其含义见表 4-5。

表 4-5　多部门一般均衡模型的参数

参数			含义
供给侧	最终品部门	ω	中间品 1 在最终品生产中的重要性
		ε	最终品生产中两类中间品之间的替代弹性
	中间品部门 1	A_1	中间品部门 1 的生产技术进步
		α_1	中间品部门 1 生产中资本的重要性
		σ_1	中间品部门 1 生产中资本与劳动的替代弹性
	中间品部门 2	A_2	中间品部门 2 的生产技术进步
		α_2	中间品部门 2 生产中资本的重要性
		σ_2	中间品部门 2 生产中资本与劳动的替代弹性
	中间品部门通用	β	数字化转型带来的资本增强型技术进步
		γ	数字化转型带来的劳动增强型技术进步
		δ_K	生产性资本存量的折旧率
		δ_D	数字化转型资本存量的折旧率
	初始要素禀赋	K_0	初始生产性资本存量
		L_0	初始劳动供给
		D_0	初始数字化转型资本存量
需求侧	家庭部门	s	生产性资本的投资率
		d	企业数字化转型资本的投资率
		ρ	家庭消费的跨期替代弹性

设定中间品 1 在最终品生产中的重要性参数 $\omega = 0.80$,表征第一类中

间品在消费中更为重要；卓玛草（2022）根据中国 1983—2017 年三次产业数据测算发现，对消费者而言，农产品与非农产品之间的替代弹性大于 1，工业品与服务品之间的替代弹性小于 1。因此，本书设定第一类中间品和第二类中间品之间替代弹性为 0.25 和 1.25，分别用来刻画两类中间品在最终品生产中是互补和替代的两种情形。

2012 年，中国第三产业增加值高达 45.50%，首次超过第二产业，表明中国经济结构已经从工业化阶段进入服务化阶段。[①]为了使模拟更接近经济现实，假定中间品部门 1 为制造业，中间品部门 2 为服务业。参考颜色等（2022）的研究，取制造业生产函数中资本密集度 α_1 为 0.75，服务业中资本密集度 α_2 为 0.50。本书将服务业的生产技术进步固定为 1，并调整制造业生产技术进步为 1.12，使得服务业的名义产出比重接近现实中的 50.00%。根据 Herrendorf 等（2015）的估计结果，设定制造业中资本与劳动之间的替代弹性 σ_1 为 1.25，以刻画资本与劳动在制造品生产中相对容易替代的特征，即制造业属于"灵活部门"。服务业中资本与劳动之间的替代弹性 σ_2 分别取 1.10 和 0.75，用来模拟服务业中要素替代弹性较高和较低情形下的产业结构转型与劳动收入份额变化。

与单部门一般均衡模型相同，对于企业数字化转型带来的资本增强型技术进步 β 与劳动增强型技术进步 γ，分别设定技术进步无偏、技术进步偏向资本和技术进步偏向劳动三种情形进行数值模拟。三种情形下 β 和 γ 的取值分别为（1） $\beta=\gamma=0.10$；（2）$\beta=0.20$、$\gamma=0.10$，$\beta=0.30$、$\gamma=0.10$；（3）$\beta=0.10$、$\gamma=0.20$，$\beta=0.10$、$\gamma=0.30$，从而判断技术进步偏向在企业数字化转型影响劳动收入份额中发挥的作用。生产性资本和数字化转型资本的折旧率参考张军等（2004）的估计结果，设定为 $\delta_K=\delta_D=0.10$。将劳动供给 L 和初始的资本存量 K 设定为 1，同时设定初始数字化转型资本为 0.20，即生产性资本的 20.00%。需求侧方面，根据中国现实设定家庭的生产性资本投资率等于储蓄率 0.40，企业数字化转型资本投资率等于 0.20，家庭跨期替代弹性 ρ 参考朱超和易祯（2021）的研究，设定为 0.15。

[①] 经济结构不断升级 发展协调性显著增强——新中国成立 70 周年经济社会发展成就系列报告之二[EB/OL]. [2019-07-08]（2023-08-23）. https://www.stats.gov.cn/zt_18555/zthd/sjtjr/d10j/70cj/202302/t20230216_1909147.html.

二、数值模拟结果分析

本节对以下六种情形展开数值模拟，定量分析企业数字化转型对劳动收入份额的具体影响。如表 4-6 所示，本书六种情形可以按是否存在资本积累分为静态和动态两类。本节数值模拟的研究思路是，将情形一作为基准模拟情形，通过与情形二对比分析可以判断服务业要素替代弹性的影响，与情形三进行对比可以得到制造品与服务品之间替代弹性的影响，与情形四展开对比可以推断技术进步偏向的作用，与情形五对比分析可以确定资本深化的作用。此外，本书还结合多种情形的数值模拟结果展开比较分析，以期为政府在数字经济时代保持劳动收入份额相对稳定提供启示。例如，将情形六、情形五以及情形二进行比较分析，从而判断资本积累、要素替代弹性变化带来的影响。关于每种情形的数值模拟结果，本书首先描述主要经济变量的增减趋势、变化幅度与速度等特征，并比较分析要素替代弹性、技术进步偏向、资本深化等因素的作用，再阐述该情形背后的经济学含义。

表 4-6　多部门模型模拟的六种情形

不同环境		中间品 1 和中间品 2 是否容易替代	要素间是否容易替代	技术进步是否偏向资本
静态	情形一	否	否	是
	情形二	否	是	是
	情形三	是	否	是
	情形四	否	否	否
动态	情形五	否	否	是
	情形六	否	是	是

（一）静态模拟结果分析

1. 情形一的数值模拟结果

图 4-6 显示了情形一中数字化转型资本存量、制造业实际产出、服务业名义产出、制造品与服务品相对价格、服务业就业比重、服务业产出份额、制造业劳动收入份额、服务业劳动收入份额与经济体劳动收入份额的变化。其中，实线表示企业数字化转型带来的技术进步在资本和劳动间无偏时的模拟结果，虚线表示技术进步偏向资本时的模拟结果，点线表示技

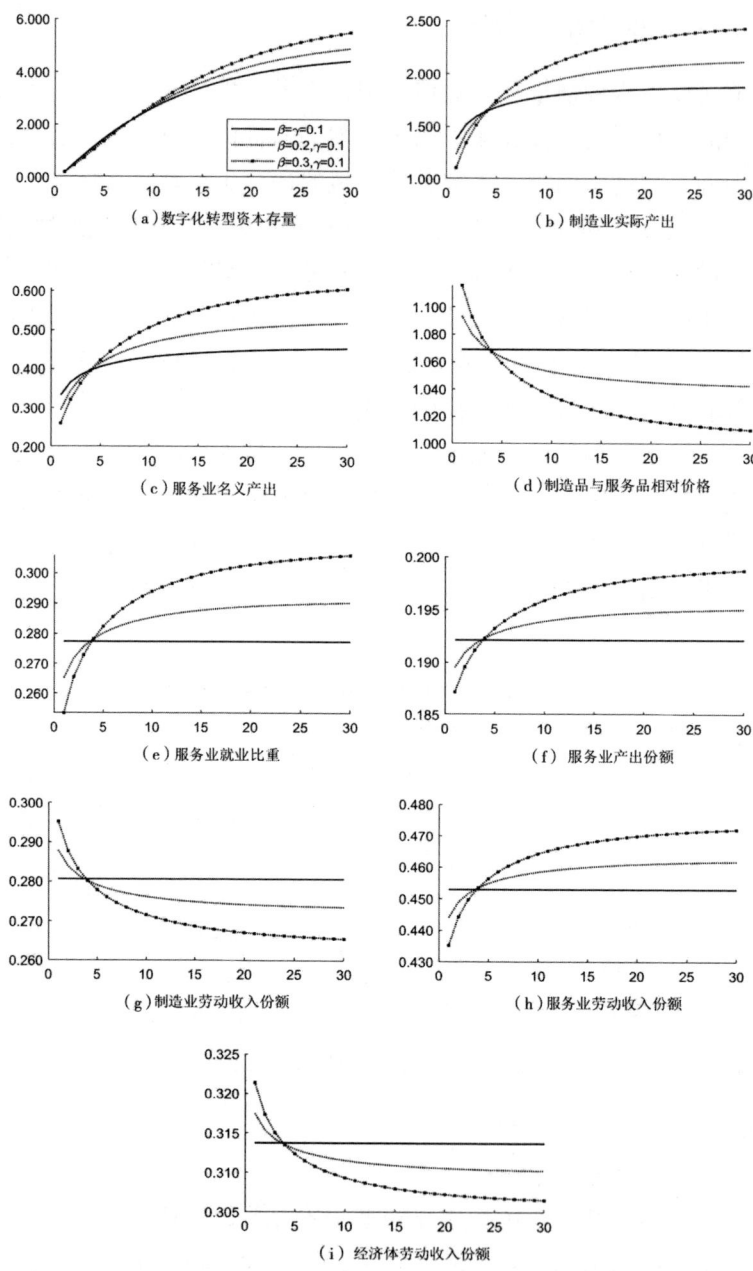

图 4-6　多部门模型企业数字化转型对劳动收入份额的影响（情形一）

术进步偏向资本程度进一步提高时的模拟结果。表 4-7 汇报了情形一和情形二的定量模拟结果。从图 4-6 和表 4-7 中可以看出，在情形一的参数设定下，数字化转型资本存量、制造业实际产出和服务业名义产出不断增加。当企业数字化转型带来的技术进步是无偏的时，经济体中的产业结构将不发生变化，各行业以及经济体的劳动收入份额也会保持不变。当企业数字化转型带来的技术进步偏向资本时，制造品和服务品之间的相对价格将不断下降，服务业就业比重和产出份额将不断上升，即产业结构逐渐向服务化转型，此时制造业劳动收入份额呈现出不断下降的趋势。由于情形一中的制造业占比较高，制造业劳动收入份额的降低不足以被服务业劳动收入份额的上升所弥补，从而造成经济体劳动收入份额的逐渐下降。对比实线、虚线和点线发现，企业数字化转型带来的资本增强型技术进步越大时，相关变量的变化速度就越快。

表 4-7　多部门模型情形一和情形二模拟结果

参数设置	情形一			情形二		
	无偏	有偏	更有偏	无偏	有偏	更有偏
数字化转型资本存量变化	4.226	4.703	5.307	4.248	4.722	5.323
制造业实际产出变化	0.501	0.885	1.328	0.504	0.886	1.326
服务业名义产出变化	0.121	0.224	0.345	0.120	0.226	0.349
制造品与服务品相对价格变化	0.000	−0.051	−0.105	0.000	−0.069	−0.142
服务业就业比重变化	0.000	0.025	0.052	0.000	0.018	0.036
服务业产出份额变化	0.000	0.006	0.012	0.000	0.007	0.015
制造业劳动收入份额变化	0.000	−0.014	−0.030	0.000	−0.014	−0.028
服务业劳动收入份额变化	0.000	0.018	0.037	0.000	−0.007	−0.014
经济体劳动收入份额变化	0.000	−0.007	−0.015	0.000	−0.010	−0.022

图 4-6 的经济学含义涉及以下三方面。第一，企业数字化转型会提高要素生产率，从而有利于增加制造业、服务业和经济体的产出。第二，技术进步偏向会推动产业结构转型。具体而言，企业数字化转型更多地提高了资本的边际产出，使得资本密集度更高的制造业部门产出上涨更快。制造品和服务品在最终品生产中同等重要且不易相互替代，制造品产量上升导致服务品更为稀缺，因此制造品与服务品之间的相对价格不断下降，而

服务业因价格上涨其名义产出不断增加。同时，服务品需求上升引致要素不断流向服务业，从而推动产业结构向服务化转型。第三，劳动收入份额的变化方向取决于产业结构变迁和行业内劳动收入份额改变。在情形一的模拟中，虽然服务业劳动收入份额在上升，但由于制造业的产出份额在经济体中仍较高，经济体的劳动收入份额随着制造业劳动收入份额下降而下降。其内在机制是，制造业使用资本替代劳动生产，促使劳动力流向服务业，劳动力价格的上涨效应小于替代效应，导致经济体劳动收入份额下降。

2. 情形二的数值模拟结果

图 4-7 显示了情形二中数字化转型资本存量、制造业实际产出、服务业名义产出、制造品与服务品相对价格、服务业就业比重、服务业产出份额、制造业劳动收入份额、服务业劳动收入份额和经济体劳动收入份额的变化。其中，实线、虚线和点线表示的含义与前文相同。从图中可以看出，在情形二的参数设定下，数字化转型资本存量、制造业实际产出和服务业名义产出将不断增加。当企业数字化转型带来的技术进步无偏时，经济体不会出现产业结构转型，劳动收入份额也将不变。当企业数字化转型带来的技术进步偏向资本时，制造品相对于服务品的价格将不断下降，服务业就业比重和产出份额将不断上升，此时制造业、服务业和经济体的劳动收入份额均呈现出逐渐下降的趋势，但下降速度逐渐放缓。与图 4-6 对比发现，服务业劳动收入份额的变化方向由升转降。对比实线、虚线和点线发现，当企业数字化转型带来的资本增强型技术进步越大时，相关变量的变化速度就越快。

图 4-7 的经济学含义包含以下两方面。第一，当制造品和服务品在最终品生产中的替代弹性较低、行业内部要素替代弹性较高时，由于服务业的资本密集度和要素替代弹性都低于制造业，数字化转型带来的技术进步偏向资本会促使制造企业使用更多的资本进行生产，带来制造品产出的增长速度高于服务品，从而造成制造品与服务品之间相对价格的不断下降，促使生产要素流向服务业，即产业结构仍向服务化转型。第二，虽然制造业、服务业和经济总产出都在增加，但资本对劳动的替代导致劳动收入份额不断下降。当服务业内部构成中知识技术密集部门所占比例相对较低，服务的同质化程度高时，服务业内部资本与劳动之间的替代弹性较高，企业数字化转型将不利于经济体劳动收入份额的提升。

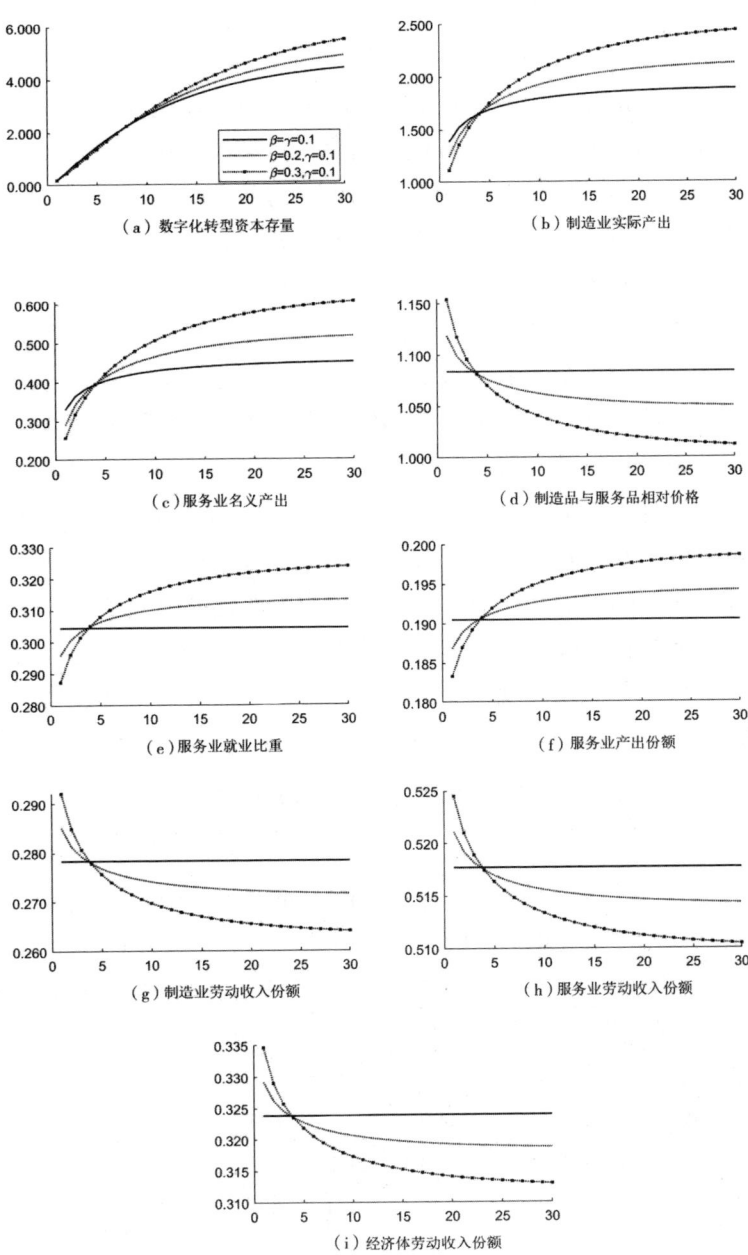

图 4-7　部门模型企业数字化转型对劳动收入份额的影响（情形二）

3. 情形三的数值模拟结果

图4-8显示了情形三中数字化转型资本存量、制造业实际产出、服务业名义产出、制造品与服务品相对价格、服务业就业比重、服务业产出份额、制造业劳动收入份额、服务业劳动收入份额和经济体劳动收入份额的变化。其中，实线、虚线和点线表示的含义与前文相同。表4-8汇报了情形三和情形四的定量模拟结果。从图4-8和表4-8中可以看出，当企业数字化转型带来的技术进步无偏时，产业结构和劳动收入份额都将不变。当企业数字化带来的技术进步偏向资本时，随着数字化转型资本存量的持续增加，制造业实际产出、服务业名义产出、服务业就业比重将逐渐提升，增幅分别为1.346、0.326和0.033，而制造品与服务品之间的相对价格以及服务业产出份额将持续下降，降幅分别为0.104和0.004。最终，制造业劳动收入份额下降了0.029，服务业劳动收入份额增加了0.036，经济体劳动收入份额降低了0.017。与图4-6对比发现，服务业产出份额的变化方向发生了改变，说明制造品和服务品之间替代弹性的提高改变了产业结构变迁方向，中间品的替代弹性也并非劳动收入份额变化方向的唯一决定因素。对比实线、虚线和点线发现，企业数字化转型带来的资本增强型技术进步越大时，相关变量的变化速度就越快。

表4-8 多部门模型情形三和情形四模拟结果

参数设置	情形三			情形四		
	无偏	有偏	更有偏	无偏	有偏	更有偏
数字化转型资本存量变化	4.227	4.703	5.307	4.226	4.438	4.675
制造业实际产出变化	0.495	0.889	1.346	0.501	0.671	0.850
服务业名义产出变化	0.127	0.220	0.326	0.121	0.151	0.184
制造品与服务品相对价格变化	0.000	−0.050	−0.104	0.000	0.050	0.101
服务业就业比重变化	0.000	0.016	0.033	0.000	−0.025	−0.050
服务业产出份额变化	0.000	−0.002	−0.004	0.000	−0.005	−0.011
制造业劳动收入份额变化	0.000	−0.014	−0.029	0.000	0.014	0.029
服务业劳动收入份额变化	0.000	0.017	0.036	0.000	−0.017	−0.035
经济体劳动收入份额变化	0.000	−0.008	−0.017	0.000	0.007	0.014

资料来源：作者根据数值模拟结果计算得到。

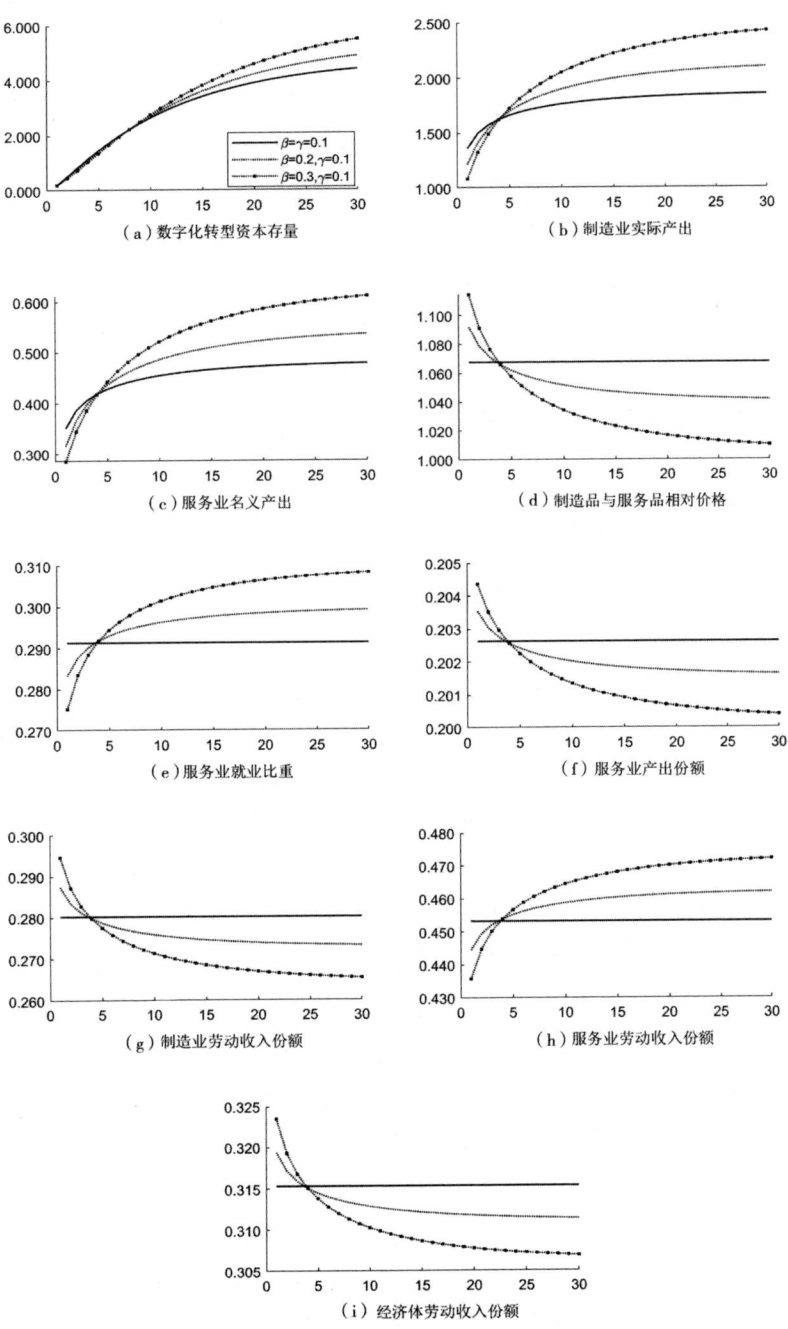

图 4-8 部门模型企业数字化转型对劳动收入份额的影响（情形三）

情形三的经济含义有两点。第一，制造品与服务品之间替代弹性的提高会促使最终品厂商使用制造品替代服务品投入生产，而数字化转型带来的资本偏向型技术进步和制造业内部较高的要素替代弹性会加快制造业中资本对劳动的替代，迫使劳动力流入服务业，从而带来服务业就业比重增加，但服务品和制造品在最终品生产中具有替代关系，从而导致经济体中服务业产出份额的逐渐下降。第二，当服务业内部资本与劳动之间的替代弹性较低时，说明劳动的知识化、技术化、专门化、技能化程度高，能够通过发挥创造力实现与数字设备互补式生产，有助于增加企业产品附加值。此时，企业数字化转型提升了服务业劳动收入份额。

4. 情形四的数值模拟结果

图 4-9 显示了情形四中数字化转型资本存量、制造业实际产出、服务业名义产出、制造品与服务品相对价格、服务业就业比重、服务业产出份额、制造业劳动收入份额、服务业劳动收入份额和经济体劳动收入份额的变化趋势。其中，实线、虚线和点线表示的含义与前文相同。从图中可以看出，当企业数字化转型带来的技术进步无偏时，产业结构和劳动收入份额都将保持不变。当企业数字化转型带来的技术进步偏向劳动时，数字化转型资本存量、制造业实际产出、服务业名义产出、制造品与服务品之间的相对价格、制造业劳动收入份额、经济体劳动收入份额都会逐渐上升，其他主要经济变量均呈下降趋势。与图 4-6 对比发现，产业结构和劳动收入份额的变化方向恰好相反，说明当制造品与服务品替代弹性较低、资本与劳动之间的替代弹性较低且不考虑资本深化时，技术进步偏向变化可以改变企业数字化转型对劳动收入份额的影响方向。对比实线、虚线和点线发现，当企业数字化转型带来的劳动增强型技术进步越大时，相关变量的变化速度就越快。

图 4-9 的经济学含义为：从本质上来看，企业数字化转型对资本和劳动的非对称性影响改变了要素的丰裕程度即禀赋关系，结合替代弹性即可决定要素收入分配格局。当劳动与资本、制造品与服务品之间均不易替代时，因为服务业属于劳动密集型产业，企业数字化转型对劳动的赋能偏向会导致服务业相较于制造业更快地上涨，此时劳动力受到制造品与服务品之间的互补生产特征流向制造业，从而推动产业结构向制造业为主转型。由于不考虑资本深化，制造业劳动收入份额将在劳动替代资本的生产方式下不断上涨，而经济体劳动收入份额也会伴随着制造业劳动收入份额的上

升而上升。

（a）数字化转型资本存量　（b）制造业实际产出
（c）服务业名义产出　（d）制造品与服务品相对价格
（e）服务业就业比重　（f）服务业产出份额
（g）制造业劳动收入份额　（h）服务业劳动收入份额
（i）经济体劳动收入份额

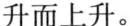

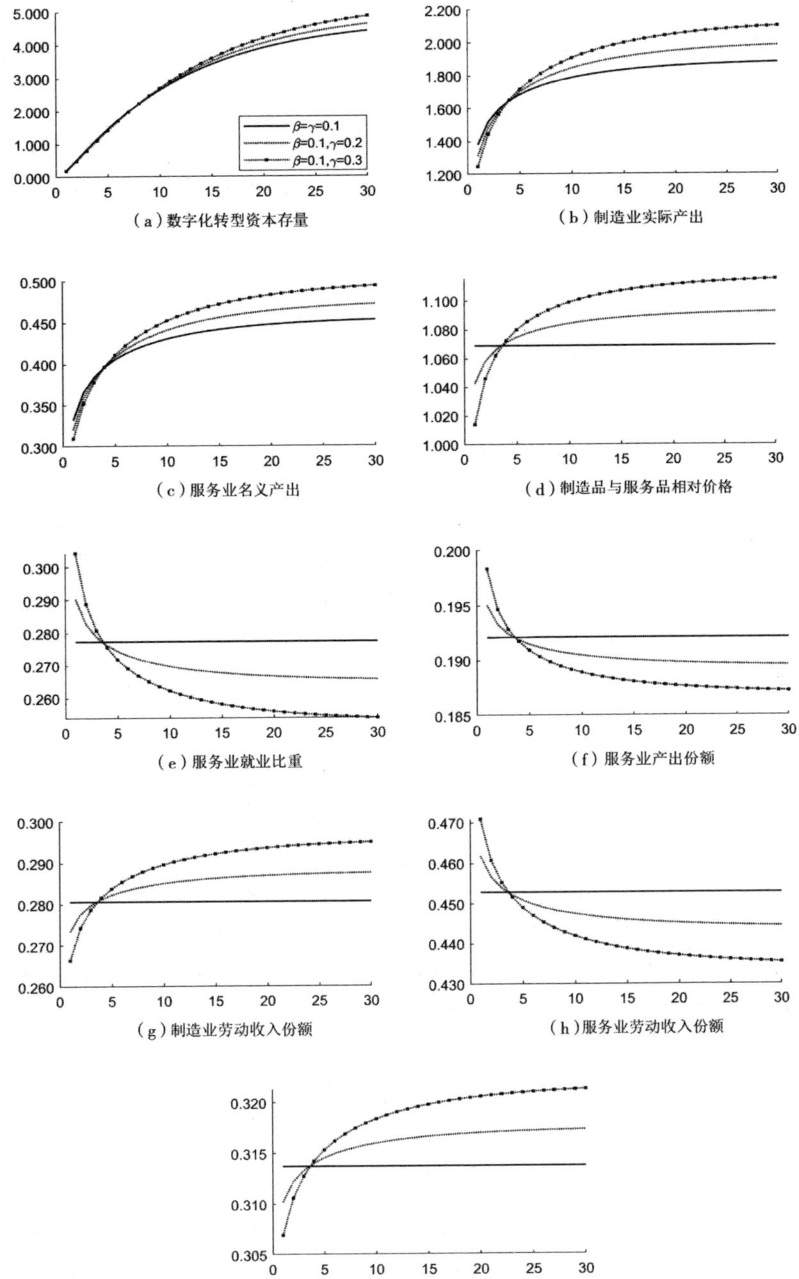

图 4-9　部门模型企业数字化转型对劳动收入份额的影响（情形四）

(二)动态模拟结果分析

1. 情形五的数值模拟结果

图 4-10 显示了情形五中数字化转型资本存量、制造业实际产出、服务业名义产出、制造品与服务品相对价格、服务业就业比重、服务业产出份额、制造业劳动收入份额、服务业劳动收入份额与经济体劳动收入份额的变化。其中,实线、虚线和点线表示的含义与前文相同。表 4-9 汇报了情形五和情形六的定量模拟结果。从图表中可以发现,不论企业数字化转型带来的技术进步是无偏还是偏向资本,数字化转型资本存量、制造业实际产出、服务业名义产出、服务业就业比重、服务业产出份额以及服务业劳动收入份额均呈现出不断上升的趋势,而制造品与服务品之间的相对价格以及制造业劳动收入份额均呈现出不断下降的趋势。此时,经济体劳动收入份额伴随着产业结构向服务化转型会呈现出先下降后上升的 U 型变化趋势。即当产业结构服务化水平较低时,企业数字化转型对经济体劳动收入份额会产生负向影响。与图 4-6 对比发现,当制造品与服务品之间的替代弹性较低、资本与劳动之间的替代弹性较低、技术进步偏向资本时,资本深化不会改变劳动收入份额的变化方向,但制造业实际产出、服务业就业比重、劳动收入份额的变化幅度更大,说明资本深化会加速上述变量的变化速度。

表 4-9 多部门模型情形五和情形六模拟结果

参数设置	情形五			情形六		
	无偏	有偏	更有偏	无偏	有偏	更有偏
数字化转型资本存量变化	170.537	228.420	275.056	726.943	6105.288	7.35E+05
制造业实际产出变化	158.184	260.377	387.501	855.875	1.29E+04	6.24E+06
服务业名义产出变化	99.893	142.833	172.317	448.792	7870.511	3.87E+06
制造品与服务品相对价格变化	-1.045	-1.086	-1.113	-0.914	-1.042	-1.134
服务业就业比重变化	0.706	0.730	0.745	0.526	0.640	0.704
服务业产出份额变化	0.614	0.722	0.772	0.295	0.445	0.642
制造业劳动收入份额变化	-0.222	-0.247	-0.265	-0.210	-0.251	-0.285
服务业劳动收入份额变化	0.387	0.440	0.478	-0.162	-0.230	-0.345
经济体劳动收入份额变化	0.375	0.492	0.556	-0.116	-0.133	-0.185

第四章 企业数字化转型对劳动收入份额影响的数值模拟

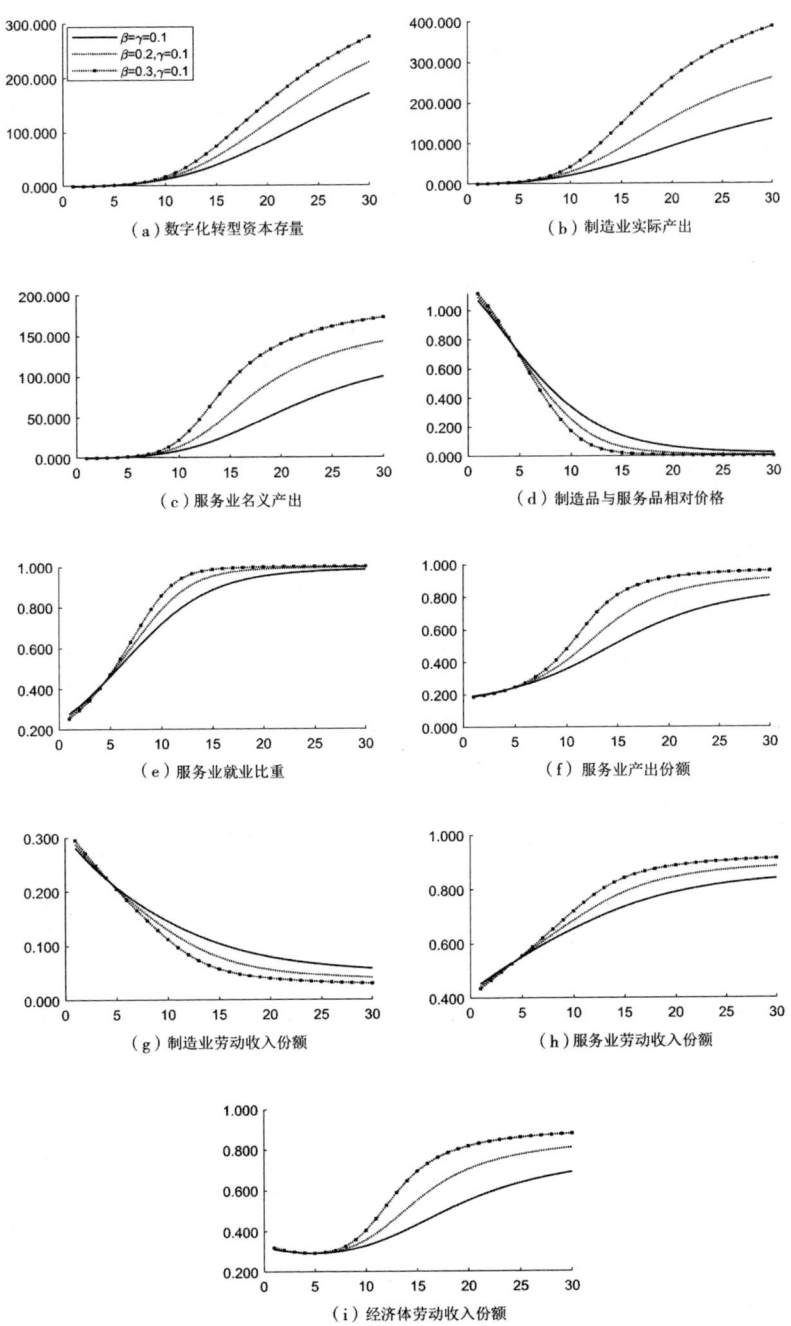

图 4-10 部门模型企业数字化转型对劳动收入份额的影响（情形五）

图 4-10 的经济学含义为：当数字技术应用对资本要素的赋能效果更好时，制造业的"灵活性"以及资本密集型特征将会促使其采用资本替代劳动的生产方式，从而促使劳动力逐渐流向服务业部门，外加上服务品与制造品在消费中的互补性，从而导致产业结构向服务化转型。经济体劳动收入份额的变化趋势则由制造业劳动收入份额的降低与服务业劳动收入份额的上升共同决定。当经济体中的制造业比重较高时，制造业劳动收入份额下降对经济体劳动收入份额变化起到主导作用，会带来经济体劳动收入份额的不断下降；当经济体逐步进入服务化阶段，经济体劳动收入份额变化将由服务业劳动收入份额的变化趋势主导。将动态模型的模拟结果与静态模型对比揭示出资本深化的作用，资本深化会加速相关变量的变化速度。因此，企业数字化转型会通过增加总产出，推动资本深化，从而加快对劳动收入份额的影响。

情形五的模拟结果具有较为深刻的现实意义。未来通过智能化的资本实现制造业部门物质产品的高效生产，制造业部门由数字设备替换出来的劳动力经过专门化、技能化，甚至是兴趣使然的个性化人力资本培育，推动就业向依靠人的技能、兴趣、精神、情感等有温度的劳动投入为主的服务业转移，增强服务的人格化因素带来的价值增值，这对服务的提供者，即服务业的就业劳动力而言是提高劳动报酬，对服务的需求者（每个人都可能既是服务的提供者又是服务的需求者）而言是增加服务的可选择性，可以获取到高品质差异化同时也可能是高价格的服务，当然服务的多样性决定了同一类服务内容存在多种服务的性价比组合，消费者可以根据自身消费偏好和收入等进行自由选择，总体上实现愉悦身心的精神消费与物质消费的同时提高。未来，伴随着服务业结构的不断升级，不仅知识技术密集型服务行业的占比提高，而且传统服务业也会因不断提升的专门化、技能化劳动投入而提升品质，由此推动服务业劳动收入份额的不断提高，届时产业结构向服务化转型将有利于提升整个经济体的劳动收入份额。这也是中国式现代化的一个实现过程，大多数劳动者通过提供服务，不管是知识技术密集的生产性服务，还是以技能、诀窍抑或是热情投入的生活性服务业，劳动者都可以获取与其服务品质相适应的高额的劳动报酬，再以消费者的身份对丰富的物质产品和服务需求表达消费欲求，每个劳动者都以双重身份，既是产品和服务的提供者，也是产品和服务的需求者纳入到经济社会的大循环中，推动共同富裕的愿景实现。

2. 情形六的数值模拟结果

图 4-11 显示了情形六中数字化转型资本存量、制造业实际产出、服务业名义产出、制造品与服务品相对价格、服务业就业比重、服务业产出份额、制造业劳动收入份额、服务业劳动收入份额与经济体劳动收入份额的变化。其中，实线、虚线和点线表示的含义与前文相同。情形六本质上是在情形二的基础上纳入了资本深化因素。从图 4-11 和表 4-9 中可以看出，相关变量的变化趋势与情形二相似，如数字化转型资本存量、制造业实际产出、服务业名义产出、服务业就业比重与产出份额均呈现出持续上涨的趋势，而制造业、服务业以及经济体的劳动收入份额均呈现出下降趋势。不同的地方在于，第一，当企业数字化转型带来的技术进步无偏时，原本在情形二中保持不变的相关变量，在情形六中也发生了变化，这是受到了资本深化的影响，即资本深化改变了原本生产要素之间的禀赋关系；第二，资本深化加快了相关变量的变化速度，这与前文分析一致。将情形六与情形五对比分析发现，在制造品与服务品之间的替代弹性相同、技术进步偏向保持不变的情况下，资本与劳动之间的替代弹性对劳动收入份额的变化方向起到主导作用。

图 4-11 的经济学含义为：当企业数字化转型带来的技术进步偏向资本时，制造业的"灵活性"以及资本密集型特征会促使其采用"资本—劳动"替代生产方式，促使劳动力流向服务业，从而带来产业结构服务化转型。但由于制造业和服务业内部的资本与劳动之间的替代弹性都较高，经济体劳动收入份额将呈现出不断下降的变化趋势。在这一情形下，企业数字化转型将导致劳动收入份额的不断下降。之所以会产生这一结论，本质在于服务业内部资本与劳动之间的替代弹性较低。这意味着，服务业发展尚未形成"资本—技能"互补式生产模式，可能与经济体人力资本积累不足、服务业内部结构性矛盾突出等现实问题有关。

情形六的模拟结果同样具有深刻的现实意义。当"质的有效提升"和"量的合理增长"没有达到有机协调，尤其是服务业量的增长快于服务业内部结构优化时，服务业内部存在的大量重复性、差异化程度低的劳动力，比如银行的柜台服务、餐厅的招待等，仍具有较大被智能化资本替代的风险。此外，上述这种重复性、低差异化的服务业不仅难以吸纳更多从工业由数字设备替代后流出的劳动力，而且本身还会释放劳动力，从而可能带

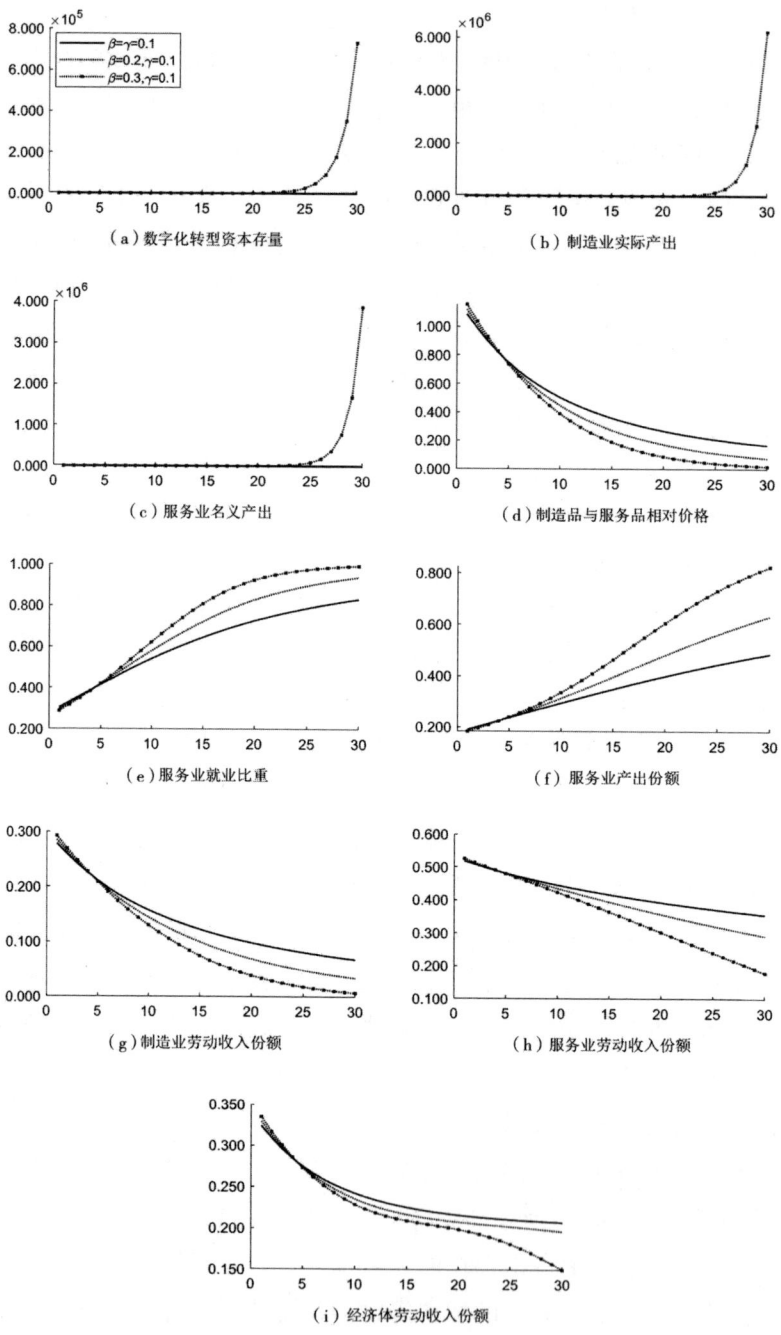

图 4-11 部门模型企业数字化转型对劳动收入份额的影响（情形六）

来劳动力市场上的结构性失业,不利于劳动收入份额提升与共同富裕的实现。反观当下,中国服务业结构性矛盾较为突出,低端服务业占据一定比重,存在被人工智能、机器人替代的可能。企业数字化转型可能会在短期内促使劳动收入份额下降,这也是现阶段大量文献研究认为数字技术会替代传统就业从而降低劳动收入份额的原因。但当中国经济以高质量发展进入服务经济时代后,从供给的角度看,一方面服务业质的提升会带来生产性服务业的规模和就业份额提高;另一方面以人的专门化技能和情感投入重塑后的相当一部分传统服务业,呈现出高品质差异化的服务供给能力,这也是现代化经济体系中供给更好适应需求的表现,有利于形成"资本—技能"互补生产模式。总之,随着服务业的结构优化和高质量发展,服务被不断赋予更多的知识、技术、技能、精神、文化和情感等人格性因素,服务业内部资本与劳动之间的替代弹性将会大大下降,经济体劳动收入份额将会呈现上升趋势。

三、敏感性分析

为保证上述数值模拟结果的稳健性和可靠性,防止参数设置的特殊性和主观性带来的偶然结果,本书在不改变上文参数之间关系的同时,通过调整需求端和供给端的相关参数取值,展开敏感性分析。具体而言,本书依次改变制造品与服务品之间的替代弹性、最终品生产中制造品的相对重要性、服务业内部要素替代弹性以及家庭投资行为,观察定量结果的变化是否符合理论分析结果,从而判断数值模拟结果的可靠性。

第一,关注制造品与服务品在最终品生产中的替代弹性,将"较高"和"较低"两种情形下的参数设置分别改为 $\varepsilon=1.50$ 和 $\varepsilon=0.50$。根据理论分析,当制造品与服务品之间的替代弹性更高、技术进步偏向资本、要素替代弹性较高时,制造品更容易替代服务品,制造业产出份额更高,其劳动收入份额下降对经济体劳动收入份额的影响也更大。表 4-10 汇报了中间品替代弹性改变后相关变量前后 30 期的变化值,与表 4-8 和表 4-9 对比发现,服务业产出份额、经济体劳动收入份额等相关变量的变化方向与理论分析一致。因此,敏感性分析一的数值模拟结果表明,改变制造品与服务品在最终品生产中的替代弹性只会导致经济变量绝对值的变化,研究结论仍与前文一致。

表 4-10 多部门模型敏感性分析一：改变中间品替代弹性

参数设置	$\varepsilon=1.50$			$\varepsilon=0.50$		
	无偏	有偏	更有偏	无偏	有偏	更有偏
数字化转型资本存量变化	174.398	589.365	8742.497	55.077	69.331	84.547
制造业实际产出变化	310.162	2032.200	110905.508	45.371	76.999	130.533
服务业名义产出变化	39.313	126.807	1679.535	28.721	38.821	49.520
制造品与服务品相对价格变化	-0.932	-1.023	-1.082	-0.963	-1.027	-1.072
服务业就业比重变化	0.084	0.069	-0.014	0.344	0.371	0.393
服务业产出份额变化	-0.270	-0.354	-0.458	0.303	0.357	0.403
制造业劳动收入份额变化	-0.179	-0.213	-0.253	-0.190	-0.214	-0.235
服务业劳动收入份额变化	0.300	0.368	0.460	0.324	0.371	0.413
经济体劳动收入份额变化	-0.121	-0.188	-0.290	0.281	0.348	0.409

第二，关注最终品生产中制造品的相对重要性。随着经济增长与家庭收入增加，消费者对服务的消费需求越来越高，为顺应这一规律，本书将最终品生产中制造品的相对重要性从 $\omega=0.50$ 改为 $\omega=0.40$。根据理论分析，在制造品与服务品之间替代弹性较低、要素替代弹性较低、技术进步偏向资本时，服务品相对制造品重要性的增加会促使产业结构更快地向服务化转型，从而带来劳动收入份额更多地增长。表 4-11 汇报了改变最终品生产中制造品的相对重要性后相关变量前后 30 期的变化值。与表 4-9 对比发现，服务业产出份额、服务业劳动收入份额以及经济体劳动收入份额的变化与理论分析一致。因此，改变最终品生产中制造品的相对重要性只会导致经济变量绝对值的变化，研究结论仍与前文一致。

表 4-11 多部门模型敏感性分析二：改变中间品相对重要性

参数设置	$\omega=0.40$		
	无偏	有偏	更有偏
数字化转型资本存量变化	94.783	119.095	140.515
制造业实际产出变化	72.982	109.927	156.245
服务业名义产出变化	53.917	71.784	86.054
制造品与服务品相对价格变化	-1.021	-1.069	-1.102
服务业就业比重变化	0.581	0.606	0.625
服务业产出份额变化	0.549	0.626	0.670
制造业劳动收入份额变化	-0.211	-0.235	-0.254
服务业劳动收入份额变化	0.364	0.413	0.452
经济体劳动收入份额变化	0.371	0.459	0.517

第三，关注服务业生产中资本与劳动之间替代弹性的影响，将服务业内部要素替代弹性较低情形下的参数取值由 $\sigma_2 = 0.75$ 改为 $\sigma_2 = 0.50$。根据理论分析，在中间品替代弹性较低、技术进步偏向资本时，服务业内部要素替代弹性降低不影响产业结构向服务化转型，有利于提高劳动收入份额。表 4-12 汇报了服务业内部要素替代弹性改变后相关变量前后 30 期的变化值，与表 4-9 对比发现，服务业劳动收入份额和经济体劳动收入份额的变化与理论分析一致。因此，敏感性分析三的数值模拟结果表明，在一定范围内改变服务业生产中资本与劳动之间的替代弹性只会导致经济变量绝对值的变化，研究结论仍与前文一致。

表 4-12　多部门模型敏感性分析三：改变服务业要素替代弹性

参数设置	$\sigma_2 = 0.50$		
	无偏	有偏	更有偏
数字化转型资本存量变化	22.680	23.401	23.887
制造业实际产出变化	14.177	17.743	21.965
服务业名义产出变化	11.623	12.253	12.670
制造品与服务品相对价格变化	−1.016	−1.049	−1.072
服务业就业比重变化	0.394	0.422	0.449
服务业产出份额变化	0.465	0.487	0.500
制造业劳动收入份额变化	−0.211	−0.231	−0.250
服务业劳动收入份额变化	0.535	0.572	0.603
经济体劳动收入份额变化	0.575	0.611	0.635

第四，关注家庭的储蓄投资行为，本书将基准模型中家庭的储蓄率和投资率由 $s = 0.40$、$d = 0.20$ 改为 $s = 0.20$、$d = 0.10$。根据理论分析，家庭投资率和储蓄率的降低会减少企业数字化转型资本存量，降低企业数字化转型对产业结构、劳动收入份额等经济变量的影响速度。表 4-13 汇报了家庭储蓄行为改变后的敏感性分析结果，与表 4-9 对比发现，数字化转型资本存量、服务业产出份额、制造业劳动收入份额、服务业劳动收入份额以及经济体劳动收入份额的变化幅度均收窄，与理论分析一致。因此，敏感性分析四的数值模拟结果表明，在一定范围内改变家庭的储蓄率和投资率只会导致经济变量绝对值的变化，研究结论仍与前文一致。

表 4-13　多部门模型敏感性分析四：改变家庭储蓄行为

参数设置	$s=0.20,\ d=0.10$		
	无偏	有偏	更有偏
数字化转型资本存量变化	10.735	12.641	14.810
制造业实际产出变化	8.493	11.378	15.179
服务业名义产出变化	10.282	13.569	17.458
制造品与服务品相对价格变化	−0.797	−0.900	−0.984
服务业就业比重变化	0.314	0.352	0.384
服务业产出份额变化	0.256	0.310	0.362
制造业劳动收入份额变化	−0.145	−0.169	−0.193
服务业劳动收入份额变化	0.229	0.271	0.314
经济体劳动收入份额变化	0.187	0.238	0.294

综上分析，在保证参数间关系不变的情况下，一定范围内改变制造品与服务品之间的替代弹性、最终品生产中制造品的相对重要性、服务业内部要素替代弹性以及家庭投资行为，只会带来相关变量之间影响程度及速度的变化，并不会改变相关变量的演变趋势。因此，上述多部门模型的数值模拟结果保持了较好的稳健性。上述数值模拟结果表明，要素替代弹性是企业数字化转型影响劳动收入份额的关键性外生参数。接下来，本书从宏观层面估算中国各行业要素替代弹性，并结合数值模拟分析结果初步判断企业数字化转型对劳动收入份额的现实影响，为后文实证分析奠定基础。

第三节　中国宏观层面要素替代弹性估计

前文基于单部门一般均衡模型和多部门一般均衡模型进行数值模拟，定量分析了企业数字转型对劳动收入份额的不同影响。本书理论分析和数值模拟均表明，企业数字化转型对劳动收入份额的影响受多个外生参数的影响，其中，要素替代弹性在两者影响关系中发挥着关键性作用。因此，只要确定不同行业资本与劳动之间的替代弹性，并结合数字技术应用的现实特征，就可以初步判断企业数字化转型对劳动收入份额的影响方向。基于此，本节首先介绍要素替代弹性的估计方法与指标选取；其次采用标准化供给面系统方法估算中国2003—2021年41个行业的要素替代弹性；最后对比分析不同行业的要素替代弹性，并结合数值模拟结果初步判断企业数字化转型对劳动收入份额的影响方向。本节研究可以为后文的实证分析提供理论依据与现实基础。

一、估计方法与数据处理

（一）估计方法

通过梳理现有文献，关于要素替代弹性的估计方法主要包括间接法和直接法两种（封永刚、蒋雨彤，2021）。其中，间接法的思路是通过对常替代弹性生产函数进行最优问题求解，从而得到一个包含要素替代弹性的线性化方程，并通过对方程进行回归得到要素替代弹性的估计值。该方法的缺点是为了得到线性方程所做出的技术进步率不变假设不符合现实，同时单一方程估计容易受要素价格的影响，从而产生较大的估算偏差。在此基础上，Klump等（2007）使用标准化CES生产函数、资本需求函数和劳动需求函数构建了供给面系统，并采用非线性估计方法对要素替代弹性展开估算，即直接法。标准化供给面系统方法由于可扩展性强、可靠性高、参数识别全面等优点被广泛应用，如陈晓玲和连玉君（2013）采用这一方法估算了中国1978—2008年各地区资本与劳动之间的替代弹性以及技术进步偏向，陈欢和王燕（2015）使用1980—2011年制造业行业数据测算了中国28个制造业行业的资本—劳动替代弹性和技术进步方向。本书在前文的一般均衡模型中使用了CES生产函数，与标准化供给面系统方法的模型设定类似。因此，本书选择标准化供给面系统方法估算中国2003—2007年41个行业的要素替代弹性。

标准化供给面系统方法的估计思路是：假定行业内代表性厂商的生产函数如式（4.1）所示：

$$Y_t = \left[\left(A_t^K K_t \right)^{\frac{\sigma-1}{\sigma}} + \left(A_t^L L_t \right)^{\frac{\sigma-1}{\sigma}} \right]^{\frac{\sigma}{\sigma-1}} \quad (4.1)$$

其中，t表示时期，Y表示产出，K表示资本存量，L表示劳动力数量，A^K表示资本增强型技术进步，A^L表示劳动增强型技术进步，σ表示资本与劳动之间的替代弹性。根据标准化供给面系统方法的常规做法，假定资本增强型技术进步和劳动增强型技术进步满足：

$$A_t^i = A_{t0}^i \cdot e^{g_i(t-t_0)}, \quad i = K, L \tag{4.2}$$

其中，t_0 表示基期，g_i 表示技术进步速度，A_{t0}^K 表示基期的资本增强型技术水平，A_{t0}^L 表示基期的劳动增强型技术水平。根据资本和劳动的一阶条件，并将式（4.2）带入可得标准化 CES 生产函数，可得：

$$Y_t = Y_{t0} \left[\pi_{t0} K_{t0}^{\frac{1-\sigma}{\sigma}} \left(K_t e^{g_K(t-t0)} \right)^{\frac{1-\sigma}{\sigma}} + (1-\pi_{t0}) L_{t0}^{\frac{1-\sigma}{\sigma}} \left(L_t e^{g_L(t-t0)} \right)^{\frac{1-\sigma}{\sigma}} \right]^{\frac{\sigma-1}{\sigma}} \tag{4.3}$$

其中，π_{t0} 表示基期的资本收入份额，Y_{t0}、K_{t0}、L_{t0} 分别表示基期的产出、资本存量和劳动力数量。为了解决非线性 CES 生产函数存在的初始投入与初始产出不确定问题，本书参考 Klump 等（2007）的研究，引入规模因子 ξ，令 $Y_{t0} = \xi \bar{Y}$、$K_{t0} = \bar{K}$、$L_{t0} = \bar{L}$、$\pi_{t0} = \bar{\pi}$、$t_0 = \bar{t}$。

将以上初始值带入式（4.3），并对等号两边同时取对数可得：

$$\log\left(\frac{Y_t}{\bar{Y}}\right) = \log(\xi) + \frac{\sigma}{\sigma-1} \log\left[\bar{\pi} \left(\frac{e^{g_K(t-t0)} K_t}{\bar{K}} \right)^{\frac{\sigma-1}{\sigma}} + (1-\bar{\pi}) \left(\frac{e^{g_L(t-t0)} L_t}{\bar{L}} \right)^{\frac{\sigma-1}{\sigma}} \right] \tag{4.4}$$

对式（4.3）求解利润最大化问题，可得资本和劳动的需求函数分别为：

$$\log(r_t) = \log\left(\bar{\pi} \frac{\xi \bar{Y}}{\bar{K}} \right) + \frac{1}{\sigma} \log\left(\frac{Y_t/(\xi \bar{Y})}{K_t/\bar{K}} \right) + \frac{\sigma-1}{\sigma} g_K (t-t_0) \tag{4.5}$$

$$\log(w_t) = \log\left((1-\bar{\pi}) \frac{\xi \bar{Y}}{\bar{L}} \right) + \frac{1}{\sigma} \log\left(\frac{Y_t/(\xi \bar{Y})}{L_t/\bar{L}} \right) + \frac{\sigma-1}{\sigma} g_L (t-t_0) \tag{4.6}$$

通过估计式（4.4）、式（4.5）和式（4.6）三个非线性联立方程组即可得到各行业的要素替代弹性 σ[①]。

（二）数据处理

国家统计局于 1984 年第一次发布《国民经济行业分类》的国家标准，并在 1994 年、2002 年、2011 年和 2017 年进行了四次修订。其中，2002 年修订前后的行业分类区别较大，比如新增了住宿和餐饮业、租赁和商业服务业、教育等 6 个门类行业。为避免统计口径不一致的问题，本书选取 2003—2021 年为研究期，并按行业分类标准前后分类变化，将橡胶制品业和塑料制品业合并，将汽车制造业、铁路、船舶、航空航天和其他运输设

---

① 同时，还可以得到经济体总的资本增强型技术进步 g_K 和劳动增强型技术进步的增长率 g_L，由于本书关注的是企业数字化转型带来的技术进步而非整体技术进步偏向，因此不汇报技术进步的估计结果。

备制造业合并，同时剔除数据缺失较多的工艺品及其他制造业、废弃资源和废旧材料回收加工业。最终，本书研究对象包括 27 个制造业行业、14 个服务业行业，共计 41 个行业（具体名称见表 4-14）。

估算要素替代弹性时涉及的变量包括以下五方面。（1）产出：使用行业实际增加值衡量。（2）劳动力数量：使用按行业分城镇单位就业人员数（年底数）衡量。（3）资本存量：使用永续盘存法进行估算。其中，当年投资额采用固定资产投资衡量①，折旧率参考单豪杰（2008）的研究设定，为10.96%，基期的资本存量等于基期投资额/（前五年投资的平均增长率+折旧率）。（4）劳动工资：使用按行业分城镇单位就业人员平均工资衡量。（5）资本价格：由资本收入除以资本存量得到。本书参考陈欢和王燕（2015）的研究，将劳动报酬外的所有收入都视为资本收入，即资本收入=增加值-（劳动力数量×劳动工资）。

本书使用的数据来源于《中国工业统计年鉴》、《中国经济景气月报》、《中国统计年鉴》、《中国第三产业统计年鉴》、EPS（economy prediction system）全球统计数据/分析平台和国家统计局。其中，2003—2007 年制造业行业增加值来自《中国工业统计年鉴》，2008—2021 年制造业行业增加值根据《中国经济景气月报》公布的制造业行业增加值增长率估算得到，2003—2021 年服务业行业增加值来自《中国统计年鉴》和《中国第三产业统计年鉴》。本书以 2003 年为基期，对所有以货币价值表示的数据进行价格调整。具体而言，制造业行业的增加值使用第二产业增加值指数平减，服务业行业增加值使用第三产业增加值指数平减，固定资产投资使用固定资产投资价格指数平减，城镇单位就业人员平均工资使用居民消费价格指数平减。

根据现有研究，本书采用可行广义非线性最小二乘法（FGNLS）对替代弹性进行估计。对于非线性估计模型，需要设定合理的初始值以减少求解时的迭代次数。因此，本书参考 Klump 等（2007）的研究，对产出、资本、劳动和时间取几何平均值作为初始值，对资本收入份额取算术平均值作为初始值。为了实现全局收敛，本书参考贺立和吕光明（2022）的研究，将规模因子 ξ、要素替代弹性 σ、资本偏向型技术进步增长率 g_K 和劳动增

---

① 2018—2021 年的固定资产投资数据缺失，根据国家统计局公布的按行业分固定资产投资增速估算。

强型技术进步的增长率 g_L 分别取值为 1、1.01、0.0001 和 0.002。

二、测算结果比较与分析

基于上述的初始值设定，本书采用可行广义非线性最小二乘法，对非线性联立方程组展开回归估计，从而得到 2003—2021 年中国 41 个行业的资本—劳动替代弹性 σ。表 4-14 显示了测算结果，可以发现绝大部分测算结果通过了 1.00% 的显著性检验。从表中可以发现，样本期内中国行业要素替代弹性的均值约为 1.015，这说明资本与劳动在生产过程中总体呈现为明显的替代关系，要素相对价格的微小变化会带来企业要素投入比例的较大变化。本书将行业划分为制造业和服务业展开分析。从表 4-14 中可以发现，制造业要素替代弹性的均值为 1.154，服务业要素替代弹性的均值为 0.748。因此，总体而言，制造业要素替代弹性显著高于服务业，这表明相较于服务业，制造业属于"灵活部门"，其内部资本与劳动之间的替代性更强。本书测算结果与现有研究一致，如郭凯明等（2020）。要素替代弹性的行业异质性特征与多种因素有关，如不同行业的生产特性、技术水平、政策环境等。制造业的生产过程往往具有连续性、资本密集性以及高技术特征，导致资本与劳动之间呈现出较强的替代关系；而在服务业中，服务品具有劳动密集性、即时消费以及不可远距离贸易特性，导致劳动与资本在生产中呈现出协同互补关系。

表 4-14 2003—2021 年中国行业要素替代弹性估计结果

制造业		制造业		服务业	
行业名称	替代弹性	行业名称	替代弹性	行业名称	替代弹性
农副食品加工业	1.018*** (0.004)	医药制造业	1.121*** (0.021)	交通运输、仓储和邮政业	1.394*** (0.050)
食品制造业	1.050*** (0.010)	化学纤维制造业	1.055*** (0.010)	信息传输、计算机服务和软件业	0.133* (0.073)
饮料制造业	1.027*** (0.005)	橡胶和塑料制品业	1.000*** (0.000)	批发和零售业	1.082*** (0.012)
烟草制品业	1.021*** (0.004)	非金属矿物制品业	1.008*** (0.002)	住宿和餐饮业	1.019*** (0.005)
纺织业	0.541*** (0.006)	黑色金属冶炼及压延加工业	0.735*** (0.011)	金融业	1.521*** (0.082)

续表

制造业		制造业		服务业	
行业名称	替代弹性	行业名称	替代弹性	行业名称	替代弹性
纺织服装、鞋、帽制造业	1.000*** (0.000)	有色金属冶炼及压延加工业	1.010*** (0.004)	房地产业	0.200*** (0.001)
皮革、毛皮、羽毛（绒）及其制品业	1.184*** (0.151)	金属制品业	1.029*** (0.005)	租赁和商务服务业	1.204*** (0.030)
木材加工及木、竹、藤、棕、草制品业	3.618*** (0.046)	通用设备制造业	1.041*** (0.007)	科学研究、技术服务和地质勘查业	0.460*** (0.017)
家具制造业	1.052*** (0.009)	专用设备制造业	1.047*** (0.011)	水利、环境和公共设施管理业	0.728*** (0.071)
造纸及纸制品业	1.032*** (0.007)	交通运输设备制造业	2.730*** (0.206)	居民服务和其他服务业	1.024*** (0.003)
印刷业和记录媒介的复制	1.021*** (0.006)	电气机械及器材制造业	1.071*** (0.019)	教育	0.177*** (0.004)
文教体育用品制造业	1.050*** (0.015)	通信设备、计算机及其他电子设备制造业	0.382*** (0.015)	卫生、社会保障和社会福利业	0.277*** (0.056)
石油加工、炼焦及核燃料加工业	1.000*** (0.000)	仪器仪表及文化、办公用机械制造业	1.300*** (0.075)	文化、体育和娱乐业	1.000*** (0.000)
化学原料及化学制品制造业	1.021*** (0.005)	—	—	公共管理和社会组织	0.249*** (0.083)

注：***、**和*分别表示1.00%、5.00%和10.00%的显著性水平；括号内数值是标准误。

接下来，本书从细分行业视角对测算结果展开进一步分析。表4-14报告了中国41个行业要素替代弹性的分布情况。本书将测算结果按由高到低排列可以发现，位于前五的行业分别是木材加工及木、竹、藤、棕、草制品业，交通运输设备制造业，金融业，交通运输、仓储和邮政业，仪器仪表及文化、办公用机械制造业，其中既包含制造业，也有服务业。这说明虽然从整体上看，制造业的要素替代弹性均值大于1，但服务业内部也存在一些替代弹性较高的行业。这一结论意味着，即使在服务业中，同样存在着劳动力被资本替代的风险。原因在于，不同服务业细分行业对技术的依赖程度、生产模式、劳动力需求等方面都存在较大差异,从而导致资本与劳动之间的替代关系在服务业内部也各有不同。排名靠后五位的行业分别是信息传输、计算机服务和软件业,教育,房地产业,公共管理和社会组织,卫生、社会保障和社会福利业,均为服务业。首先,服务业的生产特点决定了其对劳动力和资本的需求差异。与制造业相比,服务业依赖于劳动投入,其产品质量往往取决于劳动力的情感、精神、人力资本等投入的品质。因此,服务业对劳动力的技能和知识要求更高,而这些技能和知识往往难以通过简单的要素替代得以实现。其次,服务业的许多业务涉及人际互动和个性化服务,这使得服务行业中的劳动力难以被资本完全替代。例如,高级餐厅的主厨、美容院的技师等职业,需要人的技能和经验来提供个性化的服务,而这些服务是难以被机器或自动化设备完全替代的。最后,服务行业的生产过程往往与消费过程紧密相连,促使劳动力在服务业的生产过程中发挥着重要作用。例如,在教育、医疗、旅游等服务行业中,劳动力需要在生产过程中提供面对面的服务和指导,这些服务是难以通过自动化设备或远程服务来替代的。因此,低要素替代弹性反映了服务业对劳动力和资本需求的特殊性和多样性。随着服务业的不断发展,人们对服务的需求也越来越多样化、个性化和高端化,这会进一步降低服务行业中的要素替代弹性。因此,伴随着中国经济逐渐向高质量服务化转型,资本—劳动替代弹性可能会呈现出逐渐降低的变化趋势。

此外,从表4-14中还可以发现,战略性新兴行业如新一代信息技术产业、新材料产业的资本—劳动替代弹性也都较低。原因在于,战略性新兴产业发展高度依赖于知识、技术等高级要素投入,其生产过程中的"资本—技能"互补特征尤为显著。一方面,知识与技术等高级要素的本质是人力资本,而人力资本积累离不开劳动力作为有形载体;另一方面,战略性新兴行业往往具有规模化生产力能力。因此,智能化的机器设备等资本要素在战略性新兴行业生产中不可或缺,如特斯拉等新能源汽车企业不断建厂以扩大生产规模。因此,资本与劳动之间的替代弹性在战略性新兴行业较低。

三、与数值模拟结果的对比分析

前文基于单部门一般均衡模型的数值模拟结果指出,当资本与劳动之间的替代弹性给定时,企业数字化转型对劳动收入份额的影响方向主要由技术进步偏向决定。根据现有研究，当前数字技术应用主要体现为资本偏向型技术进步（干春晖、姜宏，2022）。而本书关于中国行业要素替代弹性的测算结果表明，资本与劳动之间替代弹性的均值为1.015，即体现为替代关系。因此，本书单部门数值模拟结果中的情形四更贴近现实，即企业数字化转型会对劳动收入份额产生负向影响。在现实中，数字化转型促使企业使用资本替代劳动的案例并不少见，如就业极化与机器替人。随着新一代信息技术变革和市场竞争加剧，许多制造企业希望借助数字化转型实现生产的增效与降本如引入自动化生产线替代传统人工生产线，对劳动力市场形成了较大挤压。当然，服务业中也不乏类似的场景。随着大数据和人工智能技术的发展，越来越多的金融机构开始推出智能投顾服务，为客户提供个性化的投资建议和资产配置方案，不仅提高了金融机构的效率，还极大降低了对人工理财师的依赖。

前文基于多部门一般均衡模型的数值模拟结果指出，当资本与劳动之间的替代弹性给定时，企业数字化转型对劳动收入份额的影响方向取决于两个因素：技术进步偏向、工业品和服务品之间替代弹性。测算结果表明，制造业的要素替代弹性均值为1.154，服务业的要素替代弹性均值为0.748。根据卓玛草（2022）的研究，中国工业品与服务品之间的替代弹性为0.324。因此，多部门模型数值模拟中的情形五更贴近现实，即企业数字化转型会推动产业结构向服务化转型，降低工业的劳动收入份额，提高服务业的劳动收入份额，促使经济体劳动收入份额呈现出先下降后上升的变化趋势。现阶段，相较于西方发达国家，中国经济服务化水平仍较低，并且服务业内部结构性矛盾较为突出。根据本书关于各行业要素替代弹性的测算结果，服务业尤其是传统服务业中的要素替代弹性仍较高，因此，企业数字化转型对劳动收入份额的影响仍处于负向影响阶段。伴随着中国经济向高质量服务化转型，企业数字化转型对劳动收入份额的提升效果将不断显现。具体而言，由于制造业的资本密集程度较高且属于"灵活部门"，数字化转型会促使制造企业采用自动化设备替代劳动投入生产以降低成本，造成大量低技能劳动力被迫流入服务业，最终带来制造业劳动收入份额的不断下降。当服务业内部结构性矛盾突出时，即传统服务业占比绝对比重，大量低技能劳动力将会囤积于传统服务业，而传统服务业内部要素替代弹性仍较高，劳动力还是存在被智能化资本替代的风险，此时企业数字化转型将不利于劳动收入份额提升。伴随着服务业结构不断向高级化发展，从制造业释放出来的大量劳动力会通过职业培训和人力资本积累逐步向高端服务业转移，由于高端服务业内部要素替代弹性较低，此时企业数字化转型将会带来劳动收入份额的不断上升。结合当下实际，被制造企业数字化转型挤出的低技能劳动力往往无法在以知识、技术投入为主的生产性服务业中实现再就业，而是流入外卖、快递等生活性服务业。根据本书关于各行业要素替代弹性的测算结果，这些吸纳了大量低技能劳动力的生活性服务业其要素替代弹性普遍大于1，意味着劳动者仍存在被资本替代的风险。因此，当前企业数字化转型对劳动收入份额的影响为负。

综上所述，本书通过数值模拟定量分析了不同情形下企业数字化转型对劳动收入份额的具体影响。进一步地，本书选择标准化供给面系统方法估算了中国2003—2007年41个行业的要素替代弹性，并将其与数值模拟结果进行对比分析，初步揭示了企业数字化转型可能会对劳动收入份额产生负向影响，即企业数字化转型不利于劳动收入份额提升。本章研究可以为后文实证分析奠定基础。

第四节 本章小结

本章首先数值模拟不同要素替代弹性、技术进步偏向、资本深化、中间品替代弹性情形下企业数字化转型对劳动收入份额的影响，并阐释数值模拟结果的内在经济含义；其次通过改变供给侧和需求侧的参数取值展开敏感性分析，以保证结论的稳健性；最后使用标准化供给面系统方法估算中国2003—2021年41个行业的要素替代弹性，初步判断企业数字化转型对劳动收入份额的影响方向，为后文实证分析奠定基础。主要研究结论包括如下三方面。

第一，基于单部门一般均衡模型的数值模拟结果表明，企业数字化转型对劳动收入份额的影响方向主要取决于要素替代弹性和技术进步偏向。当资本与劳动之间的替代弹性较高时，若企业数字化转型对资本的增强效果优于劳动，则会对劳动收入份额产生负向影响，反之则相反；当资本与劳动之间的替代弹性较低时，若企业数字化转型对资本的增强效果优于劳动，将有利于提升劳动收入份额，反之则相反。此外，当企业数字化转型带来的偏向性技术进步越大时，相关变量的演变速度就越快。

第二，基于多部门一般均衡模型的数值模拟结果表明，企业数字化转型对劳动收入份额的影响方向取决于产业结构转型（广延边际效应）和行业内劳动收入份额变化（集约边际效应）的大小。其中，产业结构转型取决于制造品与服务品之间的替代弹性、技术进步偏向。当制造品与服务品之间的替代弹性较低、技术进步偏向资本时，企业数字化转型会促进产业结构服务化，其对经济体劳动收入份额的影响方向最终将由服务业决定。行业内劳动收入份额的变化方向取决于要素替代弹性和技术进步偏向。当行业内部要素替代弹性较高、技术进步偏向资本时，企业数字化转型对该行业的劳动收入份额产生负向影响。

第三，中国行业要素替代弹性的均值为1.015，其中制造业的要素替代弹性均值为1.154，服务业的要素替代弹性均值为0.748。结合单部门一般均衡模型的数值模拟结果，当资本与劳动之间的替代弹性大于1时，数字化转型会促使企业使用资本替代劳动，进而降低劳动收入份额。结合多部门一般均衡模型的数值模拟结果，当制造业内部资本与劳动之间的替代弹性大于1、服务业的资本与劳动之间的替代弹性小于1时，企业数字化转型会推动产业结构向服务化转型，带来制造业劳动收入份额的降低以及服务业劳动收入份额的提升，最终促使经济体劳动收入份额呈现出先下降后上升的变化趋势。现阶段，中国尚未进入高质量的服务经济时代，服务业内部结构性矛盾较为突出，因此，企业数字化转型对劳动收入份额的影响仍处于负向影响阶段。

第五章　企业数字化转型对劳动收入份额影响的实证研究

前文从理论层面阐述了企业数字化转型影响劳动收入份额的作用机理，并借助数值模拟方法定量展示了两者之间的影响关系。在此基础上，本章基于2007—2014年中国A股上市公司的面板数据，围绕企业数字化转型与劳动收入份额之间的因果关系展开实证检验。首先，介绍企业数字化转型和劳动收入份额的指标构建，并初步揭示两者之间的相关性特征；其次，构建基准计量模型，采用固定效应模型回归估计企业数字化转型对劳动收入份额的具体影响，并展开稳健性检验；最后，从企业特征、行业差异等视角展开异质性分析。

第一节　企业数字化转型与劳动收入份额的特征性事实

良好的指标测度是开展实证分析的前提。首先，为了尽可能地降低测量误差对实证结果产生的有偏影响，本节首先借鉴现有研究有益之处，并依据前文关于劳动收入份额和企业数字化转型的概念界定，采用2007—2014年中国A股上市公司数据、WIOD提供的投入产出数据，对劳动收入份额和企业数字化转型展开指标测算；其次，根据测算结果，从时间趋势、行业差异等方面进行特征事实分析；最后，通过绘制相关性特征图，展示企业数字化转型与劳动收入份额之间的相关关系，进而为后文实证分析提供初步判断。

一、劳动收入份额的特征事实

（一）劳动收入份额的测算方法与数据说明

劳动收入份额，顾名思义是指劳动收入在国民收入中所占的比重。通过整理文献发现，现有关于劳动收入份额的测算方法主要包括宏观和微观两个层面，学界对此已经形成较为统一的认识。

首先是宏观层面的测算方法。该方法以国民收入核算体系为基础,将国民收入分为劳动者报酬、生产税净额、固定资产折旧和营业盈余四个部分,并采用劳动者报酬在国民收入中的占比作为劳动收入份额的衡量指标。其中,国民收入核算数据主要有三个来源:一是来自收入法计算的国内生产总值,但基于收入法的国民经济核算体系于 2004 年改变了劳动者报酬的统计口径,从而造成劳动收入份额的测算结果在时间跨度上具有不可比性(白重恩、钱震杰,2009a);二是来自国民经济核算中资金流量表的实物部分,但非普查年份资金流量表的数据由于处理过程中的假设和方法存在波动,从而造成劳动收入份额的测算结果产生偏差,如采用人均可支配收入的增长率作为劳动者报酬的增长率,以此推算非普查年份的劳动者报酬(白重恩、钱震杰,2009b);三是来自投入产出表,但投入产出表也存在编制间隔时间较长、部门和统计口径调整等问题。因此,虽然宏观层面的测算方法是严格基于劳动收入份额的定义展开,但受到统计口径改变、时间跨度较长等不利因素影响,导致该方法下的测算结果存在偏误,且难以应用于计量研究。

其次是微观层面的测算方法。在微观层面,现有研究通常采用企业支付给劳动者的报酬与企业总收入之比来衡量劳动收入份额。根据总收入的不同测算方法,微观层面劳动收入份额的测算也可分为收入法和生产法两种。其中,生产法使用劳动者报酬在企业营业总收入中的比重来衡量劳动收入份额,收入法主要以白重恩等(2008)提出要素成本法增加值为基础,采用企业支付给劳动的报酬在支付给劳动、资本的报酬之和中的比重来衡量劳动收入份额。根据现有研究,来自微观数据和宏观数据测算得到的劳动收入份额,拥有较为一致的变化趋势。然而,相较于宏观数据,微观数据不仅可以避免统计口径不统一以及时间不连续等问题,还具有数据样本容量大的优势,可以较好地避免缺失值或极端值带来的估计偏误,降低实证检验中的内生性问题(常进雄、王丹枫,2011;施新政 等,2019)。由于使用微观数据既不会损失宏观层面劳动收入份额的变化趋势信息,又能克服宏观层面样本量不足、统计口径不统一等问题,因此,本书使用微观数据测算劳动收入份额展开实证分析。以下是本书劳动收入份额的详细测算步骤。

根据 2007 年开始施行的《企业会计准则》规定,支付给职工以及为职工支付的现金包括企业本期实际支付给职工的工资、奖金、各种津贴和补贴等，以及为职工支付的养老、失业等社会保险基金、补充养老保险、商业保险金、住房公积金、住房困难补助、福利费用等，可以较好地衡量员工的劳动收入。因此，本书以中国沪深两市 A 股上市公司作为研究样本，参考王雄元和黄玉菁（2017）、白重恩等（2008）的研究，分别采用收入法和生产法衡量上市公司劳动收入份额。具体而言，生产法以"支付给职工以及为职工支付的现金"在"营业总收入"中的占比衡量劳动收入份额；收入法以"支付给职工以及为职工支付的现金""营业利润""固定资产折旧"三项之和表示企业用于分配的要素收入，以"支付给职工以及为职工支付的现金"在要素收入中的占比衡量劳动收入份额。

本书劳动收入份额的测算数据主要来自中国经济金融研究（CSMAR）数据库公布的中国 A 股上市公司数据。考虑 2006 年会计准则变化可能会对数据连续性造成一定影响，本书选择 2007 年作为研究起始年份。为了确保数据的准确性与有效性，同时结合大多文献处理上市公司数据的惯例，本书对上市公司数据进行以下处理：（1）剔除金融类公司和上市状态异常的公司；（2）剔除"支付给职工以及为职工支付的现金"小于等于 0 的公司；（3）剔除"营业总收入"小于等于 0 的公司；（4）剔除"员工人数"小于等于 100 的公司；（5）剔除普通员工平均薪酬大于等于高管平均薪酬的公司；（6）剔除生产法测算的劳动收入份额大于等于 1 的公司。

（二）劳动收入份额的变化趋势与行业差异

本书从全国层面和行业层面两个视角考察劳动收入份额的特征事实。为便于分析，本书首先采用简单算术平均、以上市公司营业收入为权重加权平均、以上市公司规模为权重加权平均三种方式对上市公司劳动收入份额进行加总，从而得到全国层面和行业层面劳动收入份额数据。表 5-1 显示了全国层面劳动收入份额的时间变化趋势特征。（1）从全国层面来看，不论采用收入法还是生产法，劳动收入份额在 2007—2014 年间都呈现出逐年提高的趋势。这一结论与现有文献的研究结论一致，即不论是宏观层面还是微观层面，中国劳动收入份额自 2008 年的金融危机以来不断上升。该结果也从侧面说明了本书基于微观层面的实证分析具有一定的可靠性。（2）虽然收入法和生产法测算得到的劳动收入份额具有相同的变化趋势，但两者在数值上具有一定差异，收入法计算得到的劳动收入份额普遍高于生产法。这一结果是由生产法和收入法的总收入构成差异造成的，如收入法的总收入构成不包括生产税净额，也不包括政府收入。由于两种测算方法下的劳动收入份额变化趋势相同,而因果分析主要关注核心解释变量对被解释变量的影响方向,因此这一差异并不会影响本书实证分析结果。

表 5-1 2007—2014 年中国劳动收入份额的变化趋势

年份	生产法测算			收入法测算		
	简单算术平均	以营业收入为权重	以公司规模为权重	简单算术平均	以营业收入为权重	以公司规模为权重
2007	0.087	0.051	0.086	0.415	0.312	0.413
2008	0.091	0.053	0.090	0.482	0.601	0.480
2009	0.096	0.060	0.095	0.453	0.435	0.452
2010	0.096	0.055	0.095	0.435	0.410	0.433
2011	0.103	0.056	0.102	0.458	0.432	0.457
2012	0.114	0.060	0.113	0.514	0.454	0.511
2013	0.119	0.061	0.118	0.532	0.456	0.530
2014	0.123	0.065	0.122	0.530	0.478	0.528

接下来,本书从行业层面考察劳动收入份额的特征事实。具体而言,本书以要素密集特征为依据,将上市公司划分为劳动密集型、资本密集型和技术密集型三类,以考察劳动收入份额的行业特征事实。图 5-1 依次汇报了生产法(a)和收入法(b)测算方法下劳动收入份额的行业差异,可以发现两方面特点。(1)与全国层面劳动收入份额的变化趋势相似,劳动密集型、资本密集型和技术密集型三类行业的劳动收入份额总体都呈现出不断上升的变化趋势。(2)从行业差异的角度来看,无论采用生产法还是收入法,资本密集型行业的劳动收入份额在三类行业中都是最低的,技术密集型行业的劳动收入份额总体来看都是最高的,而劳动密集型行业的劳动收入份额处于两者之间,这一结果符合预期。具体而言,相较于劳动要素,资本要素在资本密集型行业生产过程中更加重要,占比也更高,因此在收入分配中所占的比重较大。同理,劳动密集型行业的要素投入以劳动力为主,劳动收入份额也就相对较高。对技术密集型行业而言,要素收入分配取决于劳动和资本在生产过程中的相对重要性以及可替代关系。图 5-1 显示,相较于资本密集型行业和劳动密集型行业,技术密集型行业的劳动收入份额最高。这是因为技术密集型行业的关键核心要素是人力资本、知识以及技术,与资本要素呈现出互补性特征,作为人力资本的有形载体,劳动者通过提升人力资本水平可以获取高额报酬,从而提高劳动收入份额。

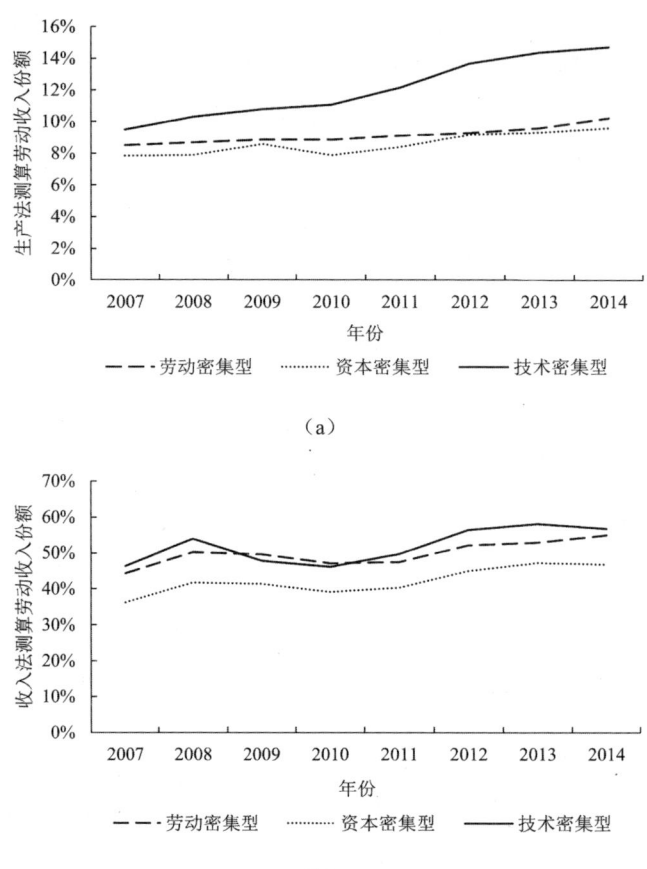

图 5-1　劳动收入份额的行业差异一

为进一步刻画劳动收入份额在行业间的差异性表现,本书基于细分行业视角,按 2017 年国民经济行业分类,测算得到每个门类行业的劳动收入份额并展开分析。图 5-2 汇报了每个门类行业基于生产法和收入法测算的劳动收入份额,并按照从小到大依次排序。从图中可以看出,不同种类细分行业之间的劳动收入份额具有较大差异,且这一差异在生产法测算结果中更为明显。总体来看,卫生和社会工作,住宿和餐饮业,信息传输、软件和信息技术服务业,科学研究和技术服务业等行业的劳动收入份额相对较高。房地产业,电力、热力、燃气及水生产和供应业,居民服务、修理和其他服务业等行业的劳动收入份额较低。总体来看,劳动收入份额较高的行业以部分传统服务业和以人力资本投入的技术密集型行业为主,劳动收入份额较低的行业以资本扩张带动发展的行业为主,这一结果印证了前文分析的结论。

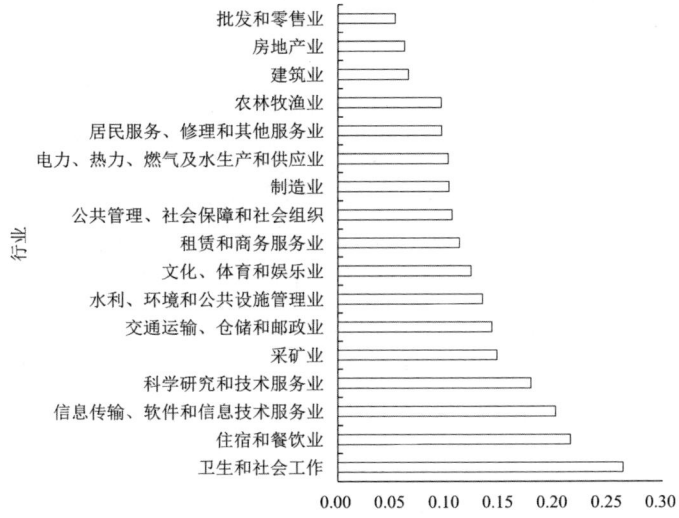

(a)生产法测算劳动收入份额

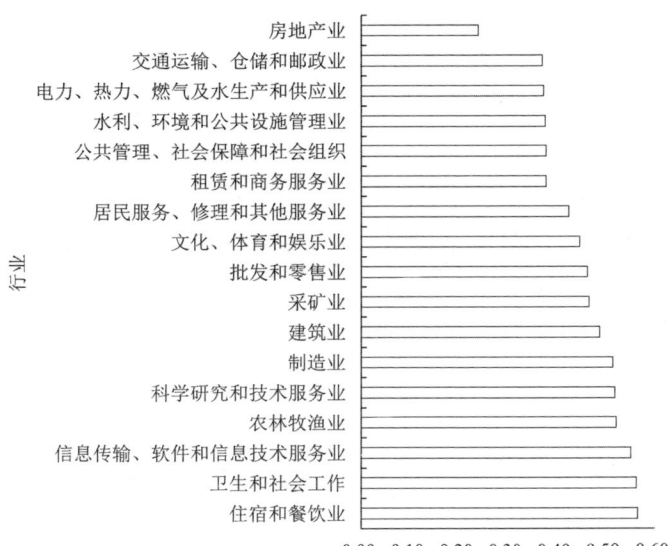

(b)收入法测算劳动收入份额

图 5-2 劳动收入份额的行业差异二

二、企业数字化转型的特征事实

（一）企业数字化转型的测算方法与数据说明

企业数字化转型是企业通过应用数字技术或使用包含数字技术的数字设备对产品生产流程中的研发设计、组装加工、品牌营销等环节进行改造升级，从而实现价值创造、效率提高、成本下降以及竞争力重塑的过程。作为本书核心解释变量，如何科学合理地测度企业数字化转型对后文研究尤为重要。通过梳理相关文献，本书发现既有研究关于企业数字化转型的测度方法主要有三类。第一类方法是采用问卷调查法衡量企业数字化转型水平，但该方法容易受问卷设计和被调查者主观认识的影响（Chanias et al., 2019；Vial，2021）。第二类方法基于上市公司的年报信息，利用文本爬虫技术筛选年报中提及数字化相关词的频数，以此衡量企业数字化转型（吴非 等，2021；李雪松 等，2022）。近几年，伴随着新一代信息技术的不断迭代与更新，数字经济和企业数字化转型逐渐成为政府、学界以及业界普遍通用的词汇。因此，为了获得政府支持、迎合市场预期，企业存在故意夸大表述"数字化转型"的动机，而企业实际数字化水平并不会因为年报中数字化词汇频率的增加而显著提升，这就导致采用文本分析方法进行指标测度会造成对企业数字化转型的高估。第三类方法是以企业实际的数字化投入为依据构建指标，如使用ICT投资、数字技能员工占比等衡量企业数字化转型（邵文波、李坤望，2014；何小钢 等，2019；张晴、于津平，2021）。由于数字产品是数字技术的有形载体，企业数字化转型往往是通过大量的数字化设备和软件换新得以实现，因此，本书认为从企业实际投入视角刻画数字化转型更为有效。因此，本书选择第三类方法来测算企业数字化转型指标。

接下来，本书参照张晴和于津平（2021）、戴翔和杨双至（2022）的研究，使用WIOD提供的行业投入产出数据，测算企业数字化转型指标，具体测算分为以下三步。

第一，根据国家统计局出台的《数字经济及其核心产业统计分类（2021）》，将数字经济核心产业与WIOD行业相匹配，得到WIOD中的数字核心产业为计算机、电子和光学产品的制造（C26），电信业（J61），计算机编程、咨询及相关活动、信息服务活动（J62和J63），并根据WIOD投入产出表计算所有产业对数字核心产业的直接消耗系数和完全消耗系数：

$$b_{dj} = a_{dj} + \sum_{m=1}^{N} a_{dm} a_{mj} + \sum_{l=1}^{N}\sum_{m=1}^{N} a_{dl} a_{lm} a_{mj} + \cdots \quad (5.1)$$

其中，d 表示数字核心产业，a_{dj} 表示 j 行业对 d 行业的直接消耗，使用 j 行业对 d 行业的中间投入与 j 行业总产出的比值衡量，$\sum_{m=1}^{N} a_{dm} a_{mj}$ 表示 j 行业通过 m 行业对 d 行业的第一次间接消耗，$\sum_{l=1}^{N}\sum_{m=1}^{N} a_{dl} a_{lm} a_{mj}$ 表示 j 行业通过 m 和 l 行业对 d 行业的第二次间接消耗，以此类推，得到完全消耗系数 b_{dj}。

第二，由于完全消耗系数和直接消耗系数是衡量投入产出的绝对指标，难以反映数字技术应用的相对重要性，因此需要进一步计算直接依赖度和完全依赖度两个相对指标：

$$Digital_j^a = \sum_d \frac{a_{dj}}{\sum_{k=1}^{N} a_{kj}} \quad (5.2)$$

$$Digital_j^b = \sum_d \frac{b_{dj}}{\sum_{k=1}^{N} b_{kj}} \quad (5.3)$$

其中，$Digital_j^a$ 表示 j 行业对数字核心产业的直接依赖度，$Digital_j^b$ 表示 j 行业对数字核心产业的完全依赖度，a_{dj} 表示 j 行业对 d 行业的直接消耗系数，b_{dj} 表示 j 行业对 d 行业的完全消耗系数。

第三，利用企业人均资本量和企业所属行业的人均资本量来刻画企业异质性，将行业层面的数字技术应用分解至企业层面，具体计算公式如下：

$$Digital_{ij}^a = \left(perC_i / AverperC_j \right) \times Digital_j^a \quad (5.4)$$

$$Digital_{ij}^b = \left(perC_i / AverperC_j \right) \times Digital_j^b \quad (5.5)$$

其中，$perC_i$ 表示企业 i 的人均资本量，$AverperC_j$ 表示企业 i 所处 j 行业的人均资本量，$Digital_{ij}^a$ 和 $Digital_{ij}^b$ 表示企业 i 的数字技术应用水平。相较于直接消耗系数，完全消耗系数可以反映出各行业部门间的直接和间接技术经济关联，因此，本书使用 $Digital_{ij}^b$ 用于基准回归，将 $Digital_{ij}^a$ 用于稳健性检验。

（二）企业数字化转型的变化趋势和行业差异

本书从全国层面和行业层面两个视角考察企业数字化转型的特征事实。为便于分析，本书首先采用简单算术平均、以上市公司营业收入为权重加权平均、以上市公司规模为权重加权平均三种方式对上市公司企业数字化转型进行加总,从而得到全国层面和行业层面企业数字化转型指标。图 5-3 显示了全国层面企业数字化转型的时间变化趋势特征。可以发现,不论是采用直接依赖度还是完全依赖度,中国企业数字化转型于 2007—2014 年之间呈现出缓慢的上升趋势。伴随着新一代信息技术革命,企业为提高竞争优势,纷纷借助信息技术降低生产成本、提升生产效率,从而带来企业数字化转型水平的不断升高。近几年,全球在人工智能、大数据、区块链技术等领域不断实现新的突破,新一代信息技术的网络效应、规模效应得以释放,企业数字化转型的进程大大加快。

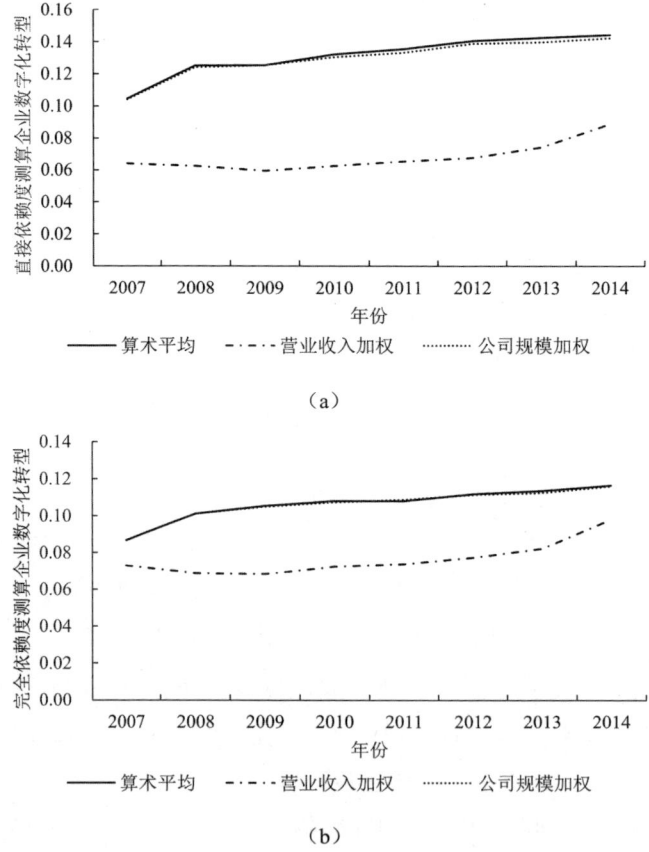

图 5-3 2007—2014 年中国企业数字化转型的变化趋势

接下来,本书从行业层面考察企业数字化转型的特征事实。具体而言,本书以要素密集特征为依据,将上市公司划分为劳动密集型、资本密集型和技术密集型三类,以考察企业数字化转型的行业特征事实。图 5-4 依次汇报了2007—2014年基于直接依赖度（a）和完全依赖度（b）测算方法下企业数字化转型的行业差异，可以发现以下两点。（1）从时间趋势来看，与全国层面的表现相似，2007—2014年各类行业的企业数字化转型水平总体呈现出缓慢提升态势，这与2014年之前数字技术创新水平相对较低及其应用的规模效应和网络效应尚未充分释放有关。（2）相较于劳动密集型行业和资本密集型行业，技术密集型行业的企业数字化转型水平最高。企业数字化转型成功与否与企业内部的员工结构密切相关，高技能劳动力占比提高有利于帮助企业及时捕捉数字技术应用契机，为企业数字化转型提供人才支撑。此外，事实表明，数字技术的发明与应用往往最先在高技术密集型企业内部展开，如小米、京东等互联网企业将研发出来的智能技术最先应用于自身企业的生产、物流等环节。

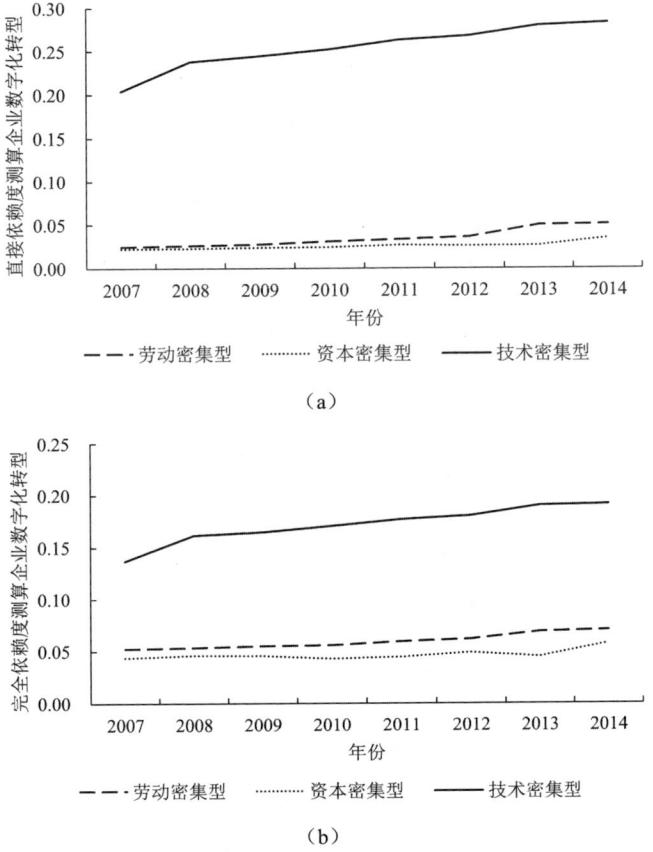

图 5-4　企业数字化转型的行业差异一

为进一步刻画企业数字化转型在行业间的差异性表现，本书基于细分行业视角，按 2017 年国民经济行业分类，测算得到每个门类行业的企业数字化转型指标并展开分析。图 5-5 呈现了每个门类行业基于直接依赖度和完全依赖度测算的企业数字化转型指标，并按照从小到大依次排序。从图中可以看出，2007—2014 年，不同行业之间企业数字化转型水平差异较大。其中，信息传输、软件和信息技术服务业，居民服务、修理和其他服务业，公共管理、社会保障和社会组织等行业的企业数字化转型水平相对较高；

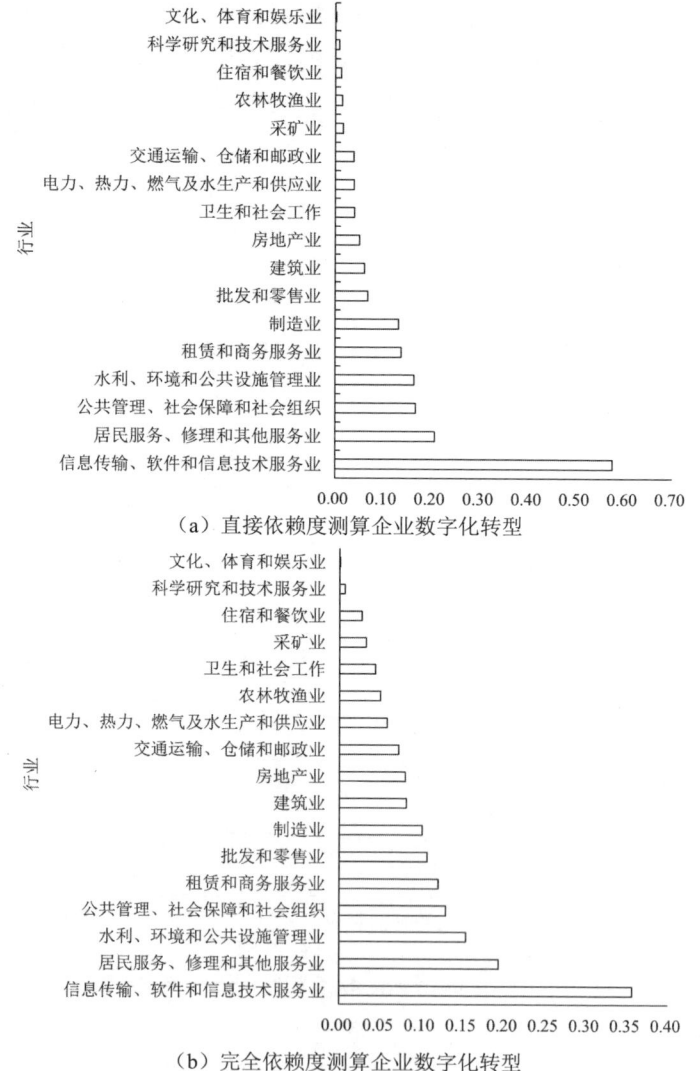

图 5-5 企业数字化转型的行业差异二

住宿和餐饮业,科学研究和技术服务业,文化、体育和娱乐业等行业的企业数字化转型水平较低。新的数字技术诞生初期往往最先应用于与之密切相关的行业自身,因此,作为数字经济核心产业,信息传输、软件和信息技术服务业内部企业的数字化转型水平最高。上述结论意味着,政府在推动数字经济发展的过程中,需要遵循信息技术在经济社会活动中应用的一般性规律,切勿忽略行业异质性,盲目鼓励企业数字化改造,造成不必要的经济效率损失。

三、企业数字化转型与劳动收入份额的相关性特征事实

计量模型关注使用数据识别核心解释变量是否是造成被解释变量变动的原因。在开展实证回归之前,本书首先从统计性描述视角,通过观察企业数字化转型与劳动收入份额之间的相关关系初步判断两者之间的影响方向。图5-6绘制了企业数字化转型与劳动收入份额之间的相关关系特征图。其中,图5-6(a)和图5-6(b)分别是基于生产法和收入法的相关关系特征图。从图中可以发现,企业数字化转型与劳动收入份额之间整体呈现为负相关关系,这表明企业数字化转型对劳动收入份额很可能产生了负向影响,这一相关性特征与前文数值模拟的初步判断一致。然而,企业数字化转型是否是导致劳动收入份额下降的主要原因,需要进一步借助计量回归结果加以验证。

前文指出,不论是劳动收入份额还是企业数字化转型都存在明显的行业差异,那么,企业数字化转型与劳动收入份额之间的相关关系特征是否也存在行业异质性?

图5-7汇报了不同行业类型企业数字化转型与劳动收入份额之间的相关关系特征。从图中可以看出,虽然企业数字化转型与劳动收入份额之间的相关关系在劳动密集型、资本密集型和技术密集型行业中都呈现为负向关系,但这一负向关系在技术密集型行业中较小,在劳动密集型和资本密集型行业中较大。根据本书理论分析可知,劳动收入份额的变化与要素间的替代弹性密切相关。相较于劳动密集型和资本密集型行业,劳动和资本之间的替代弹性在技术密集型行业中最小,即要素具备互补性特征,这与现有研究指出的"技术—资本"互补性特征一致。技术进步是推动技术密集型行业发展的关键因素,而技术进步水平在很大程度上取决于人力资本积累。在技术密集型行业中,劳动力往往具备较高的人力资本水平,难以

被资本替代。即使企业数字化转型极大提升了机器设备等资本要素的生产效率，劳动要素仍然不可或缺。相较之下，劳动密集型行业和资本密集型行业内部的要素替代弹性较高，企业数字化转型会对劳动收入份额造成较大的负向影响。事实上，大部分劳动密集型行业也正是由于劳动力成本过高，不断探索数字化转型之路，希望借助自动化和智能化技术缓解成本压力，在国际竞争中谋求一席之地。当前，中国制造业面临着发达国家"制造业回流"和发展中国家"制造业分流"的双重压力，这无疑加大了企业数字化转型的紧迫性。

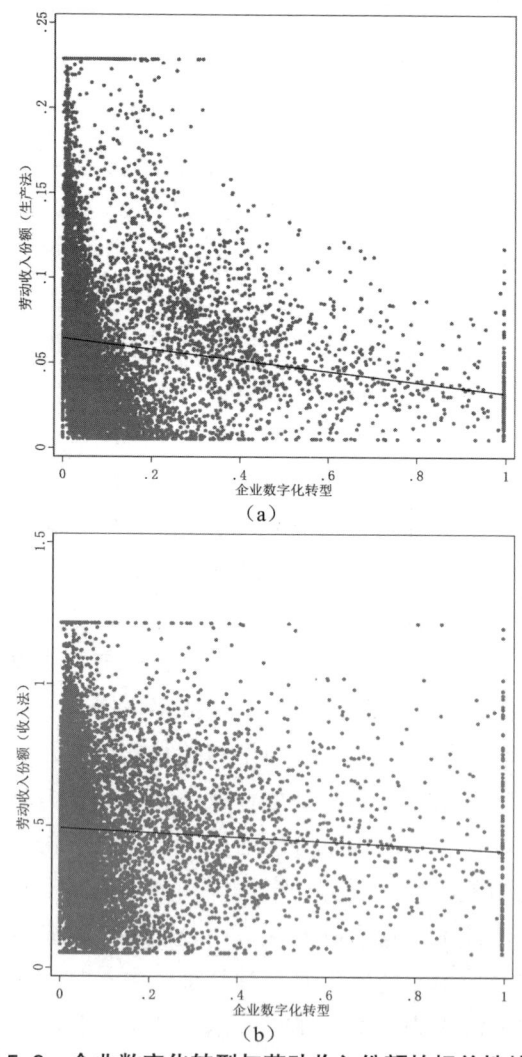

图 5-6 企业数字化转型与劳动收入份额的相关性特征

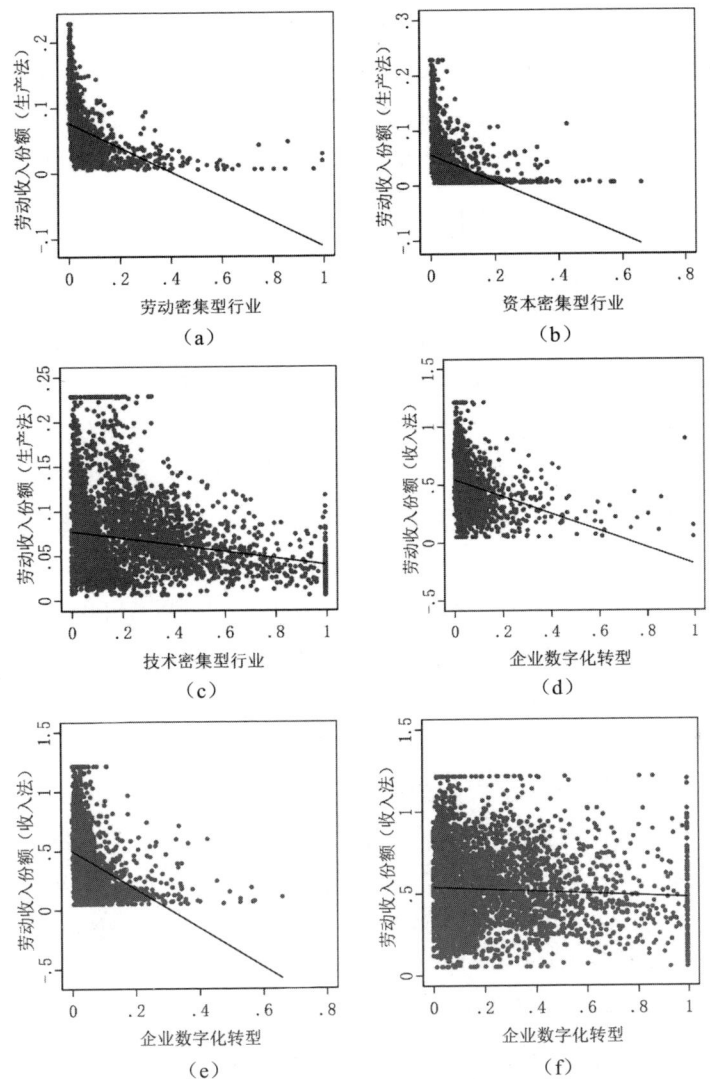

图 5-7 不同行业类型企业数字化转型与劳动收入份额的相关性特征

第二节 企业数字化转型对劳动收入份额影响的基准检验

本节首先阐述基准计量模型的构建过程，并对相关变量的选取、测算方法与数据来源进行说明；其次，基于 2007—2014 年中国 A 股上市公司的面板数据，采用固定效应模型对基准计量模型展开回归估计，实证检验企业数字化转型对劳动收入份额的具体影响;再次,采用更换变量衡量方式、调整样本范围、更换估计模型等方法展开稳健性检验,以保证本书基准回归结果的可靠性;最后,采用基于工具变量的两阶段最小二乘法,处理本书可能存在的内生性问题,进一步验证基本研究结论的稳健性。

一、研究设计与数据说明

(一)研究设计

本书第三章和第四章的理论分析表明,企业数字化转型对劳动收入份额的影响受数字扩展型技术进步、要素替代弹性以及产业结构转型的影响。现阶段,一方面人工智能、大数据等数字技术对资本要素如机器设备的赋能效果更加明显;另一方面中国经济发展面临产业内部结构性矛盾突出、人力资本水平仍有待提高的困境,资本和劳动之间的替代弹性总体较高。因此,企业数字化转型对劳动收入份额很可能存在负向影响,这一结论在前文的相关关系分析中初步得到验证。接下来,本书通过构建计量模型,实证检验企业数字化转型对劳动收入份额的具体影响。本书借鉴陆正飞等(2012)、方军雄(2011)的研究,将基准模型设定为:

$$Distribution_{it} = \alpha_0 + \alpha_1 Digital_{it} + \alpha_2 Control_{it} + \delta_j + \delta_k + \delta_t + \varepsilon_{it} \quad (5.6)$$

其中,i、j、k、t 分别表示公司、行业、省份和年份;$Distribution$ 为被解释变量劳动收入份额;$Digital$ 为核心解释变量企业数字化转型;$Control$ 表示控制变量集,由企业、地区和行业三个层面构成,其中企业层面包括企业盈利能力(Roa)、企业规模($Size$)、股权集中度(Shc)、企业资本结构(Lev)、企业股权性质(Soe),地区层面包括地区经济增长($Pgdp$)和地区国际贸易(Ex),行业层面包括行业集中度(Hhi);δ_j、δ_k、δ_t 分别表示行业、省份和年份层面的固定效应;ε_{it} 表示随机扰动项。本书重点考察回归系数 α_1,它刻画了企业数字化转型对劳动收入份额的影响方向与大小。

(二)指标选取与数据说明

作为本书研究的核心解释变量和被解释变量,企业数字化转型和劳动收入份额这两个指标的计算方式已在前文详细介绍,本书不再赘述。接下来,本书重点阐述控制变量指标的构建过程。之所以要选择一定的控制变量,是为了尽可能地避免遗漏变量导致的回归偏差以及内生性问题。本书参考方明月等(2022)、王雄元和黄玉菁(2017)的研究,选取了包括企业、地区和行业三个层面的控制变量。其中，企业层面的控制变量包括企业盈利能力（Roa）、企业规模（$Size$）、股权集中度（Shc）、企业资本结构（Lev）、企业股权性质（Soe），地区层面包括地区经济增长（$Pgdp$）和地区国际贸易（Ex），行业层面包括行业集中度（Hhi）。相关变量的具体测算方式如下。

1. 企业层面的控制变量

（1）企业盈利能力（Roa），采用上市公司净利润与总资产平均余额之比衡量；（2）企业规模（$Size$），采用上市公司总资产的对数衡量；（3）股权集中度（Shc），采用上市公司前十大股东持股比例衡量；（4）企业资本结构（Lev），采用总负债与总资产之比衡量；（5）企业股权性质（Soe），若企业股权性质为国企，则取值为 1，否则为 0。

2. 地区层面的控制变量

（1）经济发展水平（$Pgdp$），使用各地区的人均 GDP 衡量；（2）地区国际贸易（Ex），使用各地区出口额占 GDP 的比重衡量。

3. 行业层面的控制变量

行业集中度（Hhi），采用赫芬达尔指数衡量。不同行业内企业的进入和退出壁垒有明显差异，从而造成差异化的竞争和垄断环境。而市场结构是收入分配的重要影响因素之一，因此本书将从行业层面引入行业集中度指标作为控制变量。根据现有研究，赫芬达尔指数被广泛用于评估某个行业或市场中企业的市场份额分布情况，成为衡量行业集中度的通用指标，具体计算公式为：

$$Hhi_j = \sum_{i=1}^{n}\left[\frac{output_i}{output_j}\right]^2 \tag{5.7}$$

其中，j 表示行业，i 表示企业，n 表示 j 行业里的企业个数，$output_i$ 表示 i 企业的主营业务收入，$output_j$ 表示 j 行业的主营业务收入合计，$output_i/output_j$ 表示 i 企业所占市场份额。一般认为，赫芬达尔指数大于 0.25 时，市场份额非常集中；小于 0.15 时，市场份额分布相对均衡。

（三）数据来源与描述性统计

为了避免 2006 年会计准则变化对数据造成的可能影响，同时考虑最新的 WIOD 提供的投入产出表截至 2014 年，本书将样本区间控制在 2007—2014 年。在展开实证回归前，本书剔除了控制变量缺失、企业盈利能力小于等于 0 等包含异常值的上市公司，最终得到有效样本为 12382 个，并对连续变量进行上下 1.00%的缩尾处理，以避免异常值对回归结果产生的不利影响。本书所需上市公司基本信息和财务数据均来自 CSMAR 数据库，地区和行业层面的数据来源于《中国统计年鉴》、各省统计年鉴和中国研究数据服务平台（CNRDS）数据库。本书主要变量描述性统计如表 5-2 所示。

表 5-2　描述性统计

变量名称	变量含义	观测值	均值	标准差	最小值	最大值
被解释变量						
$Distribution1$	劳动收入份额（生产法）	12382	0.107	0.073	0.012	0.397
$Distribution2$	劳动收入份额（收入法）	12382	0.484	0.237	0.053	1.215
核心解释变量						
$Digital$	企业数字化转型	12382	0.107	0.169	0.000	0.995
企业控制变量						
Roa	企业盈利能力	12382	0.053	0.042	0.001	0.212
$Size$	企业规模	12382	21.815	1.240	19.566	25.780
Shc	股权集中度	12382	0.600	0.161	0.229	0.965
Lev	企业资本结构	12382	0.430	0.212	0.040	0.870
Soe	企业股权性质	12382	0.466	0.499	0.000	1.000
地区控制变量						
$Pgdp$	地区经济增长	12382	1.000	0.047	0.903	1.080
Ex	地区国际贸易	12382	0.311	0.232	0.027	0.885
行业控制变量						
Hhi	行业集中度	12382	0.107	0.105	0.019	0.546

二、基准回归结果分析

在实证回归之前，本书首先进行豪斯曼（Hausman）检验，并根据结果确定采用固定效应模型展开实证检验。表 5-3 汇报了基准回归结果，其中第（1）(2)(3)列、第（4）(5)(6)列分别是以 $Distribution1$（生产法测算的劳动收入份额）、$Distribution2$（收入法测算的劳动收入份额）作为被解释变量的回归结果；第（1）(4)列是未加入控制变量的回归结果，第（2）

(5)列是加入企业层面控制变量后的回归结果,第(3)(6)列是加入所有控制变量以及纳入行业、省份和年份固定效应后的回归结果。结果显示,不论是否纳入控制变量和固定效应,企业数字化转型对劳动收入份额的影响在 1.00% 的显著性水平下始终为负。上述实证结果意味着现阶段的企业数字化转型难以在初次分配中实现提升劳动收入份额的目标。原因在于,中国的产业结构和要素结构仍处于向高级化形态转型的过程中,一是产业结构中传统工业和生活性服务业占据绝对比重,而先进制造业和生产性服务业发展不足;二是社会生产活动中的要素投入仍以资本和劳动为主,以人的情感、精神、创造力等为主的人力资本实际需求和有效供给不足,这就导致资本和劳动要素在生产中更多地表现为替代关系,即资本与劳动间的替代弹性较高。现阶段,数字技术对资本的赋能效果远远高于劳动,如智能制造更多地是借助人工智能等新一代信息技术链接形成智能化资本以提高资本的运行效率,因此,企业在面临较高的用工成本时会选择投入更多的资本,加速了"机器人换人"的进程,最终导致劳动收入份额不断下降。本书基于微观层面的研究结论与现有基于宏观层面的研究结论一致(Karabarbounis and Neiman,2014)。

表 5-3 基准回归结果

变量	$Distribution1$			$Distribution2$		
	(1)	(2)	(3)	(4)	(5)	(6)
$Digital$	-0.143***	-0.133***	-0.133***	-0.433***	-0.478***	-0.478***
	(0.012)	(0.012)	(0.012)	(0.029)	(0.024)	(0.024)
Roa	—	-0.128***	-0.128***	—	-2.808***	-2.806***
		(0.026)	(0.026)		(0.070)	(0.070)
$Size$	—	-0.009***	-0.009***	—	-0.029***	-0.029***
		(0.001)	(0.001)		(0.003)	(0.003)
Shc	—	-0.005	-0.005	—	-0.007	-0.007
		(0.006)	(0.006)		(0.016)	(0.016)
Lev	—	-0.070***	-0.070***	—	0.100***	0.100***
		(0.007)	(0.007)		(0.017)	(0.017)
Soe	—	0.014***	0.014***	—	0.070***	0.070***
		(0.003)	(0.003)		(0.006)	(0.006)
$Pgdp$	—	—	0.011	—	—	0.235
			(0.167)			(0.498)

续表

变量	Distribution1			Distribution2		
	（1）	（2）	（3）	（4）	（5）	（6）
Ex	—	—	-0.009 (0.015)	—	—	0.082 (0.050)
Hhi	—	—	-0.004 (0.018)	—	—	0.056 (0.041)
常数项	0.122*** (0.002)	0.348*** (0.024)	0.340** (0.168)	0.531*** (0.004)	1.248*** (0.060)	0.985** (0.494)
行业固定效应	是	是	是	是	是	是
省份固定效应	是	是	是	是	是	是
年份固定效应	是	是	是	是	是	是
R^2	0.356	0.413	0.413	0.211	0.491	0.491
样本量	12382	12382	12382	12382	12382	12382

注：***、**和*分别表示1.00%、5.00%和10.00%的显著性水平；括号内数值是企业层面的聚类稳健标准误。

上述基准回归结果对政府谨防数字经济时代下可能出现的收入分配恶化现象具有重要参考价值。政府要"扬长避短"，积极把握新一代信息技术的发展机遇、推动产业转型升级的同时，也需要谨防企业数字化转型带来的就业极化和收入分配问题。本书分析认为至少可以从以下两方面着手，一是以教育引导和劳动力培训等公共政策支撑人力资本结构的优化与适配；二是对服务业结构的高级化赋予更丰富的内涵，增强政策实施的精准程度。前者决定了工业部门中被人工智能取代的劳动，包括部分也将被人工智能更多替代的一般性服务部门中释放出来的劳动力，能否顺利向因技能化、差异化、人格化而增值的服务业转移，因为劳动者在不同劳动部门之间的顺畅转换不是一个简单的数量概念，核心是供需结构和能力匹配问题，这对职业教育和劳动力技能提升和再培训等提出更高要求，需要相应的公共政策配合；后者意味着对未来一定会成为中国主要经济部门的服务业，要从多个层面推进其走向高端化。服务业总体上是派生需求，生产性服务业与先进制造业和现代农业的发展水平息息相关，差异化、品质化的生活性服务业与服务需求层次的整体提升紧密相连，因此，进一步完善分配制度和健全社会保障体系，让人民有收入、敢消费，不仅是对物质产品的消费需求增加，更体现出对高质量服务的需求提升，充分发挥需求对供给的引擎作用。在现阶段，中国经济仍处于朝向高质量发展的结构性转型期，还面临转型受阻的挑战，由于多数传统低端服务业具有资本密集属性，仍存在被人工智能取代的潜在威胁。在传统服务业的提质升级还未很好实现的情况下，服务业的结构性矛盾仍较激化、人力资本结构尚不适配，这时需要放慢"机器人换人"步伐，以防出现结构性劳动力过剩。但从推进中国式现代化和实现高质量发展的目标来看，智能制造是未来的必然图景，与那一时代相适应的高质量服务化，是多重内涵的高质量，核心是以人为本，从服务供给的角度是人力资本、专门化技能和情感等人格化因素的大量投入，从需求的角度是满足人的物质富足、精神富有的身心愉悦需求，为此，需要政府将产业政策和公共政策的重心转移到环境、技术、教育等相关方面，为顺利跨越转型阵痛期提供强劲动力。

三、稳健性检验

基于基准计量模型的回归分析表明，企业数字化转型对劳动收入份额产生了显著的负向影响。为提高这一结论的稳健性和可靠性，接下来，本书采用更换被解释变量的衡量方式、更换核心解释变量的衡量方式、调整样本范围以及更换估计模型四种方法展开稳健性检验。

（一）更换被解释变量的衡量方式

参考已有文献，本书使用以下四种方式重新衡量劳动收入份额。（1）由于劳动收入份额大小处于 0 到 1 之间，具有受限因变量的特征，本书参照李稻葵等（2009）的做法，对其进行罗吉斯蒂克（logistic）转换，把劳动收入份额调整为 $Distribution/(1-Distribution)$，然后取自然对数，对基准计量模型展开重新估计。（2）胡奕明和买买提依明·祖农（2013）在研究中指出，劳动所得率是单位资产上的职工薪酬，因此，本书使用上市公司支付给职工以及为职工支付的现金与总资产之比来衡量劳动收入份额，对基准计量模型展开重新估计。（3）参考王雄元和黄玉菁（2017）的研究，本书使用"应付职工薪酬贷方发生额"衡量上市公司支付给劳动者的报酬，重新测算劳动收入份额，对基准计量模型展开重新估计。（4）考虑高管与普通员工之间的薪酬差异会带来测量误差，本书参考方军雄（2011）的做法，使用职工总薪酬扣除高管薪酬后与营业总收入的比值衡量上市公司的劳动收入份额，对基准计量模型展开重新估计。表 5-4 汇报了更换被解释变量的稳健性检验结果。其中，第（1）（2）列分别是对生产法和收入法测算下的劳动收入份额进行 logistic 转换后的回归结果，第（3）（4）（5）列分别是采用第二至四种方法替换被解释变量的回归结果。从回归结果可以发现，企业数字化转型对劳动收入份额的影响仍然在 1.00% 的显著性水平下为负，说明本书研究结论具有较好的稳健性，即企业数字化转型会降低劳动收入份额。

表 5-4　稳健性检验结果：替换被解释变量

变量	（1）	（2）	（3）	（4）	（5）
Digital	-1.476***	-2.412***	-0.136***	-0.014***	-0.135***
	(0.106)	(0.122)	(0.007)	(0.003)	(0.011)
控制变量	控制	控制	控制	控制	控制
常数项	0.170	3.029	0.172*	-0.000	0.318*
	(1.810)	(2.441)	(0.091)	(0.048)	(0.166)
行业固定效应	是	是	是	是	是
省份固定效应	是	是	是	是	是
年份固定效应	是	是	是	是	是
R^2	0.446	0.484	0.422	0.146	0.408
样本量	12382	12095	12382	12382	12382

注：***、**和*分别表示 1.00%、5.00% 和 10.00% 的显著性水平；括号内数值是企业层面的聚类稳健标准误。

（二）更换核心解释变量的衡量方式

参考已有文献，本书从测算方法和数字产业的划分标准两个角度重新衡量劳动收入份额。（1）本书参考齐俊妍和任奕达（2021）的行业分类方法，将中高数字强度行业作为数字经济核心产业重新测算企业数字化转型指标，对基准计量模型展开重新估计。(2) 考虑 WIOD 提供的数据仅到 2014 年，本书更换使用的投入产出数据，采用 2007—2021 年亚洲开发银行的多区域投入产出（ADB-MRIO）数据按照前文方法重新测算企业数字化转型，对基准计量模型展开估计。（3）考虑现有研究中企业数字化转型的衡量方式有多种，本书参考李磊等（2021）、何小钢等（2023）的研究，采用 2007—2021 年上市公司进口工业机器人金额与固定资产金净额之比来衡量企业数字化转型，对基准计量模型展开重新估计。表 5-5 报告了更换核心解释变量衡量方式的稳健性检验结果。其中，第（1）（2）（3）列分别为是以生产法测算的劳动收入份额（Distribution1）作为被解释变量的稳健性检验结果;第(4)(5)(6)列分别是以收入法测算的劳动收入份额(Distribution2)作为被解释变量的稳健性检验结果。从回归结果中可以看出,企业数字化转型不利于劳动收入份额提升的基本结论依然成立,且保持了较高的显著性水平,说明本书研究结论具有较好的稳健性。

表 5-5　稳健性检验结果：替换核心解释变量

变量	Distribution1			Distribution2		
	(1)	(2)	(3)	(4)	(5)	(6)
Digital	-0.036***	-0.139***	-0.889***	-0.150***	-0.595***	-2.756***
	(0.002)	(0.011)	(0.274)	(0.006)	(0.021)	(0.632)
控制变量	控制	控制	控制	控制	控制	控制
常数项	0.280*	0.351***	0.403***	0.693	1.168***	1.386***
	(0.167)	(0.043)	(0.046)	(0.485)	(0.086)	(0.102)
行业固定效应	是	是	是	是	是	是
省份固定效应	是	是	是	是	是	是
年份固定效应	是	是	是	是	是	是
R^2	0.419	0.358	0.331	0.517	0.564	0.490
样本量	12382	27382	24407	12382	27382	24407

注:***、**和*分别表示1.00%、5.00%和10.00%的显著性水平;括号内数值是企业层面的聚类稳健标准误。

(三)调整样本范围

在前文的基准回归中,为了尽可能保留样本信息,本书采用非平衡面板数据展开实证检验。接下来,本书基于2010—2014年中国上市公司企业的平衡面板数据展开稳健性检验。表5-6汇报了基于平衡面板数据的稳健性检验结果。其中,第(1)(2)列、第(3)(4)列分别是生产法下测算的劳动收入份额(Distribution1)和收入法下测算的劳动收入份额(Distribution2)作为被解释变量的回归结果;第(1)(3)列是未加入控制变量的回归结果,第(2)(4)列是加入控制变量后的回归结果。从回归结果中可以发现,在采用平衡面板数据展开实证检验后,企业数字化转型对劳动收入份额的影响仍然在1.00%的显著性水平下为负,即本书基本研究结论在调整样本范围后不变,具有较好的稳健性。

表 5-6 稳健性检验结果：调整样本范围

变量	Distribution1		Distribution2	
	（1）	（2）	（3）	（4）
Digital	-0.157***	-0.152***	-0.492***	-0.527***
	（0.018）	（0.017）	（0.039）	（0.030）
控制变量	控制	控制	控制	控制
常数项	0.128***	0.353	0.533***	0.350
	（0.003）	（0.262）	（0.006）	（0.970）
行业固定效应	是	是	是	是
省份固定效应	是	是	是	是
年份固定效应	是	是	是	是
R^2	0.398	0.466	0.285	0.570
样本量	5625	5625	5625	5625

注：***、**和*分别表示1.00%、5.00%和10.00%的显著性水平；括号内数值是企业层面的聚类稳健标准误。

（四）更换估计模型

根据Hausman检验结果，本书采用固定效应模型进行实证分析。在基准回归结果中，本书依次纳入地区、行业和时间固定效应，接下来，本书采用考虑企业固定效应和年份固定效应的计量模型稳健性检验。表5-7汇报了更换估计模型的稳健性检验结果。其中，第（1）（2）列、第（3）（4）列分别是生产法下测算的劳动收入份额（Distribution1）和收入法下测算的劳动收入份额（Distribution2）作为被解释变量的回归结果；第（1）（3）列是未加入控制变量的回归结果，第（2）（4）列是加入控制变量后的回归结果。从回归结果中可以发现，在采用企业固定效应和年份固定效应进行回归估计后，企业数字化转型对劳动收入份额的影响显著为负，说明本书研究结论并不会随着固定效应模型的更换而改变，具有较高的可靠性。

表 5-7 稳健性检验结果：更换估计模型

变量	Distribution1		Distribution2	
	（1）	（2）	（3）	（4）
Digital	-0.021***	-0.015**	-0.102***	-0.112***
	（0.006）	（0.006）	（0.030）	（0.024）

续表

变量	*Distribution1*		*Distribution2*	
	（1）	（2）	（3）	（4）
控制变量	控制	控制	控制	控制
常数项	0.108*** (0.001)	0.488*** (0.108)	0.496*** (0.003)	1.885*** (0.362)
年份固定效应	是	是	是	是
企业固定效应	是	是	是	是
R^2	0.877	0.888	0.634	0.740
样本量	12224	12224	12224	12224

注：***、**和*分别表示1.00%、5.00%和10.00%的显著性水平；括号内数值是企业层面的聚类稳健标准误。

四、内生性问题

内生性是造成回归结果偏误的关键因素，已成为经济学研究的重大难题之一。因此，良好的因果推断必须谨慎对待内生性问题。在基准回归中，本书根据现有研究选取了多个控制变量，并依次纳入了行业、省份及年份固定效应，这在一定程度上可以缓解遗漏变量导致的内生性问题。然而，除了遗漏变量外，测量误差和反向因果关系也会带来内生性问题。为进一步保证基本结论的稳健性，本书借鉴现有研究，选择合适的工具变量，采用两阶段最小二乘法对基准模型展开重新估计，以缓解前文实证分析中可能存在的内生性问题。具体而言，本书借鉴现有研究的做法，选取以下两种工具变量展开内生性检验。

（一）采用外部工具变量

本书参考张晴和于津平（2021）的研究，选择与中国数字经济发展水平相关的国家的数字化投入构建工具变量，使用两阶段最小二乘法对基准计量模型展开重新估计。工具变量的选取需要满足相关性和外生性两个条件，一方面，中国与印度同为亚洲的发展中大国，两国的数字化进程相互影响，满足工具变量的相关性要求；另一方面，印度数字化投入对中国上市公司劳动收入份额产生的影响微乎其微，满足工具变量的外生性要求。因此，本书选择印度的数字化投入构建工具变量，展开内生性检验。表5-8报告了以印度数字化投入构建工具变量的两阶段最小二乘法结果。其中，第（1）列为第一阶段回归结果，结果显示，工具变量与企业数字化转型之间呈现出高度的正相关关系，表明该工具变量可以较好地满足相关性条件。第（2）（3）列为第二阶段回归结果，结果显示，不论将生产法还是收入法下的劳动收入份额作为被解释变量，企业数字化转型对劳动收入份额的影响始终在1.00%的显著性水平下为负。

表5-8 内生性检验：使用印度数字化投入作为工具变量

变量	Digital	Distribution1	Distribution2
	（1）	（2）	（3）
Digital	—	-0.140***	-0.494***
		（0.012）	（0.027）
IV	1.288***	—	—
	（0.022）		
控制变量	控制	控制	控制
常数项	0.148	—	—
	（0.154）		
Kleibergen-Paaprk LM 统计量①		207.135	
		[0.000]	
Kleibergen-Paaprk Wald F 统计量②		3438.983	
		{16.38}	
行业固定效应	是	是	是
省份固定效应	是	是	是
年份固定效应	是	是	是
R^2	0.944	0.151	0.388
样本量	12382	12382	12382

注：***、**和*分别表示1.00%、5.00%和10.00%的显著性水平；小括号内数值是标准误；中括号内数值是统计检验的p值；大括号内数值是Stock-Yogo弱工具变量检验10.00%水平的临界值。

此外，根据现有文献的做法，本书进一步以美国的数字化投入构建工具变量，展开内生性检验。表5-9报告了以美国数字化投入构建工具变量的两阶段最小二乘法结果。其中，第（1）列为第一阶段回归结果，结果同样显示，工具变量与企业数字化转型之间呈现为正相关关系，满足相关性

---

① Kleibergen-Paaprk LM 统计量是由荷兰计量经济学家 Frank Kleibergen 和 Richard Paap 于 2006 年提出的，一种用于检验非独立同分布条件下的回归模型中，工具变量是否存在识别不足的统计量。

② Kleibergen-Paaprk Wald F 统计量是一种用于判断是否存在弱工具变量问题的统计量。

条件。第（2）（3）列为第二阶段回归结果，可以发现，企业数字化转型对劳动收入份额的影响在 1.00% 的显著性水平下仍然为负。此外，工具变量检验表明本书工具变量选取不存在识别不足以及弱工具变量问题。综上，基于外部工具变量的内生性检验结果表明本书研究结论具有较好的稳健性，即企业数字化转型不利于提升劳动收入份额。

表 5-9　内生性检验：使用美国数字化投入作为工具变量

变量	Digital （1）	Distribution1 （2）	Distribution2 （3）
Digital	—	−0.149*** （0.011）	−0.568*** （0.028）
IV	1.205*** （0.021）	—	—
控制变量	控制	控制	控制
常数项	0.197 （0.130）	—	—
Kleibergen-Paaprk LM 统计量		229.878 [0.000]	
Kleibergen-Paaprk Wald F 统计量		3304.705 {16.38}	
行业固定效应	是	是	是
省份固定效应	是	是	是
年份固定效应	是	是	是
R^2	0.946	0.151	0.386
样本量	12382	12382	12382

注：***、**和*分别表示 1.00%、5.00%和 10.00%的显著性水平；小括号内数值是标准误；中括号内数值是统计检验的 p 值；大括号内数值是 Stock-Yogo 弱工具变量检验 10.00%水平的临界值。

（二）采用历史工具变量

现有研究中，最常用的历史工具变量是核心解释变量的滞后一期项。虽然核心解释变量的滞后一期项可能无法满足严格外生条件，但一方面，核心解释变量在时间上具有高度相关性，即企业数字化转型在相近的两期之间高度相关，能较好地满足工具变量选取的相关性条件；另一方面，当期的被解释变量无法影响滞后一期的核心解释变量，即当期的劳动收入份额难以影响上一期的企业数字化转型，因此可以较好地避开双向因果带来的内生性问题。如果基准计量模型不存在序列相关问题，那么以核心解释变量的滞后一期项作为工具变量的回归结果具有较高的可靠性。因此,本书也将核心解释变量的滞后一期项作为工具变量,展开内生性检验。表 5-10 报告了核心解释变量的滞后一期项作为工具变量的两阶段最小二乘法结果。其中,第(1)列为第一阶段回归结果,第(2)(3)列为第二阶段回归结果。根据两阶段最小二乘法第一阶段的回归结果,工具变量与企业数字化转型之间呈现出高度相关性特征。根据两阶段最小二乘法第二阶段的回归结果,企业数字化转型对劳动收入份额的影响依然显著为负。上述结果表明,在考虑了内生性问题之后,企业数字化转型对劳动收入份额的影响仍显著为负,且工具变量也通过了识别不足以及弱工具变量检验。

表 5-10 内生性检验:使用第一种历史工具变量

变量	Digital (1)	Distribution1 (2)	Distribution2 (3)
Digital	—	−0.094*** (0.011)	−0.282*** (0.023)
IV	0.689*** (0.027)	—	—
控制变量	控制	控制	控制
常数项	−0.293 (0.313)	—	—
Kleibergen-Paaprk LM 统计量	130.459 [0.000]		
Kleibergen-Paaprk Wald F 统计量	669.684 {16.38}		
行业固定效应	是	是	是
省份固定效应	是	是	是
年份固定效应	是	是	是
R^2	0.872	0.153	0.396
样本量	9408	9408	9408

注:***、**和*分别表示 1.00%、5.00%和 10.00%的显著性水平;小括号内数值是标准误;中括号内数值是统计检验的 p 值;大括号内数值是 Stock-Yogo 弱工具变量检验 10.00%水平的临界值。

进一步地,为了弥补核心解释变量的滞后一期作为工具变量的不足,本书还使用第二种历史工具变量展开内生性检验。近些年,越来越多的文献开始参照移动—份额工具变量的构建思想(Goldsmith-Pinkham et al.,2020;沈国兵、袁征宇,2020),用分析单元的初始份额(外生变量)和总体的增长率(共同冲击)的乘积来模拟出历年的估计值,该估计值与实际值高度相关，但与残差项不相关。因此，本书进一步采用第二种历史工具变量展开内生性检验。具体而言，本书使用2007年企业所在二位数行业其他企业的数字化转型水平均值与全国互联网上网人数增长率的乘积来作为企业数字化转型的工具变量，使用两阶段最小二乘法对基准计量模型展开重新估计。

表5-11汇报了第二种历史工具变量的内生性检验结果。其中，第（1）列为第一阶段回归结果，第（2）（3）列为第二阶段回归结果。根据两阶段最小二乘法第一阶段的回归结果，工具变量与企业数字化转型之间呈现出高度相关性特征。根据两阶段最小二乘法第二阶段的回归结果，企业数字化转型对劳动收入份额的影响依然显著为负。上述结果表明，在考虑了内生性问题之后，企业数字化转型对劳动收入份额的影响仍显著为负，且工具变量也通过了识别不足以及弱工具变量检验。综上，基于内生性检验的结果表明本书结论具有较好的稳健性。

表 5-11 内生性检验：使用第二种历史工具变量

变量	Digital （1）	Distribution1 （2）	Distribution2 （3）
Digital	—	-0.068*** （0.009）	-0.170*** （0.020）
IV	0.141** （0.065）	—	—
控制变量	控制	控制	控制
常数项	-0.461 （0.463）	—	—
Kleibergen-Paaprk LM 统计量	183.970 [0.000]		
Kleibergen-Paaprk Wald F 统计量	381.864 {16.38}		
行业固定效应	是	是	是
省份固定效应	是	是	是
年份固定效应	是	是	是
R^2	0.666	0.148	0.246
样本量	12382	12382	12382

注：***、**和*分别表示1.00%、5.00%和10.00%的显著性水平；小括号内数值是标准误；中括号内数值是统计检验的p值；大括号内数值是Stock-Yogo弱工具变量检验10.00%水平的临界值。

第三节 企业数字化转型对劳动收入份额影响的异质性分析

前文基准回归结果表明,企业数字化转型对劳动收入份额产生了显著的负向影响,且该结论在更换核心变量衡量方式、调整样本范围、更换估计方法、采用工具变量等一系列稳健性检验后依然成立。考虑企业在所处地区、所属行业、所有制性质以及经营规模等方面均存在明显差异,那么企业数字化转型对劳动收入份额的影响是否表现出显著的异质性特征?回答这一问题可以为政府精准施策助力企业数字化转型提供理论依据。接下来,本节从企业、行业以及区域三个层面,系统考察企业数字化转型对劳动收入份额的异质性影响。

一、企业异质性分析

(一) 基于企业股权性质的异质性分析

首先是基于企业股权性质的异质性分析。国有企业作为公有制经济的主体,与非国有企业仅仅追求利润最大化不同,需要兼顾效率与公平,在实现共同富裕的过程中发挥榜样作用。因此,本书将企业样本按所有制不同分为国有企业与非国有企业进行异质性分析。表 5-12 汇报了基于企业股权性质的异质性检验结果。其中,第(1)(3)列为国有企业的回归结果,第(2)(4)列为非国有企业的回归结果。从回归结果中可以看出,企业数字化转型对劳动收入份额的影响在国有企业和非国有企业中均显著为负,但相较于国有企业,该负向影响在非国有企业中更为突出。这说明国有企业承担着更多的社会责任,以共同富裕为目标,其数字技术应用不仅是简单的"机器换人",还需要兼顾就业问题;而非国有企业在数字化转型过程中更加追求效率和利润,如通过建设规模化的数字化车间和无人工厂,使用自动化设备取代高成本劳动力等方式压缩生产成本,从而导致劳动收入份额下降更为剧烈。

上述研究结论意味着,非国有企业的数字化改造更多地体现为市场化价格信号下的自发行为,当数字技术能够降低企业生产成本、提高企业生产效率时,全社会可能会掀起数字化转型浪潮,从而造成劳动收入份额的较大幅度下降。因此，数字经济时代，为稳步推进共同富裕，需要发挥政府"有形的手"的作用。国有企业对劳动收入份额的稳定具有一定积极作用，政府可以结合发展目标，审时度势、稳步推进国企的市场化改革进程，从而保障劳动收入份额的相对稳定。从这一角度可以合理地解释国家发展和改革委员会为何在《国家以工代赈管理办法》中明确提出"能用人工尽量不用机械，能组织当地群众务工尽量不用专业施工队伍"[①]的项目管理要求。

表5-12 基于企业股权性质的异质性检验结果

变量	Distribution1		Distribution2	
	（1）	（2）	（3）	（4）
Digital	-0.089***	-0.157***	-0.444***	-0.476***
	（0.015）	（0.016）	（0.041）	（0.029）
控制变量	控制	控制	控制	控制
常数项	0.257	0.250	0.771	0.459
	（0.195）	（0.279）	（0.662）	（0.785）
行业固定效应	是	是	是	是
省份固定效应	是	是	是	是
年份固定效应	是	是	是	是
R^2	0.391	0.471	0.513	0.492
样本量	5766	6614	5766	6614

注：***、**和*分别表示1.00%、5.00%和10.00%的显著性水平；括号内数值是企业层面的聚类稳健标准误。

（二）基于企业规模的异质性分析

从微观视角来看，整个社会的劳动收入份额是每个企业的劳动收入份额以其规模为权重的加权平均值。因此，企业规模的动态变化是造成劳动收入份额变动的重要影响因素。从市场结构视角来看，企业规模在某种程度上体现了市场竞争程度，且不同规模企业对市场结构变动的反应也存在显著区别。相较于小企业，规模较大的企业因其自身较强的市场势力，面对市场结构的变化具有更高的定价自由权，而且大企业的定价决策也会影响小企业的定价决策，从而对劳动收入份额产生影响。接下来，本书将研

---

① 国家以工代赈管理办法[EB/OL]. [2023-01-10]（2023-08-23）. https://www.gov.cn/zhengce/2023-01/19/content_5738178.htm.

究样本划分为大规模企业、中等规模企业以及小规模企业展开异质性检验。表5-13汇报了基于企业规模的异质性检验结果。其中，第（1）（4）列为小规模企业的回归结果，第（2）（5）列为中等规模企业的回归结果，第（3）（6）列为大规模企业的回归结果。

表5-13 基于企业规模的异质性检验结果

变量	Distribution1			Distribution2		
	（1）	（2）	（3）	（4）	（5）	（6）
Digital	-0.181***	-0.117***	-0.094***	-0.469***	-0.426***	-0.406***
	(0.020)	(0.017)	(0.015)	(0.039)	(0.041)	(0.042)
控制变量	控制	控制	控制	控制	控制	控制
常数项	0.366	0.235	0.185	2.228**	1.016	-0.172
	(0.362)	(0.325)	(0.263)	(0.965)	(0.917)	(0.824)
行业固定效应	是	是	是	是	是	是
省份固定效应	是	是	是	是	是	是
年份固定效应	是	是	是	是	是	是
R^2	0.399	0.410	0.442	0.450	0.474	0.586
样本量	4127	4126	4126	4127	4126	4126

注：***、**和*分别表示1.00%、5.00%和10.00%的显著性水平；括号内数值是企业层面的聚类稳健标准误。

结果显示，企业数字化转型对劳动收入份额的影响在不同等级规模的企业中均显著为负，但该负向影响具有明显的异质性特征。具体而言，企业数字化转型对劳动收入份额的负向影响在小规模、中等规模、大规模企业中依次递减。大规模企业由于管理流程、组织结构、生产技术更为复杂，其数字化转型的周期较长、效果较慢，外加大规模企业需要采用实际行动积极践行自身的社会责任，同时响应国家号召，对保障社会充分就业与经济发展稳定具有重要作用，因此，企业数字化转型对劳动收入份额的负向影响在大规模企业中相对较小。相较之下，小规模企业由于组织结构简单、人员偏少，在市场需求的动态变化中，能够及时对自身的生产活动如员工招聘、设备购买等进行灵活调整，因此，企业数字化转型对劳动收入份额的负向影响在小规模企业中相对较大。上述研究结论意味着，政府需要意识到大规模企业在数字经济时代扮演的重要角色，通过法律法规等渠道完善社会保障，同时不断加强大企业的社会责任感，从而保持劳动收入份额的相对稳定，扎实推进共同富裕进程。

二、行业异质性分析

（一）基于不同要素密集型行业的异质性分析

首先是基于不同要素密集型行业的异质性分析。前文理论分析表明，企业数字化转型对劳动收入份额的影响与要素增强型技术进步密切相关。那么，企业数字化转型对劳动收入份额的影响是否在不同要素密集型行业中呈现出明显的异质性检验特征？回答这一问题可以为政府从产业结构转型视角稳定劳动收入份额提供经验证据。接下来，本书参考已有研究，根据要素密集度将行业划分为劳动密集型、资本密集型和技术密集型三类，并对企业样本分类从而展开异质性分析（谢建国，2003；邱斌 等，2012；盛斌和马盈盈，2018）。表 5-14 报告了基于不同要素密集型行业的异质性检验结果。其中，第（1）（4）列、第（2）（5）列和第（3）（6）列分别为劳动密集型、资本密集型和技术密集型行业的回归结果。

表 5-14　基于不同要素密集型行业的异质性检验结果

变量	Distribution1			Distribution2		
	（1）	（2）	（3）	（4）	（5）	（6）
Digital	−0.195***	−0.285***	−0.132***	−0.715***	−1.284***	−0.402***
	(0.019)	(0.033)	(0.014)	(0.105)	(0.114)	(0.025)
控制变量	控制	控制	控制	控制	控制	控制
常数项	0.540	0.476*	−0.094	1.280	0.489	0.088
	(0.353)	(0.278)	(0.275)	(1.057)	(0.911)	(0.723)
行业固定效应	是	是	是	是	是	是
省份固定效应	是	是	是	是	是	是
年份固定效应	是	是	是	是	是	是
R^2	0.468	0.426	0.398	0.424	0.507	0.524
样本量	2386	3904	5473	2386	3904	5473

注：***、**和*分别表示 1.00%、5.00% 和 10.00% 的显著性水平；括号内数值是企业层面的聚类稳健标准误。

根据回归结果发现，企业数字化转型对劳动收入份额的影响在三类行业中均显著为负，但该负向影响在资本密集型行业中最大，其次是劳动密集型，最后是技术密集型。这是由于技术密集型行业的"技能—资本"互补性特征最为明显。尽管企业数字化转型会对低技能劳动力产生挤压效应，但在技术密集型行业中，就业结构往往以高技能员工为主，且劳动力通常具备较高的人力资本水平，难以被人工智能等数字技术替代，因此企业数字化转型对该类型行业劳动收入份额的负向影响最小。对于劳动密集型行业而言，该行业中的企业在生产过程中更依赖劳动力投入，但劳动与资本之间的替代弹性相对较高，劳动需求和工资会由于数字技术应用而下降，因此企业数字化转型对该类型行业劳动收入份额的负向影响较大。而资本密集型的企业在生产中依赖于资本投入，也更容易实现机器换人，数字技术应用又进一步提升了资本的重要性，也使得收入分配更偏向资本，因此企业数字化转型对该类型行业劳动收入份额的负向影响最大。

值得注意的是，随着数字技术的不断迭代与更新，行业内资本劳动的可代替性可能会发生很大变化，如当下的快递行业仍依赖大量的快递员，但随着新技术的发明和应用，物流很可能会被机器所替代；再如无人驾驶技术可能会淘汰传统的劳动投入。那时，若不能成功推动劳动要素向人力资本要素转变，企业数字化转型可能会带来劳动收入份额的大幅下滑。上述结论表明，数字技术应用对资本密集型行业的赋能效果具有天然优势，加速了资本密集型行业内企业的要素替代进程，而中国的劳动密集型和技术密集型行业则比较复杂，既包含着容易被人工智能替代的企业，又包含着一部分难以被人工智能替代、依赖于人的情感投入的企业，这就导致当前企业数字化转型对这两类行业劳动收入份额产生的负向影响相较于资本密集型行业要小一些。这一结论的政策启示是，未来通过教育、培训加快人力资本积累、优化人力资本结构，从而推动产业结构由资本密集型和劳动密集型向技术密集型转变成为政府稳定劳动收入份额、推动共同富裕的重要渠道。

（二）基于三次产业分类的异质性分析

本书将上市公司按所属行业分别归入第一产业、第二产业和第三产业展开异质性检验。表5-15汇报了基于三次产业分类的异质性检验结果。其中，第（1）（4）列、第（2）（5）列、第（3）（6）列分别为第一产业、第二产业和第三产业的回归结果。根据回归结果发现，无论是第一产业、第二产业还是第三产业，企业数字化转型都显著降低了劳动收入份额，但这一负向影响具有明显的行业差异。具体而言，企业数字化转型对劳动收入份额的负向影响在第一产业中最大，其次是第三产业，最后是第二产业。农业现代化是建设现代产业体系的重要环节。一直以来，中国经济的持续工业化高度依赖于农村剩余劳动力的转移。现阶段，数字经济发展为推进农业现代化进程提供了全新机遇。借助于智能化农业设备，中国农业有机会实现自动化、规模化、精细化的高质量发展，通过进一步释放农村剩余劳动力，推动中国产业结构向高质量的现代服务经济转型。因此，企业数字化转型对第一产业劳动收入份额的影响较大。

表 5-15 基于三次产业分类的异质性检验结果

变量	Distribution1			Distribution2		
	（1）	（2）	（3）	（4）	（5）	（6）
Digital	-0.372***	-0.088***	-0.186***	-1.341**	-0.430***	-0.506***
	(0.128)	(0.013)	(0.019)	(0.508)	(0.031)	(0.037)
控制变量	控制	控制	控制	控制	控制	控制
常数项	1.456	0.320*	0.118	6.893	0.647	1.200
	(1.068)	(0.176)	(0.429)	(5.697)	(0.587)	(0.982)
行业固定效应	是	是	是	是	是	是
省份固定效应	是	是	是	是	是	是
年份固定效应	是	是	是	是	是	是
R^2	0.640	0.330	0.552	0.680	0.464	0.567
样本量	132	8749	3078	132	8749	3078

注：***、**和*分别表示1.00%、5.00%和10.00%的显著性水平；括号内数值是企业层面的聚类稳健标准误。

此外，根据回归结果，相较于第二产业，企业数字化转型降低劳动收入份额的影响在服务业中更显著。一方面，中国服务业仍以低端的生活性服务业为主，依靠人力资本投入的生产性服务业规模不足，这就导致资本对劳动的可替代性更高，外加数字技术在中国产业的应用发端于服务业，数字技术的赋能优势在服务业率先显现，如数字技术推动了服务业商业模式创新，打破了服务业的远距离贸易壁垒；另一方面，近年来中国服务业规模不断扩张，吸引大量资本不断涌入，其资本深化速度远超制造业，数据显示2022年中国经济结构中服务业占比高达52.78%[①]。綦建红和付晶晶（2022）研究表明，机器人等自动化设备会使得低技能劳动力从制造业流向服务业，服务业劳动收入份额会随着数字技术应用不断下降，可能会导致

---

① 中华人民共和国 2022 年国民经济和社会发展统计公报[EB/OL]. [2023-02-28]（2023-08-23）. https://www.stats.gov.cn/sj/zxfb/202302/t20230228_1919011.html.

资本与劳动的收入分配失衡。上述结论表明，要想稳定劳动收入份额，长远来看需要推动服务业结构向高级化转型，从短期来看应保持制造业比重的相对稳定，防止过早或过快"去工业化"带来的收入差距扩大。

三、区域异质性分析

（一）基于沿海内陆的异质性分析

沿海地区和内陆地区在经济发展、产业结构与要素禀赋等方面存在明显的区域差异，那么企业数字化转型对劳动收入份额的影响在沿海和内陆地区是否会呈现出显著的区域异质性呢？为此，本书将研究样本划分为沿海地区和内陆地区两类展开异质性分析。表 5-16 汇报了基于沿海内陆的异质性检验结果。其中，第（1）（3）列为沿海地区的回归结果，第（2）（4）列为内陆地区的回归结果。结果显示，不论是沿海地区还是内陆地区，企业数字化转型对劳动收入份额的影响均显著为负，这在一定程度上验证了本书基本结论的稳健性。

表 5-16　基于沿海内陆的异质性检验结果

变量	*Distribution1*		*Distribution2*	
	（1）	（2）	（3）	（4）
Digital	-0.130***	-0.144***	-0.441***	-0.545***
	(0.013)	(0.023)	(0.029)	(0.043)
控制变量	控制	控制	控制	控制
常数项	0.387	0.265	1.722**	0.142
	(0.304)	(0.245)	(0.848)	(0.747)
行业固定效应	是	是	是	是
省份固定效应	是	是	是	是
年份固定效应	是	是	是	是
R^2	0.444	0.402	0.510	0.485
样本量	7228	5154	7228	5154

注：***、**和*分别表示 1.00%、5.00%和 10.00%的显著性水平；括号内数值是企业层面的聚类稳健标准误。

总体来看，无论是沿海地区还是内陆地区，数字技术都属于偏向于资本增强型技术进步，企业数字化转型都会导致劳动收入份额的下降。然而，通过对比沿海和内陆地区的回归结果可以发现，企业数字化转型对劳动收入份额的负向影响在内陆地区更大。一方面，相较于沿海地区，大部分内陆地区仍处于工业化中期阶段，经济发展主要依靠承接中心城市的传统产业为主，尤其是劳动密集型和资本密集型；另一方面，内陆地区对高级要素的吸引力相对不足，缺乏高技术产业发展的人才支撑。伴随着新一代信息技术的迭代更新，大量传统产业迫于激烈的国际竞争和劳动力成本压力，纷纷寻求数字化转型，希望借助智能化生产技术降低对劳动力的依赖。因此，企业数字化转型对劳动收入份额的负向影响在内陆地区更加突出。相较之下，沿海地区的产业结构正不断向技术密集型转型，如战略性新兴产业、高新技术产业等，就业结构中的技能型劳动力占比较高，企业数字化转型虽然一方面对中低技能劳动力产生了严重的挤压效应；但另一方面也与技能型劳动力形成了较强的互补效应，在一定程度上缓解了企业数字化转型对劳动收入份额的负向影响。

上述异质性分析结论表明，并非经济越发达、技术越先进的地区其数字化转型对劳动收入份额的负向影响越大，这意味着数字经济发展可能难以缩小区域间收入差距。因此，政府在制定推动数字经济发展政策的同时，需要考虑区域差异，要重点关注内陆地区在数字化转型过程中出现的结构性失业现象。一方面要继续推进产业布局的雁阵模式，为内陆地区提供经济发展动力；另一方面，完善内陆地区就业社会保障，引导鼓励内陆地区劳动力的职业教育与技能提升，从而稳定劳动收入份额。

（二）基于城市群的异质性分析

已有研究指出，城市群政策可以提高区域内企业的劳动收入份额（江轩宇 等，2023）。那么，企业数字化转型对劳动收入份额的影响是否因城市群政策产生差异化影响呢？接下来，本书借鉴于伟等（2021）、陈贵富等（2022）的研究思路，按照研究样本所属城市是否属于城市群范围，把样本分为城市群和非城市群两类，展开异质性检验。其中，城市群包括京津冀、长三角、珠三角、长江中游、成渝、关中、哈长、中原8个。表5-17报告了基于城市群的异质性检验结果。其中，第（1）（3）列为城市群样本的回归结果，第（2）（4）列为非城市群样本的回归结果。结果显示，不论是否处于城市群范围，企业数字化转型对劳动收入份额的影响均显著为负，这在一定程度上表明了本书基本结论的可靠性。

通过对比两类样本的回归系数发现，相较于非城市群样本，企业数字化转型对劳动收入份额的负向影响在城市群样本中要更小。城市群是指以一座中心城市为核心,在周边一定范围内,联合多个城市形成聚集发展、资源共享的城市区域,其本质上属于集聚经济范畴,具有规模大、功能强、资源共享、优势互补等特征。因此,相较于非城市群样本,城市群内企业能够吸引大量高级要素禀赋集聚,从而不断推动产业结构向技术密集型转变,实现从低附加值环节向高附加值环节攀升。结合"技能—资本"互补性特征以及企业数字化转型在不同类型行业中的差异性表现,可以较为容易地解释上述结论。集聚经济是推动经济增长的重要动能,去同质化、增互补性是发挥集聚经济优势的关键。本书研究结论表明,发展集聚经济是中国在数字经济时代稳定劳动收入份额、推进共同富裕的重要渠道,但同时需要关注非城市群地区的经济发展乏力与收入分配恶化的现象。政府可以进一步释放城市群集聚经济的溢出效应,带动非城市群地区发展,促进区域协调发展。

表 5-17 基于城市群的异质性检验结果

变量	*Distribution1*		*Distribution2*	
	(1)	(2)	(3)	(4)
Digital	-0.127***	-0.172***	-0.448***	-0.664***
	(0.013)	(0.030)	(0.026)	(0.074)
控制变量	控制	控制	控制	控制
常数项	0.119	0.650**	0.374	1.725*
	(0.212)	(0.276)	(0.586)	(0.969)
行业固定效应	是	是	是	是
省份固定效应	是	是	是	是
年份固定效应	是	是	是	是
R^2	0.426	0.415	0.520	0.462
样本量	8301	4080	8301	4080

注:***、**和*分别表示1.00%、5.00%和10.00%的显著性水平;括号内数值是企业层面的聚类稳健标准误。

(三)基于劳动者议价能力的异质性分析

劳动收入份额本质上是劳动要素所获报酬在所有要素收入中的占比。劳动者议价能力,毋庸置疑是影响劳动收入份额的重要因素(白重恩、钱震杰,2010)。工会作为代表工人利益的组织,在劳动关系中扮演着重要角色。大量研究早就意识到工会在劳动收入份额提高中的积极作用。一般而言，劳动力的人力资本水平越高，在劳动市场上就具有越高的议价权。此外，最低工资标准的高低也在一定程度上反映了劳动者议价能力的强弱。考虑数据可得性，本书借鉴赵春明等（2023）的研究，以人力资本水平和最低工资水平作为劳动者议价能力的代理指标，实证检验劳动者议价能力在企业数字化转型对劳动收入份额影响中发挥的重要作用。具体而言，本书根据人力资本水平和最低工资水平是否高于样本中位数将研究样本分为两组，其中人力资本水平使用地区平均受教育年限衡量，最低工资使用地区月最低工资标准衡量。表5-18和表5-19汇报了基于劳动者议价能力的异质性检验结果。其中，表5-16第（1）（3）列为高人力资本水平组的回归结果，第（2）（4）列为低人力资本水平组的回归结果。结果显示，企业数字化转型对劳动收入份额的负向影响在低人力资本水平组更大，这与本书预期相符。由于缺乏足够的议价能力，对于人力资本水平较低的劳动者而言，企业数字化转型带来的替代效应更加明显，因此会造成劳动收入份额更大幅度的下降。

表5-18 基于劳动者议价能力的异质性检验结果：人力资本水平视角

变量	*Distribution1*		*Distribution2*	
	（1）	（2）	（3）	（4）
Digital	-0.131***	-0.139***	-0.457***	-0.518***
	（0.014）	（0.017）	（0.029）	（0.038）
控制变量	控制	控制	控制	控制
常数项	-0.013	0.414	1.096	0.409
	（0.240）	（0.267）	（0.734）	（0.853）
行业固定效应	是	是	是	是
省份固定效应	是	是	是	是
年份固定效应	是	是	是	是
R^2	0.423	0.416	0.506	0.488
样本量	6144	6234	6144	6234

注：***、**和*分别表示1.00%、5.00%和10.00%的显著性水平；括号内数值是企业层面的聚类稳健标准误。

表5-19第（1）（3）列为最低工资水平较高组的回归结果，第（2）（4）列为最低工资水平较低组的回归结果。结果显示，企业数字化转型对劳动收入份额的负向影响在最低工资水平较低组更大，这与本书预期相符。最

低工资水平较低组样本的议价能力相对较低，企业数字化转型对劳动收入份额的负向影响会更大。上述实证分析结果表明，在数字化转型的大背景下，提高员工的议价能力是稳定劳动收入份额的重要渠道。一方面，劳动者需要积极学习新技能，提高自身人力资本水平；另一方面，政府需要保护工会组织，通过法律法规加强对工会的支持，充分发挥工会组织在保障劳动者利益方面的积极作用。

表 5-19 基于劳动者议价能力的异质性检验结果：最低工资水平视角

变量	Distribution1		Distribution2	
	（1）	（2）	（3）	（4）
Digital	-0.131***	-0.137***	-0.437***	-0.529***
	(0.014)	(0.015)	(0.030)	(0.033)
控制变量	控制	控制	控制	控制
常数项	0.326	0.298	1.311	0.284
	(0.321)	(0.240)	(0.876)	(0.791)
行业固定效应	是	是	是	是
省份固定效应	是	是	是	是
年份固定效应	是	是	是	是
R^2	0.449	0.402	0.524	0.479
样本量	5381	6999	5381	6999

注：***、**和*分别表示 1.00%、5.00%和 10.00%的显著性水平；括号内数值是企业层面的聚类稳健标准误。

第四节 本章小结

本章基于 2007—2014 年中国 A 股上市公司的面板数据和 WIOD 提供的投入产出数据，围绕企业数字化转型与劳动收入份额之间的因果关系展开实证检验。首先，介绍企业数字化转型和劳动收入份额的指标构建，分析两者的变化趋势和行业差异，初步揭示两者之间的相关性特征。其次，基于上市公司面板数据提供的企业数字化转型对劳动收入份额影响的基准计量结果，通过替换核心变量的衡量方式、调整样本范围及更换估计模型等多种方式开展稳健性检验，并选取外部工具变量和历史工具变量处理可能存在的内生性问题。最后，分类考察不同企业、行业和地区企业数字化转型对劳动收入份额的影响差异。主要研究结论有如下三点。

第一，本书采用收入法和生产法测算了2007—2014年中国A股上市公司的劳动收入份额，并结合WIOD提供的投入产出数据测算了企业数字化转型指标。根据本书测算结果，中国劳动收入份额在2007—2014年间呈现出逐年提高的变化趋势，且存在显著的行业差异，其中，资本密集型行业的劳动收入份额最低，技术密集型行业的劳动收入份额最高。中国企业数字化转型在2007—2014年间呈现出缓慢的上升趋势，且具有行业异质性，相较于劳动密集型行业和资本密集型行业，技术密集型行业的企业数字化转型水平更高。

第二，本书基于2007—2014年中国A股上市公司面板数据的实证检验表明，企业数字化转型对劳动收入份额的影响显著为负。基于2007—2014年中国A股上市公司面板数据，本书以完全依赖度测算得到的企业数字化转型为核心解释变量，将收入法、生产法下测算得到的劳动收入份额作为被解释变量，并控制企业、地区和行业层面的影响变量，采用更严格的标准误设定和同时控制行业、省份及年份固定效应，展开基准回归检验。结果显示，企业数字化转型对劳动收入份额产生了显著的负向影响。这一结论在替换核心变量的衡量方式、调整样本范围以及更换估计模型等多种方式后仍成立。此外，本书还采取外部工具变量和历史工具变量的方法处理内生性问题，结果表明，企业数字化转型对劳动收入份额的负向影响依然显著。

第三，企业异质性分析发现，相较于国有企业和大企业，企业数字化转型对劳动收入份额的负向影响在非国有企业和中小企业中更为明显。行业异质性分析发现，企业数字化转型对劳动收入份额的影响均显著为负，但该负向影响在资本密集型行业和第一产业中最大，其次是劳动密集型和第三产业，最后是技术密集型和第二产业。区域异质性分析表明，企业数字化转型对劳动收入份额的影响受到地理区位、城市群政策和劳动者议价能力的约束。相较于沿海地区，企业数字化转型对劳动收入份额的负向影响在内陆地区更大；相较于非城市群样本，企业数字化转型对劳动收入份额的负向影响在城市群样本中更小；企业数字化转型对劳动收入份额的负向影响在议价能力高的地区更小。

第六章　企业数字化转型对劳动收入份额影响的机制检验

前文通过构建计量模型实证检验了企业数字化转型对劳动收入份额的具体影响。结果表明，企业数字化转型对劳动收入份额产生了显著的负向影响，且该影响在企业、行业以及区域层面存在显著的异质性特征。接下来，基于前文理论分析，本章聚焦机制检验，通过构建中介机制模型和调节效应模型重点回答以下两个问题：一是企业数字化转型为何会对劳动收入份额产生负向影响？二是如何缓解企业数字化转型对劳动收入份额的不利影响？首先介绍计量模型构建与相关指标选取，其次是企业数字化转型对劳动收入份额影响的中介机制检验，最后是企业数字化转型对劳动收入份额影响的调节效应检验。本章研究结论可以为政府积极抢占数字经济发展机遇，扎实推进共同富裕提供经验证据。

第一节　计量模型构建与相关指标选取

本节主要介绍计量模型构建与相关指标选取。首先根据机制检验的需要，构建中介效应模型和调节效应模型；其次阐述中介变量和调节变量的选取思路与测算方法；最后说明相关指标测算的数据来源。

一、计量模型构建

（一）中介效应模型构建

为回答企业数字化转型为何会对劳动收入份额产生负向影响这一问题，本书构建中介效应模型展开实证检验。前文理论分析表明，大数据、人工智能、互联网等新一代信息技术以智能化链接形式将传统的自动化生产设备变得更加智能、高效，不但可以有效减少人工操作带来的生产误差，还能有利于提升产品质量。前文理论分析表明，企业数字化转型在微观要素层面本质体现为数字技术应用带来的要素扩展型技术进步。相较于劳动要素，现阶段数字技术应用对资本要素的赋能效果呈现出时滞短、见效快、通用性强、规模效应突出等特点，即更多地体现为资本扩展型技术进步。因此，企业数字化转型对劳动收入份额的影响取决于资本和劳动之间的替代关系。当资本和劳动之间的替代弹性较高时，替代效应大于互补效应，企业数字化转型会加速资本深化过程，对劳动要素形成挤压，从而造成相对工资率的下降，最终对劳动收入份额产生负向影响。进一步地，本书将行业异质性纳入分析过程，指出企业数字化转型对劳动收入份额的影响与不同行业的要素密集型以及要素替代弹性相关，产业结构转型是两者之间影响的重要机制。

基于理论分析，接下来，本书对上述机制展开实证检验。具体而言，本书将资本深化（$Capd$）、相对工资率（Awp）以及结构变迁（Str）作为中介变量，基于2007—2014年中国A股上市公司面板数据，构建计量模型展开中介机制检验。中介效应模型构建如下：

$$Distribution_{it} = \alpha_0 + \alpha_1 Digital_{it} + \alpha_2 Control_{it} + \delta_j + \delta_k + \delta_t + \varepsilon_{it} \quad (6.1)$$

$$Mid_{it} = \beta_0 + \beta_1 Digital_{it} + \beta_2 Control_{it} + \delta_j + \delta_k + \delta_t + \varepsilon_{it} \quad (6.2)$$

$$Distribution_{it} = \gamma_0 + \gamma_1 Digital_{it} + \gamma_2 Mid_{it} + \gamma_3 Control_{it} + \delta_j + \delta_k + \delta_t + \varepsilon_{it} \quad (6.3)$$

其中，i代表上市公司，t代表时间；式（6.1）与前文的基准计量模型一致；Mid代表中介变量，包括资本深化、相对工资率和结构变迁；$Distribution$代表劳动收入份额，使用生产法和收入法两种方法测算，分别记作$Distribution1$和$Distribution2$；$Digital$代表企业数字化转型，$Control$表示控制变量集，包括企业、地区和行业三个层面，其中企业层面选取企业盈利能力（Roa）、企业规模（$Size$）、股权集中度（Shc）、企业资本结构（Lev）、企业股权性质（Soe），地区层面选取地区经济增长（$Pgdp$）、地区国际贸易（Ex），行业层面选取行业集中度（Hhi）；δ_j、δ_k、δ_t分别表示行业、省份和年份层面的固定效应；ε_{it}表示随机扰动项。本书重点考察系数β_1和γ_2的回归结果，它们分别表示企业数字化转型对中介变量以及中介变量对劳动收入份额的具体影响。如果系数β_1和γ_2的回归结果都显著，则说明中介效应成立。

（二）调节效应模型构建

前文的基准计量回归结果表明，企业数字化转型会显著降低劳动收入份额，而劳动收入份额作为国民收入初次分配是否公平的重要指标，保持其相对稳定对扎实推进共同富裕具有重大意义。为回答如何缓解企业数字化转型对劳动收入份额产生的不利影响这一问题，本书构建调节效应模型展开实证检验，以期为政府制定相关政策提供经验证据。

在前文的理论分析中，本书搭建了基于"劳动者—企业—政府"的三维理论分析框架，指出数字经济时代下保持劳动收入份额的相对稳定可以从劳动者的人力资本水平提升、企业的技术创新能力提高以及政府的收入分配制度完善三个层面发力。首先，从要素替代弹性视角来看，企业数字化转型之所以会降低劳动收入份额，很大程度上是由于自动化、智能化资本要素对重复性、低水平劳动要素的替代。根据"资本—技能"互补理论，提升劳动力的人力资本水平有利于形成互补式生产方式，降低资本对劳动的简单替代，从而稳定劳动收入份额。其次，从企业发展视角来看，"做大蛋糕"是"分好蛋糕"的提前，企业通过技术创新提升国际竞争力可以有效提高绩效水平，为收入分配的相对公平提供坚实的物质基础。进一步联系前文异质性检验结果，企业数字化转型对劳动收入份额的负向影响在技术密集型行业中最弱，因此，提升创新能力有利于企业发挥"干中学"效应，促进员工人力资本积累，迈向技术密集型行列，从而稳定劳动收入份额。最后，"有效市场"和"有为政府"是未来保障收入分配相对公平的重要抓手。政府可以通过政策规制和社会保障，弥补市场失灵带来的收入差距扩大，有利于保持劳动收入份额的相对稳定。

为验证上述机制的成立性，接下来，本书将人力资本水平、企业创新能力以及政府规制与保障作为调节变量，基于2007—2014年中国A股上市公司面板数据，构建计量模型展开实证检验。调节效应模型构建如下：

$$Distribution_{it} = \theta_0 + \theta_1 Digital_{it} + \theta_2 Digital_{it} \times Reg_{it} + \theta_3 Reg_{it} + \theta_4 Control_{it} + \delta_j + \delta_k + \delta_t + \varepsilon_{it} \quad (6.4)$$

其中，i代表上市公司，t代表时间；Reg代表调节变量，包括劳动者人力资本水平（$Human$）、企业创新能力（$Innova$）以及政府规制与保障（$Regula$）三项；δ_j、δ_k、δ_t分别表示行业、省份和年份层面的固定效应；ε_{it}表示随机扰动项；其余变量含义与前文相同。这里重点关注回归系数θ_2的估计结果，它刻画了调节变量在企业数字化转型对劳动收入份额中发挥的作用。如果系数θ_2的回归结果显著，则说明调节效应成立。

二、中介变量的指标选取与测算方法

企业数字化转型、劳动收入份额以及控制变量的指标测度方式与第五章基准计量模型一致，这里不再赘述。接下来，本部分重点介绍中介变量的指标测度，包括资本深化、相对工资率和结构变迁。数据主要来源于CSMAR 数据库、WIOD 和《中国城市统计年鉴》。

（一）资本深化的指标测度

不同要素之间的供需关系与可替代程度是影响要素价格的重要因素。伴随着新一代信息技术的不断发展，数字技术应用会改变资本和劳动在生产中的相对重要性，促使企业不断调整优化自身的要素资源配置，最终实现利润最大化目标。现阶段，企业数字化转型的重点是借助数字技术提升机器设备的自动化和智能化水平，大幅提高资本要素的运行效率。因此，数字化转型会促使企业加快资本积累，降低企业对低技能劳动力的需求，最终带来劳动收入份额的下降，这一机制即为资本深化。接下来，为对资本深化机制进行验证，本书将资本深化作为机制变量展开实证检验。具体而言，资本深化采用上市公司总资产与员工人数之比的对数值衡量。其中，企业总资产（$Assets$）采用上市公司总资产的对数值衡量，企业劳动力投入（$Staff$）使用员工人数的对数值衡量。

（二）相对工资率的指标测度

从劳动收入份额的计算表达式 $LP=WL/Y=W/(Y/L)$ 来看，劳动收入份额下降本质上可以理解为工资的上涨速度低于劳动生产率的上涨速度，即相对工资率机制。结合前文理论分析，数字技术对资本的赋能效应大于劳动，当资本和劳动在生产中体现为可替代关系时，企业在利润最大化原则下将更偏好投入资本要素，从而导致劳动价格的上涨低于劳动生产率的增长，最终带来劳动收入份额的不断下降。为了便于理解上述机制，以 C-D 生产函数为例，劳动生产率的表达式可以记作 $Y/L = A(K/L)^{\alpha}$，数字技术应用会促使企业加大资本投入，降低劳动力投入，从而导致劳动生产率的大幅提升。然而，劳动生产率提升带来的经济效益并非全部分配给劳动力本身，还要分配给与劳动力一同进入生产函数的资本要素。现有研究指出，企业数字化转型会增加劳动者工资水平，同时提升劳动生产率。因此，企业数字化转型对劳动收入份额产生的负向影响意味着，其对劳动者工资的增长效应低于对劳动生产率的增长效应。为检验这一机制，本书将相对工资率作为被解释变量展开实证检验。具体而言，相对工资率采用上市公司员工平均工资与劳动生产率之比衡量。其中，劳动者工资（$Wage$）采用上市公司员工平均工资的对数衡量，劳动生产率（$Lapro$）采用营业总收入与员工人数比值的对数衡量。

（三）结构变迁的指标测度

由于不同行业的要素密集度以及要素间的替代弹性存在差异，企业数字化转型对劳动收入份额的影响也具有明显的行业异质性。本书理论分析指出，传统产业内部的要素替代弹性往往较高，因此，企业数字化转型会加速传统产业的资本深化速度，从而对劳动收入份额产生较大程度的负向影响。相较于传统产业，高端产业内部的要素替代弹性较低，"技能—资本"之间的互补性特征明显，从而促使人才在数字化转型的大背景下成为稀缺要素，有利于提升劳动收入份额。伴随着产业结构转型，企业数字化转型对劳动收入份额的影响最终将由高端产业决定。从西方发达国家跨越中等收入陷阱、迈向现代服务经济体系的发展经验来看，服务化是发展中国家经济增长分化的关键阶段。

根据国际分工理论，能够获取高附加值的产业往往处于全球价值链的上游或下游环节，如研发设计、品牌营销等，这些服务行业往往属于高端产业。由于工业或制造业部门属于资本密集型行业，数字技术应用会不断激发资本优势、提高资本生产率，从而对劳动力形成挤压效应，促使劳动力向服务业部门转移。然而，中国当前的人力资本结构尚未达到足够的高级化水平，且服务业中的生活性服务业占据绝对比例。一方面，企业数字化转型通过资本深化效应释放了大量重复性劳动力，促使劳动力向劳动密集型或技术密集型的服务业部门转移；另一方面，服务业内部结构性矛盾导致大量低技能劳动力只能聚集在传统服务业部门，产生了较为突出的鲍莫尔成本病现象。因此，企业数字化转型对劳动收入份额的负向影响与产业结构变迁息息相关。

为检验企业数字化转型对劳动收入份额影响的结构变迁机制，本书从微观和宏观两个层面构建结构变迁指标展开实证检验。产业结构转型是劳动、资本等生产要素在产业间的不断优化配置，最终导致不同产业产出占比的变化。然而，从微观层面来看，产业结构转型最先体现为企业内部生产结构的变迁，如企业的主营业务由组装加工向研发设计转变。数字技术应用促使生产方式智能化，从而推动劳动力向以人的情感、智慧投入为主的生产性服务环节,最终推动生产结构向服务化转型。因此,本书选取上市公司的投入结构服务化(Str_p)作为微观层面结构变迁的衡量指标。具体而言,本书参考聂飞等(2022)、魏作磊和刘海燕(2021)的研究,基于 WIOD 测算其他行业与服务业之间的完全消耗系数,并将行业数据匹配至企业层面得到投入结构服务化指标。从宏观层面来看,产业结构转型最终体现为不同产业的就业占比与产值份额。生产要素在不同部门。因此,本书采用上市公司所在城市的产业结构服务化(Str_c)作为宏观层面结构变迁的衡量指标。具体的实证策略为:首先,以上市公司的公司规模作为权重,将上市公司的企业数字化转型加总得到城市数字化转型水平;其次,采用城市第三产业增加值与第二产业增加值之比(Str_cg)、第三产业从业人员数与第二产业从业人员数之比(Str_cl)衡量产出结构服务化;最后,参考赵涛等(2020)、魏丽莉和侯宇琦(2022)的研究,选取城市财政自由度(Fin)、人力资本水平($Human$)、创新能力(Sci)、经济发展水平(Eco)和城镇化水平($Urban$)作为控制变量。

三、调节变量的指标选取与数据说明

企业数字化转型、劳动收入份额以及控制变量的指标测度方式与第五章基准计量模型一致,这里不再赘述。前文基于"劳动者—企业—政府"三个维度的理论分析指出,数字经济时代下保持劳动收入份额的相对稳定需要从劳动者的人力资本水平提升、企业的技术创新能力提高以及政府的收入分配制度完善三个层面发力。接下来,本部分重点介绍调节变量的指标测度,包括人力资本水平、企业创新能力和政府规制与保障。数据主要来源于 CSMAR 数据库、CNRDS 数据库、《中国城市统计年鉴》和《中国高技术产业统计年鉴》。

(一)人力资本积累的指标测度

著名的明瑟收入方程表明,劳动者的工资收入与教育、工作经验等变量密切相关。现阶段,企业数字化转型可以通过智能化的生产方式替代重复性、低技能劳动力,从而提高生产效率、降低用工成本、提升市场竞争力。从产业融合发展视角来看,任何一件商品的生产过程既包括原材料等物质投入,还包括人的情感、智慧、创新等精神投入,而附加值更高的部分往往是富含在商品中的精神价值。殊途同归,国际分工理论认为,研发设计和品牌营销等生产性服务业在全球价值链中处于高附加值环节。在数

字经济时代，数字技术的不断迭代与应用极大提高了产品的生产效率，但产品的核心价值仍取决于凝聚在其中的人力资本投入。因此，促进人力资本积累有利于提高劳动收入份额。也正是基于这一思路，现有文献大多从"技能—资本"互补性视角来回答数字经济如何影响收入分配这一问题。

为检验人力资本积累在企业数字化转型影响劳动收入份额中的调节机制，本书构建人力资本积累指标展开实证检验。其中，人力资本积累从两个方面衡量，一是考虑上市公司内员工的学历水平，采用本科及以上学历员工占比（Bachelor）衡量；二是考虑员工的技能结构，将上市公司的员工分为生产人员、财务人员、销售人员、技术人员和其他职能人员，采用技术人员占比（Skilled）衡量。

（二）企业创新能力的指标测度

从以索洛模型为代表的新古典增长模型到内生增长模型，技术创新一直是理解不同经济体之间经济增长差异的最重要因素。在数字经济时代，提高企业创新能力有利于维持劳动收入份额的相对稳定和扎实推进共同富裕。首先，技术创新是衡量一国是否具备持续推动经济增长能力的关键，而"做大蛋糕"是"分好蛋糕"的前提，持续推动经济增长是保障收入分配相对公平的基础。在以数字经济为核心特征的第四次工业革命时期，围绕新一代信息技术培育创新要素、实现关键核心技术创新与突破已然成为世界各国抢占新一轮全球经济增长动能的主战场。其次，前文基准回归结果表明企业数字化转型对劳动收入份额的负向影响在技术密集型行业中最弱，因而推动产业结构由劳动密集型和资本密集型向技术密集型转型有利于提高劳动收入份额。技术密集型行业高度依赖知识要素投入，而拥有高人力资本水平的劳动力是知识要素的载体，能够通过研发创新和管理创新在收入分配中占据可观比例，从而稳定劳动收入份额。从发达国家进入现代化服务经济体系的发展事实来看，劳动收入份额普遍占据要素收入分配的60.00%—70.00%。

因此，为检验创新能力在企业数字化转型影响劳动收入份额中的调节机制，本书构建企业创新能力指标展开实证检验。其中，企业创新能力从两个维度衡量，一是基于创新成果产出视角，直接采用企业专利产出（Patent）衡量，以企业当年获得的专利数目，加1后取自然对数衡量企业创新能力；二是基于创新成果转化视角，由于企业创新成果的顺利孵化与应用会大幅提高企业主营业务的盈利能力，据此，本书以企业主营业务的利润率（*Profit*）作为企业创新能力的代理变量，其中主营业务的利润率采用上市公司主营业务利润与主营业务收入之比衡量。

（三）政府规制与保障的指标测度

制度环境是保障收入分配相对公平的重要因素。早在党的十八届三中全会通过的《中共中央关于全面深化改革若干重大问题的决定》（下称《决定》）就指出："经济体制改革是全面深化改革的重点，核心问题是处理好政府和市场的关系，使市场在资源配置中起决定性作用和更好发挥政府作用。"[①]这意味着保障收入分配相对公平不仅要发挥市场在资源配置中的决定性作用，还要充分释放制度优势，扮演好"有为政府"的重要角色。在数字经济时代，生产要素的跨区域流动更加频繁便捷，技术、知识的空间集聚与溢出效应明显。一方面，要想充分发挥市场机制，政府需要持续推动市场化改革如户籍改制、城乡公共服务均等化等，从而破除生产要素的流动壁垒，保障人才、资本、技术、知识等要素的自由流动与优化配置；另一方面，政府还需要根据新技术、新产业、新业态、新模式等调整优化政策环境，谨防平台经济垄断、行政性垄断与不正当竞争，为居民提供适当的社会保障与公共服务，为收入分配相对公平营造良好的制度环境。

因此，为检验政府规制与保障在企业数字化转型影响劳动收入份额中的调节机制，本书构建政府规制与保障指标展开实证检验。政府规制与保障反映的是政府运用行政力量、借助制度设计，实现保护劳动者权益和维护收入分配公平的目标。在现实中，政府可以通过提高最低工资标准，提供更充分的失业保险、养老保险等社会保障，培育企业创新能力等方式维持劳动收入份额的相对稳定。据此，本书从最低工资标准、失业参保率、养老保险参保率以及研发补贴四个方面刻画政府规制与保障并展开实证检验。首先，由于最低月工资保护和最低小时工资分别保障了全日制劳动者和非全日制劳动者的收入，因此本书使用上市公司所在城市的最低月工资（*Minwage1*）和最低小时工资（*Minwage2*）衡量最低工资标准。其次，失业保险和养老保险是政府调节收入分配差距、降低劳动者风险的重要渠道，本书分别使用上市公司所在城市的失业保险参保率（*Unemins*）和养老保险参保率（*Pensins*）衡量。最后，产业政策是政府推动产业结构转型与保障

---

① 中共中央关于全面深化改革若干重大问题的决定[EB/OL]. [2013-11-15]（2023-08-23）. http://politics.people.com.cn/n/2013/1115/c371536-23559333.html.

收入份额的重要手段，本书以研发补贴政策为例，参考蔡旺春等（2018）的研究，使用上市公司所在省份高技术产业研发经费中政府资金的自然对数（$Subsidie$）衡量政府对高技术行业企业的研发补贴。

第二节　企业数字化转型对劳动收入份额影响的中介机制检验

本节根据前文理论分析框架和一般均衡模型的数理推导结果，从资本深化、相对工资率以及结构变迁三个方面，回答企业数字化转型如何影响劳动收入份额这一问题。

一、基于资本深化的中介机制检验结果

在本章的计量分析中，为保证回归结果的准确性，降低异常值带来的误差，本书对样本进行前后 1.00%的缩尾处理。前文理论分析表明，数字技术对资本的赋能效果更强，会促使企业资本积累，对劳动要素产生挤压效应，最终降低劳动收入份额。为验证资本深化这一机制，本书将资本深化作为中介变量展开机制检验。表 6-1 报告了基于资本深化的机制检验结果。其中，第（1）列是企业数字化转型对资本深化影响的回归结果，第（2）（3）列是资本深化对劳动收入份额影响的回归结果。可以发现，与理论分析一致，企业数字化转型会显著提高企业的资本深化水平，而企业资本深化水平的提高又会对劳动收入份额产生显著的负向影响。因此，企业数字化转型会通过资本深化对劳动收入份额产生负向影响。进一步地，本书将企业总资产和企业员工人数作为被解释变量，实证检验企业数字化转型的资本积累效应与劳动力挤压效应。表 6-1 第（4）列报告了企业数字化转型对企业总资产影响的回归结果，可以发现，企业数字化转型在 1.00%的显著性水平上增加了企业总资产。表 6-1 第（5）列报告了企业数字化转型对企业员工人数影响的回归结果，可以发现，企业数字化转型对上市公司员工人数的影响在 1.00%的显著性水平下为负。第（4）（5）列的回归结果也间接验证了数字经济时代下资本深化的本质，即企业应用数字技术，采用资本替代劳动的生产方式。

表 6-1 资本深化的机制检验结果

变量	Capd (1)	Distribution1 (2)	Distribution2 (3)	Assets (4)	Staff (5)
Digital	3.987*** (0.123)	-0.005*** (0.001)	-0.018*** (0.006)	1.225*** (0.128)	-4.047*** (0.125)
Capd	—	-0.032*** (0.002)	-0.124*** (0.004)	—	—
控制变量	控制	控制	控制	控制	控制
常数项	7.123*** (1.627)	0.568*** (0.163)	1.871*** (0.456)	16.089*** (2.331)	-6.936*** (1.633)
行业固定效应	是	是	是	是	是
省份固定效应	是	是	是	是	是
时间固定效应	是	是	是	是	是
R^2	0.666	0.470	0.573	0.467	0.798
样本量	12382	12382	12382	12382	12382

注：***、**和*分别表示1.00%、5.00%和10.00%的显著性水平；括号内数值是企业层面的聚类稳健标准误。

综上，从以上中介机制检验结果来看，由于数字技术对资本要素的赋能效果显著优于劳动要素，企业数字化转型会加速要素替代过程，即推动资本积累、降低劳动力投入，从而不利于劳动收入份额提升。因此，资本深化是企业数字化转型对劳动收入份额产生负向影响的重要机制之一。

前文的行业异质性回归结果表明，企业数字化转型对劳动收入份额的负向影响在劳动密集型和资本密集型中更加明显，在技术密集型行业中较弱，即存在显著的异质性特征。接下来，本书尝试从资本深化视角对这一结论提供解释。具体而言，本书将研究样本分为劳动密集型、资本密集型和技术密集型三类进行分样本的机制检验，相关实证结果如表6-2所示。从表中可以发现，企业数字化转型对资本深化的正向影响在资本密集型行业最强，劳动密集型行业次之，技术密集型行业最弱，而资本深化对三类行业劳动收入份额都产生了显著的负向影响。这意味着现阶段的企业数字化转型更多体现为资本增强型技术进步，会加快资本密集型行业和劳动密集型行业的资本深化过程，从而对这两个行业劳动收入份额产生较大的负向影响，进一步验证了前文研究结论。

表 6-2　资本深化机制的行业异质性

变量	劳动密集型行业		资本密集型行业		技术密集型行业	
	Capd	Distribution1	Capd	Distribution1	Capd	Distribution1
Digital	6.853*** （0.741）	-0.004** （0.002）	10.937*** （0.805）	-0.003** （0.001）	3.048*** （0.081）	-0.007** （0.003）
Capd	—	-0.030*** （0.004）	—	-0.037*** （0.005）	—	-0.041*** （0.003）
控制变量	控制	控制	控制	控制	控制	控制
常数项	11.132*** （3.573）	0.870** （0.358）	11.672*** （2.461）	0.907*** （0.273）	9.387*** （2.182）	0.290 （0.265）
行业固定效应	是	是	是	是	是	是
省份固定效应	是	是	是	是	是	是
时间固定效应	是	是	是	是	是	是
R^2	0.705	0.520	0.804	0.501	0.622	0.452
样本量	2386	2386	3904	3904	5473	5473

注：***、**和*分别表示1.00%、5.00%和10.00%的显著性水平；括号内数值是企业层面的聚类稳健标准误。

二、基于相对工资率的中介机制检验结果

前文理论分析部分已经阐明了相对工资率机制，即企业数字化转型对劳动者工资和劳动生产率均产生了正向影响，但影响幅度上呈现为前者小于后者，最终导致劳动收入份额的下降。为验证相对工资率这一机制，参考已有研究，本书将相对工资率作为中介变量展开机制检验。表6-3报告了基于相对工资率的机制检验结果。其中，第（1）列是企业数字化转型对相对工资率影响的回归结果，可以发现，企业数字化转型在1.00%的显著性水平上对相对工资率产生了负向影响。第（2）(3)列是相对工资率对劳动收入份额影响的回归结果，结果表明，相对工资率在1.00%的显著性水平上对劳动生产份额产生了正向影响。结合上述实证结果，企业数字化转型会显著降低相对工资率，而相对工资率对劳动收入份额提升具有积极作

用，最终造成了劳动收入份额的下降。为进一步阐释企业数字化转型对相对工资率的负向影响，本书分别将劳动者工资和劳动生产率作为被解释变量，实证检验企业数字化转型对二者的影响幅度是否存在差异。表6-3第（4）（5）列分别报告了企业数字化转型对员工工资和劳动生产率影响的回归结果，可以发现，企业数字化转型对二者的影响均显著为正，但前者的回归系数明显小于后者。因此，企业数字化转型会导致劳动生产率相对员工工资更快地上涨，从而降低了相对工资率。

表6-3 相对工资率的机制检验结果

变量	Awp (1)	Distribution1 (2)	Distribution2 (3)	Wage (4)	Lapro (5)
Digital	−0.061*** (0.006)	−0.041*** (0.006)	−0.358*** (0.021)	1.335*** (0.076)	2.703*** (0.113)
Awp	—	1.506*** (0.024)	1.979*** (0.074)	—	—
控制变量	控制	控制	控制	控制	控制
常数项	0.888*** (0.103)	−0.997*** (0.081)	−0.773 (0.472)	7.550*** (1.245)	7.302*** (1.834)
行业固定效应	是	是	是	是	是
省份固定效应	是	是	是	是	是
时间固定效应	是	是	是	是	是
R^2	0.426	0.872	0.567	0.508	0.536
样本量	12382	12382	12382	12382	12382

注：***、**和*分别表示1.00%、5.00%和10.00%的显著性水平；括号内数值是企业层面的聚类稳健标准误。

综上，从以上中介机制检验结果来看，企业数字化转型会提高员工工资和劳动生产率，但对劳动生产率的提升效果要强于员工工资，即会导致相对工资率的下降，从而不利于劳动收入份额提升。因此，相对工资率是企业数字化转型对劳动收入份额产生负向影响的重要机制之一。

企业数字化转型对员工工资、劳动生产率和相对工资率的影响在不同行业间可能存在着异质性影响。接下来，本书尝试从相对工资率视角对前文异质性分析结果提供解释。具体而言，本书将上市公司按行业分为劳动密集型、资本密集型和技术密集型三类进行分样本的机制检验，相关实证结果如表 6-4 所示。从表中可以发现，企业数字化转型对资本密集型行业相对工资率的负向影响最强，劳动密集型企业次之，技术密集型企业最弱，而相对工资率对三类行业劳动收入份额都产生了显著的正向影响。上述回归结果从机制分析视角支撑了前文异质性检验结论，即企业数字化转型对劳动收入份额的负向影响在资本密集型行业和劳动密集型行业更大，在技术密集型行业较小。

表 6-4 相对工资率机制的行业异质性

变量	劳动密集型行业		资本密集型行业		技术密集型行业	
	Awp	*Distribution1*	*Awp*	*Distribution1*	*Awp*	*Distribution1*
Digital	-0.059***	-0.036***	-0.151***	-0.085***	-0.056***	-0.036***
	(0.016)	(0.011)	(0.020)	(0.015)	(0.007)	(0.006)
Awp	—	1.341***	—	1.322***	—	1.708***
		(0.048)		(0.043)		(0.037)
控制变量	控制	控制	控制	控制	控制	控制
常数项	1.017***	-0.825***	0.938***	-0.764***	0.723***	-1.329***
	(0.234)	(0.165)	(0.187)	(0.122)	(0.156)	(0.133)
行业固定效应	是	是	是	是	是	是
省份固定效应	是	是	是	是	是	是
时间固定效应	是	是	是	是	是	是
R^2	0.456	0.879	0.446	0.864	0.387	0.885
样本量	2386	2386	3904	3904	5473	5473

注：***、**和*分别表示 1.00%、5.00% 和 10.00% 的显著性水平；括号内数值是企业层面的聚类稳健标准误。

三、基于结构变迁的中介机制检验结果

（一）基于投入结构服务化的机制检验结果分析

企业数字化转型会推动生产要素在企业、产业以及区域之间的重新优化配置，即结构变迁。接下来，本书重点阐述企业数字化转型影响劳动收入份额的结构变迁机制。首先是微观层面的生产结构变迁，本书将投入结

构服务化作为被解释变量展开实证检验。表 6-5 报告了基于投入结构服务化的机制检验结果。其中，第（1）列是企业数字化转型对投入结构服务化影响的回归结果，可以发现，企业数字化转型对投入结构服务化的影响显著为正，表明数字技术应用有利于促使企业生产结构由传统的物质投入为主向服务投入为主转变。第（2）（3）列分别是投入结构服务化对劳动收入份额影响的回归结果，可以发现，投入结构服务化对劳动收入份额产生了负向影响。

表 6-5 基于投入结构服务化的机制检验结果

变量	Str_p (1)	$Distribution1$ (2)	$Distribution2$ (3)
$Digital$	0.148*** (0.016)	-0.133*** (0.012)	-0.136*** (0.011)
Str_p	—	-0.131** (0.063)	-0.131** (0.062)
控制变量	控制	控制	控制
常数项	0.712*** (0.142)	0.382** (0.171)	1.039** (0.494)
行业固定效应	是	是	是
省份固定效应	是	是	是
时间固定效应	是	是	是
R^2	0.880	0.414	0.491
样本量	12382	12382	12382

注：***、**和*分别表示 1.00%、5.00%和 10.00%的显著性水平；括号内数值是企业层面的聚类稳健标准误。

著名的"微笑曲线"理论表明，服务要素投入在生产链中处于高附加值环节。伴随着新一代信息技术的不断迭代与更新，5G、人工智能、区块链、大数据等数字技术成为企业生产结构转型的全新机遇，有助于企业摆脱过度的实体资产配置、探索轻资产运行机制。投入结构服务化一方面会通过吸引高人力资本水平的劳动力提升劳动收入份额；另一方面还会对传统劳动力造成替代效应，从而对劳动收入份额产生负向影响。然而，中国在很多高端服务领域的关键核心技术受制于人，导致在企业生产过程中的高端服务投入面临国内不足、国外依赖的困境。中国结构变迁引致的经济增长效应有很大部分被国外高端要素瓜分，外加国内低端要素的替代效应突出，最终导致企业数字化转型对劳动收入份额产生了负向影响。上述实证检验表明，当前投入结构服务化对劳动收入份额的影响显著为负，而企业数字化转型又显著推动了投入结构服务化，因此对劳动收入份额产生了负向影响。这意味着通过人力资本积累、培育高端服务要素是未来中国构建现代化服务经济体系，同时实现劳动收入份额相对稳定的关键途径。

（二）基于产业结构服务化的机制检验结果分析

其次是宏观层面的产业结构变迁，本书将产业结构服务化作为被解释变量展开实证检验。表6-6报告了基于产业结构服务化的机制检验结果。其中，第（1）（3）列分别是以第三产业增加值与第二产业增加值之比（Str_cg）、第三产业从业人员数与第二产业从业人员数之比（Str_cl）作为产出结构服务化的回归结果，可以发现，企业数字化转型对产业结构服务化的影响显著为正，表明数字化转型显著推动了产业结构服务化。第（2）（4）列分别是产业结构服务化对劳动收入份额影响的回归结果，可以发现，产业结构服务化不利于劳动收入份额提升。

表6-6 基于产业结构服务化的机制检验结果

变量	Str_cg (1)	$Distribution3$ (2)	Str_cl (3)	$Distribution3$ (4)
$Digital$	0.130* (0.077)	−0.020** (0.010)	0.319* (0.179)	−0.018* (0.010)
Str_cg	—	0.029*** (0.004)	—	—
Str_cl	—	—	—	0.018*** (0.001)
控制变量	控制	控制	控制	控制
常数项	3.998*** (0.249)	0.258*** (0.040)	2.204*** (0.661)	0.413*** (0.035)
城市固定效应	是	是	是	是
时间固定效应	是	是	是	是
R^2	0.253	0.445	0.136	0.481
样本量	1524	1524	1524	1524

注：***、**和*分别表示1.00%、5.00%和10.00%的显著性水平；括号内数值是企业层面的聚类稳健标准误。

上述实证结果表明，虽然企业数字化转型能够推动产业结构转型，但对劳动收入份额产生了负向影响，这与中国当前的产业内结构性矛盾息息相关。从发达国家进入现代服务经济的发展经验来看，现代化产业体系应该具备"双70.00%"的特征，即服务业在国民收入中的占比、生产性服务业在服务业增加值中的占比应该达到70.00%左右。反观中国当下，服务业在国民收入中的占比持续上升，并且于2012年首次超过工业，成为第一大产业。然而，生产性服务业发展充分的问题严重制约了中国服务业发展质量，迫使中国面临"过早去工业化"和"过度服务化"的风险。相较于高端服务业，由于劳动力的人力资本水平较为低下，传统服务业内部的要素替代弹性仍然较高，企业数字化转型会加剧传统服务业内部资本与劳动力之间的矛盾，从而对劳动收入份额产生负向影响。上述基于产业结构服务化的机制检验意味着，未来借助数字技术实现产业内部结构优化是稳定劳动收入份额，扎实推进共同富裕的关键。

第三节　企业数字化转型对劳动收入份额影响的调节效应检验

本节根据调节机制检验结果，从人力资本积累、企业创新能力提升以及政府规制与保障三个方面，回答如何缓解企业数字化转型对劳动收入份额的负向影响这一问题。本节研究结论对中国政府完善产业政策，优化制度环境，实现共同富裕目标具有重要启示。

一、基于人力资本积累的调节效应检验结果

如前所述，已有的理论和实证研究表明，具有高人力资本水平的劳动者其收入会更高。人力资本的调节效应正是通过提高劳动者的受教育程度和职业技能水平，降低劳动者在新一代信息技术革命背景下被机器人替代的风险，从而增加劳动者收入，缓解劳动收入份额的下降趋势。为验证人力资本积累的正向调节机制，本书在基准计量模型的基础上，引入企业数字化转型与人力资本水平的交乘项作为解释变量，实证检验人力资本是否会缓解企业数字化转型对劳动收入份额产生的负向影响。表6-7报告了基于人力资本水平的调节效应检验结果。其中，第（1）（2）列是将员工学历

结构作为人力资本水平的代理变量的调节机制检验结果，可以发现，$Digital*Bachelor$ 项的系数在 1.00% 的显著性水平下为正，这一结果表明提升学历水平可以有效缓解企业数字化转型对劳动收入份额产生的负向影响。第（3）（4）列是将员工技能结构作为人力资本水平的代理变量的调节机制检验结果，结果显示，$Digital*Skilled$ 项的系数在 1.00% 的显著性水平下仍然为正，表明优化员工技能结构是数字经济时代提高劳动收入份额的重要途径。综上，基于人力资本水平的调节效应检验结果表明，人力资本积累在企业数字化转型对劳动收入份额影响中发挥着积极的调节作用。

表 6-7 基于人力资本的调节效应检验结果

变量	Distribution1 (1)	Distribution2 (2)	Distribution1 (3)	Distribution2 (4)
Digital	-0.165*** (0.014)	-0.605*** (0.034)	-0.178*** (0.015)	-0.615*** (0.035)
Digital*Bachelor	0.191*** (0.057)	0.874*** (0.119)	—	—
Bachelor	0.029*** (0.010)	0.049** (0.021)	—	—
Digital*Skilled	—	—	0.092*** (0.027)	0.786*** (0.118)
Skilled	—	—	0.039*** (0.011)	0.014 (0.021)
控制变量	控制	控制	控制	控制
常数项	0.198 (0.185)	0.507 (0.537)	-0.035 (0.336)	-1.408 (1.315)
行业固定效应	是	是	是	是
省份固定效应	是	是	是	是
时间固定效应	是	是	是	是
R^2	0.427	0.511	0.450	0.518
样本量	10423	10423	6973	6973

注：***、**和*分别表示 1.00%、5.00% 和 10.00% 的显著性水平；括号内数值是企业层面的聚类稳健标准误。

二、基于企业创新能力提升的调节效应检验结果

前文异质性分析表明，技术密集型行业的企业数字化转型对劳动收入份额的负向影响较小，这意味着企业创新能力提升在稳定劳动收入份额中起到了重要作用。本书理论分析指出，企业自主创新能力越强，内部员工构成中高技能人才占比就越高，数字技术对劳动力的替代效应就越弱，因此提高企业创新能力能够减弱企业数字化转型对劳动收入份额产生的负向影响。为验证企业创新能力的正向调节效应，本书以基准计量模型为基础，纳入企业数字化转型与企业创新能力的交乘项作为解释变量，实证检验企业创新能力是否会改善企业数字化转型对劳动收入份额产生的负向影响。由于企业创新能力越强，其专利发明数目和盈利能力也越高，故本书将企业专利产出和企业主营业务盈利能力作为企业创新能力的代理变量展开实证检验。表6-8报告了基于企业创新能力的调节效应检验结果。其中，第（1）（2）列、第（3）（4）列分别是将企业专利产出和企业主营业务盈利能力作为调节变量的回归结果，可以发现，$Digital*Patent$ 项与 $Digital*Profit$ 项的系数在1.00%的显著性水平下均为正，这一结果表明企业创新能力越强，企业数字化转型所导致的劳动收入份额下降会得到缓解。

表6-8 基于企业创新能力的调节效应检验结果

变量	$Distribution1$ (1)	$Distribution2$ (2)	$Distribution1$ (3)	$Distribution2$ (4)
$Digital$	-0.128*** (0.012)	-0.458*** (0.014)	-0.146*** (0.011)	-0.476*** (0.014)
$Digital*Patent$	0.009*** (0.003)	0.053*** (0.008)	—	—
$Patent$	0.002*** (0.001)	0.014*** (0.001)	—	—
$Digital*Profit$	—	—	0.091* (0.048)	0.146** (0.068)
$Profit$	—	—	0.142*** (0.009)	-0.062*** (0.013)
控制变量	控制	控制	控制	控制
常数项	0.298* (0.171)	0.971** (0.468)	0.334** (0.157)	0.980** (0.466)

续表

变量	Distribution1 (1)	Distribution2 (2)	Distribution1 (3)	Distribution2 (4)
行业固定效应	是	是	是	是
省份固定效应	是	是	是	是
时间固定效应	是	是	是	是
R^2	0.415	0.497	0.472	0.493
样本量	12121	12121	12347	12347

注：***、**和*分别表示1.00%、5.00%和10.00%的显著性水平；括号内数值是企业层面的聚类稳健标准误。

综上，基于企业创新能力的调节效应检验表明，企业提升创新能力能够有效缓解企业数字化转型对劳动收入份额产生的负向影响。上述结论对中国通过创新驱动实现共同富裕，有着重要的指导意义。一方面，政府应该制定一系列产业政策对创新型企业进行引导，鼓励企业展开产学研合作，突破关键核心技术受制于人的困境；另一方面，政府还要完善创新环境，包括提供完备的产权保护制度，加强技术产品市场建设，构建高技术人才交流平台等（方先明、胡丁，2023）。

三、基于政府规制与保障的调节效应检验结果

构建完善的社会保障制度，包括设定劳动者的最低工资水平等，显然可以提高劳动者收入，从而缓解企业数字化转型导致的劳动收入份额下降。本书在理论分析部分指出，"有效市场"在要素资源分配中起决定性作用，也同时确定了基本的收入分配格局，但是市场失灵的客观存在如平台经济垄断、自然垄断等，会导致收入分配的不平等。而"有为政府"可以弥合市场失灵，通过政府规制与保障为劳动者权益提供制度保护，如劳动者的最低工资、养老和医疗保险等。因此，政府规制与保障能够减弱企业数字化转型对劳动收入份额产生的负向影响。为验证政府规制与保障的正向调节效应，本书在基准计量模型的基础上，引入企业数字化转型与"政府规制与保障"指标的交乘项作为解释变量，实证检验政府规制与保障是否会缓解企业数字化转型对劳动收入份额产生的负向影响。表6-9报告了基于政府最低工资标准的调节效应检验结果。其中，第（1）（2）列是将最低月工资作为政府规制与保障的代理变量的调节机制检验结果，第（3）（4）列是将最低小时工资作为政府规制与保障的代理变量的调节机制检验结果，

结果显示 $Digital*Minwage1$ 项、$Digital*Minwage2$ 项的系数在1.00%的显著性水平下均为正,即政府通过最低工资制度安排,可以有效提升劳动者工资水平,缓解企业数字转型造成的劳动收入份额下降。上述实证检验表明,制定合理的劳动者权益保障制度,能够有效缓解企业数字化转型对劳动者收入份额的不利影响,达到稳定收入份额的目标,这对于在高质量发展中实现共同富裕的中国来说,具有很重要的借鉴意义(杜鹏程 等,2021;詹新宇 等,2023)。

表6-9 基于政府最低工资标准的调节效应检验结果

变量	$Distribution1$ (1)	$Distribution2$ (2)	$Distribution1$ (3)	$Distribution2$ (4)
$Digital$	-0.138*** (0.014)	-0.496*** (0.030)	-0.137*** (0.014)	-0.484*** (0.030)
$Digital*Minwage1$	0.094*** (0.029)	0.312*** (0.074)	-	-
$Minwage1$	0.034*** (0.009)	0.088*** (0.026)	-	-
$Digital*Minwage2$	-	-	0.076*** (0.030)	0.249*** (0.082)
$Minwage2$	-	-	0.032*** (0.009)	0.079*** (0.028)
控制变量	控制	控制	控制	控制
常数项	0.276 (0.203)	0.327 (0.607)	0.494** (0.203)	0.807 (0.616)
行业固定效应	是	是	是	是
省份固定效应	是	是	是	是
时间固定效应	是	是	是	是
R^2	0.422	0.490	0.423	0.488
样本量	8756	8756	8415	8415

注:***、**和*分别表示1.00%、5.00%和10.00%的显著性水平;括号内数值是企业层面的聚类稳健标准误。

失业保险和养老保险等社会保障制度,是政府干预收入分配各个环节的重要手段。虽然市场在收入分配中居于重要地位,但是社会保障制度能够在市场发挥资源配置作用的基础上,缩小劳动者收入差距,提高低收入人群的收入。当居民面对市场中存在的失业、养老等不确定性时，完善的社会保障制度可以对居民收入进行适度调节，从而减少居民的预防性储蓄，是影响要素收入分配的重要制度安排。因此，完善的社会保障制度可以减弱企业数字化转型对劳动收入份额产生的不利影响。本书借鉴已有研究，将失业保险和养老保险作为社会保障制度的代理变量，在基准计量经济模型中加入企业数字化转型与社会保障制度的交乘项，实证检验社会保障制度的调节效应。

表6-10报告了基于政府社会保障的调节效应检验结果。其中，第（1）（2）列是将失业保险参保率作为社会保障制度的代理变量的调节机制检验结果，结果显示，$Digital*Unemins$项的系数至少在5.00%的显著性水平上为正，这意味着提高失业保险参保率可以显著降低企业数字化转型对劳动收入份额的负向影响。第（3）（4）列是将养老保险参保率作为社会保障制度的代理变量的调节机制检验结果，结果表明，$Digital*Pensins$项的系数在1.00%的显著性水平上为正，这说明提高养老保险参保率可以有效降低企业数字化转型对劳动收入份额的负向影响。在数字化转型的发展趋势下，政府完善社会保障制度可以有效减少居民面临的不确定性，从而降低其预防性储蓄，推动居民消费升级，而居民对于科教文娱等高端服务产品的消费有利于促进人力资本积累，最终增加劳动收入份额。综上，建立完善的社会保障制度，可以弥补市场分配资源过程的固有缺陷，减少企业数字化转型导致的劳动收入份额下降效应。

表6-10 基于政府社会保障的调节效应检验结果

变量	Distribution1 (1)	Distribution2 (2)	Distribution1 (3)	Distribution2 (4)
Digital	-0.157*** (0.006)	-0.513*** (0.018)	-0.156*** (0.006)	-0.514*** (0.018)
Digital*Unemins	0.025*** (0.009)	0.052** (0.026)	–	–
Unemins	0.006*** (0.002)	0.006 (0.005)		
Digital*Pensins	–	–	0.020*** (0.007)	0.047*** (0.012)
Pensins	–	–	0.006*** (0.002)	0.010** (0.004)

续表

变量	Distribution1 （1）	Distribution2 （2）	Distribution1 （3）	Distribution2 （4）
控制变量	控制	控制	控制	控制
常数项	-0.479 （0.525）	-1.674 （1.482）	-0.207 （0.521）	-1.375 （1.469）
行业固定效应	是	是	是	是
省份固定效应	是	是	是	是
时间固定效应	是	是	是	是
R^2	0.452	0.527	0.452	0.527
样本量	6799	6799	6799	6799

注：***、**和*分别表示1.00%、5.00%和10.00%的显著性水平；括号内数值是企业层面的聚类稳健标准误。

　　创新型企业发展离不开大量的研发资金投入，但由于企业研发具有周期长、风险大、收益高的特征，创新型企业常常面临财务约束，仅凭市场主导的资源配置不足以解决这一问题，因此政府有必要对创新型企业的研发活动进行资金补贴。前文理论分析指出，政府研发补贴有利于推动创新型企业发展，继而实现产业结构转型升级，从而减弱企业数字化转型对劳动收入份额产生的不利影响。本书借鉴已有研究，将政府研发补贴作为政府规制的代理变量，在基准计量经济模型中加入企业数字化转型与政府研发补贴的交乘项，实证检验政府研发补贴的调节效应。

　　表6-11报告了基于政府研发补贴的调节效应检验结果。根据回归结果发现，$Digital*Subsidie$项的估计系数至少在5.00%的显著性水平上为正，这意味着政府引导企业技术创新可以显著降低企业数字化转型对劳动收入份额产生的负向影响。现实中，技术密集型企业往往也是创新型企业，实现产业升级就是要持续推动产业结构由传统的劳动密集型和资本密集型向技术密集型转变。进入新常态以来，中国经济面临迫切的产业升级需求，而知识要素是实现产业升级的重要支撑，因此政府对创新型企业发放研发补贴，有利于发挥创新要素的集聚优势，培育创新动能，提高创新要素在收入分配中的占比，缓解企业数字化转型对劳动收入份额的负向影响。

表 6-11 基于政府创新补贴的调节效应检验结果

变量	Distribution1 (1)	Distribution2 (2)
Digital	−0.156*** (0.013)	−0.552*** (0.026)
Digital*Subsidie	0.019** (0.009)	0.087*** (0.019)
Subsidie	0.001 (0.001)	0.007 (0.005)
控制变量	控制	控制
常数项	0.302 (0.192)	0.599 (0.616)
行业固定效应	是	是
省份固定效应	是	是
时间固定效应	是	是
R^2	0.429	0.504
样本量	10302	10302

注：***、**和*分别表示 1.00%、5.00%和 10.00%的显著性水平；括号内数值是企业层面的聚类稳健标准误。

第四节 本章小结

本章采用实证检验与理论分析相结合的方式，通过构建中介机制模型和调节效应模型重点回答以下两个问题。一是企业数字化转型为何会对劳动收入份额产生负向影响？二是如何缓解企业数字化转型对劳动收入份额的不利影响？首先介绍计量模型构建与相关指标选取，其次是企业数字化转型对劳动收入份额影响的中介机制检验；最后是企业数字化转型对劳动收入份额影响的调节效应检验。主要研究结论有如下四点。

第一，企业数字化转型会通过资本深化机制，加剧资本对劳动的要素替代，从而降低劳动收入份额。由于数字技术对资本要素的赋能效果显著优于劳动要素，企业数字化转型会加速要素替代过程，即推动资本积累、减少劳动需求，从而不利于劳动收入份额提升。行业异质性分析表明，企业数字化转型对资本深化的正向影响在资本密集型行业最强,技术密集型行业最弱,而资本深化对三类行业劳动收入份额都产生了显著的负向影响。

第二,企业数字化转型会通过相对工资率机制,带来工资与劳动生产率比值的降低,从而不利于提升劳动收入份额。企业数字化转型对劳动者工资和劳动生产率均会产生提升作用,但对劳动生产率的正向作用大于工资,从而导致劳动生产率相对员工工资更快地上涨,最终造成劳动收入份额的不断下降。行业异质性分析表明,企业数字化转型对相对工资率的负向影响在资本密集型行业中最强,在技术密集型行业中最弱,而相对工资率对三类行业劳动收入份额都产生了显著的正向影响。

第三,企业数字化转型会通过结构变迁机制,对劳动收入份额产生负向影响。首先是微观层面的生产结构变迁,企业数字化转型对投入结构服务化的影响显著为正,但投入结构服务化会对劳动收入份额产生负向影响。这表明数字技术应用有利于促使企业生产结构由传统的物质投入为主向服务投入为主转变,从而对劳动收入份额产生负向影响。从宏观层面的产业结构变迁视角来看,企业数字化转型对产业结构服务化的影响显著为正,但产业结构服务化对劳动收入份额的影响显著为负。这表明由于劳动力的人力资本水平不足,传统服务业内部的要素替代弹性仍然较高,当前的企业数字化转型会加剧传统服务业内部资本与劳动力之间的矛盾,从而对劳动收入份额产生负向影响。

第四,人力资本积累、企业创新能力提升、政府规制与保障可以缓解企业数字化转型对劳动收入份额的不利影响。人力资本的调节效应检验表明,提高劳动者学历水平和改善员工技能结构可以有效缓解企业数字化转型对劳动收入份额产生的负向影响。企业创新能力提升的调节效应检验表明,企业自主创新能力提升有助于增强企业市场竞争力,改善初次收入分配格局。政府规制与保障的调节效应检验表明,制定合理的劳动者权益保障制度如提高最低工资标准、完善社会保障体系,能够有效缓解企业数字化转型对劳动者收入份额的不利影响。这一结论的政策启示为:劳动者需要提高自身技能水平尤其是难以被数字设备替代的技能;企业应借助数字化转型实现创新驱动;政府可以减少劳动力市场波动,鼓励企业技术创新以缓解企业数字化转型对劳动收入份额造成的不利影响。

第七章　主要结论与政策建议

党的二十大指出，虽然过去十年中国共同富裕取得新成效，但发展不平衡不充分问题仍然突出[①]，而不平衡则与收入不平等紧密联系。劳动收入份额作为国民收入初次分配的重要组成部分，保持其稳定是扎实推进共同富裕的基础与前提。前文既从理论层面阐释了企业数字化转型对劳动收入份额的影响机制，又从实证层面考察了企业数字化转型对劳动收入份额的实际影响。本章系统总结前文的主要研究结论，并据此提出相关政策建议，以期为中国在数字经济时代实现效率与公平兼顾的高质量发展目标提供理论依据与政策启示。

第一节　主要结论

近年来，伴随着大数据、物联网、人工智能等新一代信息技术在经济社会中的不断渗透与应用，数字经济发展受到世界各国的高度重视，正成为全球积极争夺的新经济增长点。企业数字化转型作为数字经济的关键环节，是数字经济与实体经济深度融合在微观层面的重要体现。与此同时，妥善处理收入分配问题是中国经济高质量发展的内在要求。在这一背景下，系统探究企业数字化转型对劳动收入份额的作用机理与影响效应具有重要意义。基于此，本书从理论和实证两方面系统探究了企业数字化转型对劳动收入份额的作用机理与影响效应。本书主要研究结论有以下四点。

第一，本书遵循"要素—企业—产业"的逻辑思路，搭建企业数字化转型对劳动收入份额影响的理论分析框架，并将企业数字化纳入数理模型，构建动态一般均衡模型深入阐述企业数字化转型对劳动收入份额的影响机制。研究发现：(1) 根据技术—经济范式理论，企业数字化转型对劳动收

[①] 习近平：高举中国特色社会主义伟大旗帜　为全面建设社会主义现代化国家而团结奋斗——在中国共产党第二十次全国代表大会上的报告[EB/OL]. [2022-10-25]（2023-08-23）. http://www.xinhuanet.com/politics/leaders/2022-10/25/c_1129079429.htm.

入份额的影响需要遵循由微观生产要素到企业生产方式变化再到宏观产业结构变迁的逐渐渗透规律。要素层面，企业数字化转型会带来劳动与资本生产力的非对称增长，从而造成资本租金与劳动工资的差异性变化，最终导致劳动收入份额变动。企业层面，数字化转型一方面促使企业倾向于采用资本替代传统劳动的生产方式，对劳动收入份额产生负向影响；另一方面也要求企业加快形成资本结合技能型劳动的生产方式，对劳动收入份额产生正向影响。产业层面，企业数字化转型会加速各类生产要素在不同产业间的重新优化配置，推动产业结构转型，进而对劳动收入份额产生影响。（2）在单部门动态一般均衡模型中，企业数字化转型对劳动收入份额的影响主要取决于要素赋能偏向、资本与劳动在生产过程中的替代弹性以及资本深化。基于多部门动态一般均衡模型的分析指出，企业数字化转型对劳动收入份额的影响可以分为集约边际效应和广延边际效应，集约边际效应强调了企业数字化转型对部门内劳动收入份额的影响，广延边际效应则强调了产业结构变迁在企业数字化转型影响劳动收入份额中发挥的作用。（3）劳动者人力资本积累、企业创新能力提升以及政府规制与调控在企业数字化转型影响劳动收入份额中发挥着积极的调节作用。首先，劳动者人力资本积累可以降低资本与劳动之间的替代弹性，缓解劳动者对于"机器替人"的担忧，从而实现劳动收入份额的相对稳定。其次，企业创新能力提升不仅有助于降低资本与劳动之间的替代弹性，还可能会改变数字化转型的要素赋能偏向，从而有利于提升劳动收入份额。最后，政府规制与保障可以通过提高最低工资标准、完善社会保障体系等措施缓解企业数字化转型对劳动收入份额造成的负向影响。

第二，本书数值模拟不同情形下企业数字化转型对劳动收入份额的影响，并采用标准化供给面系统方法估算中国2003—2021年41个行业的要素替代弹性，初步判断企业数字化转型对劳动收入份额的影响方向。（1）基于单部门一般均衡模型的数值模拟结果表明，当资本与劳动之间的替代弹性较高时，若企业数字化转型对资本的增强效果优于劳动，则会对劳动收入份额产生负向影响，反之则相反；当资本与劳动之间的替代弹性较低时，若企业数字化转型对资本的增强效果优于劳动，将有利于提升劳动收入份额，反之则相反。（2）基于多部门一般均衡模型的数值模拟结果表明，企业数字化转型对劳动收入份额的影响方向取决于产业结构转型（广延边际效应）和行业内劳动收入份额变化（集约边际效应）的大小。其中，产业结构转型取决于制造品与服务品之间的替代弹性、技术进步偏向。当制造品与服务品之间的替代弹性较低、技术进步偏向资本时，企业数字化转型会促进产业结构服务化，其对经济体劳动收入份额的影响方向最终将由服务业决定。行业内劳动收入份额的变化方向取决于要素替代弹性和技术进步偏向。当行业内部要素替代弹性较高、技术进步偏向资本时，企业数字化转型对该行业的劳动收入份额产生负向影响。（3）中国行业要素替代弹性的均值为1.015。其中，制造业和服务业的要素替代弹性均值分别为1.154和0.748。结合数值模拟结果可知，中国尚未进入高质量的服务经济时代，服务业内部结构性矛盾较为突出，因此，当前企业数字化转型对劳动收入份额的影响仍处于负向影响阶段。

第三，本书基于2007—2014年中国A股上市公司的面板数据，构建基准计量模型估计企业数字化转型对劳动收入份额的具体影响，并从企业特征、行业差异等视角展开异质性分析。（1）中国劳动收入份额在2007—2014年间呈现出逐年提高的变化趋势，且存在显著的行业差异，其中，资本密集型行业的劳动收入份额最低，技术密集型行业的劳动收入份额最高。中国企业数字化转型在2007—2014年间呈现出缓慢的上升趋势，且具有行业异质性，相较于劳动密集型行业和资本密集型行业，技术密集型行业的企业数字化转型水平更高。（2）企业数字化转型对劳动收入份额的影响显著为负，这一结论在替换核心变量的衡量方式、调整样本范围以及更换估计模型等多种方式后仍成立。本书还采取外部工具变量和历史工具变量的方法处理内生性问题，结果表明，企业数字化转型对劳动收入份额的负向影响依然显著。（3）企业异质性分析发现，相较于国有企业和大企业，企业数字化转型对劳动收入份额的负向影响在非国有企业和中小企业中更为明显。行业异质性分析发现，企业数字化转型对劳动收入份额的影响均显著为负，但该负向影响在资本密集型行业和第一产业中最大，其次是劳动密集型和第三产业，最后是技术密集型和第二产业。区域异质性分析表明，企业数字化转型对劳动收入份额的影响受到地理区位、城市群政策和劳动者议价能力的约束。

第四，本书通过构建中介机制模型和调节效应模型展开机制检验，从资本深化、相对工资率、结构变迁三方面回答了企业数字化转型如何影响劳动收入份额的问题，从劳动者人力资本积累、企业创新能力提升、政府规制与保障三个方面回答了如何缓解企业数字化转型对劳动收入份额负面影响的问题。(1) 企业数字化转型会通过资本深化机制,加剧资本对劳动的要素替代,从而降低劳动收入份额。由于数字技术对资本要素的赋能效果显著优于劳动要素,企业数字化转型会加速要素替代过程,即推动资本积累、减少劳动需求,从而不利于劳动收入份额提升。(2) 企业数字化转型会通过相对工资率机制,带来工资与劳动生产率比值的降低,从而不利于提升劳动收入份额。企业数字化转型对劳动者工资和劳动生产率均会产生提升作用,但对劳动生产率的正向作用大于工资,从而导致劳动生产率相对员工工资更快地上涨,最终造成劳动收入份额的不断下降。(3) 企业数字化转型会通过结构变迁机制,对劳动收入份额产生负向影响。微观层面,企业数字化转型有利于促使企业生产结构由传统的物质投入为主向服务投入为主转变,从而对劳动收入份额产生负向影响。宏观层面,企业数字化转型会推动产业结构向服务化转型,从而对劳动收入份额产生负向影响。(4) 调节效应检验结果显示,劳动者人力资本积累、企业创新能力提升、政府规制与保障可以缓解企业数字化转型对劳动收入份额的不利影响。

第二节 政策建议

共同富裕是社会主义的本质要求,是人民群众的共同期盼。劳动收入份额作为国民收入初次分配的重要组成部分,保持其稳定是推动共同富裕建设进程的基础与前提。然而,自20世纪90年代以来,中国劳动收入份额呈现出持续下降趋势,直至2008年才有所回升。近年来,伴随着大数据、物联网、机器人、人工智能等新一代信息技术在经济社会中的不断渗透与应用,数字经济正成为中国挖掘增长潜力、转变增长方式、转换增长动能的新机遇。企业数字化转型作为数字经济与实体经济深度融合在微观层面的表现,在激活数据要素潜能、驱动生产方式变革、重塑经济增长动能上扮演着关键角色。厘清数字化转型对劳动收入份额的影响是新发展格局下扎实推进共同富裕的关键,如何在充分发挥数字化转型优势的同时避免劳动收入份额下降是当前政策制定的重要方向。基于企业数字化转型对劳动收入份额影响的研究结论,本书从劳动者、企业及政府三方面提出政策建议。

第一,在数字化转型背景下,劳动者短期内应紧跟时代发展潮流、适应环境变化、及时调整就业观念;中期内应积极学习并掌握数字技能,提高自身数字素养；长期内应做好个人职业发展规划，自主选择、灵活就业。

首先，短期内劳动者应紧跟时代发展潮流、适应环境变化、及时调整就业观念。既然企业数字化转型是大势所趋，员工需要及时调整就业观念，积极地适应变化与迎接挑战。（1）劳动者要拥有接受变革的心态。面对数字化转型可能涉及的组织结构、业务流程、工作职责等方面的调整，劳动者需要有一个积极的心态来接受变化，摒弃"一门手艺，终身受用"的旧式职业观念，将持续学习变成生活常态，准备好适应数字经济时代的新型用工模式。（2）劳动者需要深入了解企业数字化转型的战略目标，积极参与数字化转型的实施，主动将自己的工作与企业数字化转型目标相结合，根据自己的专业背景和技能，发现问题，提出建议，为企业数字化转型提供有价值的支持和帮助。（3）劳动者应定期关注数字化转型的最新趋势和技术，了解业界的最佳实践和创新案例，以便更好地应对数字化转型的挑战和机遇，同时加强沟通协作。劳动者可以通过企业官网、年报、新闻发布等获取企业数字化转型最新动态和战略规划，从行业协会、研究机构发布的报告和数据了解行业整体的数字化转型趋势和水平，与同事、同行或业界人士交流获取更多关于企业和行业数字化转型的信息和见解。（4）劳动者应关注数字化转型对自己行业和职业的影响，根据实际情况进行及时调整预期，持续更新自身目标与行动，以匹配企业数字化转型的需求和变化。

其次，中期内劳动者应主动培养数字素养，积极掌握数字技能，提高自身数字化转型能力。从中期来看，劳动者需要积极学习数字化知识，主动适应数字化工具，和企业一同进行数字化转型。（1）劳动者应主动培养如数字沟通能力、数字信息获取能力、数字信息利用能力、数字安全防护能力等数字素养。在现代社会，随着数字信息数量和速度的迅速增长，人们对数字信息的需求也越来越高。因此，提高数字素养已经成为数字经济时代劳动者必备的素质之一。（2）劳动者需要主动学习数字化技术与工具，发挥数字化技术的赋能作用，通过在线课程、培训机构或自学获得数字技能，包括但不限于数据分析、人工智能、物联网和数字化生产流程等，以便提高自身数字素养和技能水平。此外，劳动者还需要注重跨领域的学习。在数字化转型背景下，劳动者需要具备更多跨学科知识和创新能力，通过跨领域的学习，提高综合能力和素质以适应未来岗位的多样化需求。（3）劳动者应将理论与实践相结合，根据岗位需求积极参与数字化转型培训，以便更好地理解和利用数据来提高工作效率和支持业务决策。（4）劳动者应增强自身创新能力和社交能力，在企业数字化转型中保持竞争力。在数字化时代背景下，灵活的用工模式、远程工作和项目制合作等新型工作方式正在逐渐取代传统的长期雇佣、固定职位划分和内部晋升机制等模式。因此，劳动者需要不断提升自身的社交能力和团队协作能力，以便更好地适应数字化时代的工作环境。

最后，长期内劳动者应做好个人职业发展规划，自主选择、灵活就业。从长远角度出发，劳动者应充分利用人类相比机器人在创造、分析、决策方面的优势，未来就业时选择更多元化、个性化的方向。（1）劳动者要关注市场需求和趋势，培养战略性眼光，充分把握行业发展方向和契机，选择具有发展前景的行业和职业方向，制定具有前瞻性的职业规划。（2）劳动者要将个人就业方式从相对静态、固化的形态调整至动态、多元的形态，借助数字技术发展所带来的不受时空限制的新职业，体验更多发展可能。劳动者可以依靠自身意愿确定工作任务量，从线上运用自媒体工具便捷地工作，追求个人时间与空间自由相平衡、追求工作与生活相平衡。（3）劳动者要探索自身职业兴趣、爱好与发展目标，体会和尝试不同的职业经历，丰富自己的职业阅历与经验，寻找适合自己的职业生活与职业定位，兼顾兴趣爱好与职业发展潜力。（4）动者要贡献自己的专业特长和技能，成为新职业人才。"人人皆可成才、人人尽展其才"[①]，劳动者应借助新业态、新职业释放的人才需求，实现自我价值和社会价值的统一。

第二，企业在数字化转型过程中，短期内应根据现实情况制定合适的数字化转型规划，防止盲目跟风；中期内应加强员工技能培训，优化薪酬制度设计以保证劳动者收入；长期内应利用数字化转型实现自主创新驱动的价值链地位攀升，从而在数字经济时代稳定劳动收入份额。

首先，短期内企业在数字化转型过程中，应合理控制成本，避免盲目跟风，根据自身具体情况制定科学合理的转型战略。企业开展数字化转型是以满足自身现实需求、提高经营绩效为目标。在这一过程中，企业应持续关注就业岗位和员工薪酬的稳定性，构建和谐劳动关系。（1）企业要加强对数字化转型的认识，牢记数字化转型的根本目的是业务创新，而数字

---

① 习近平人才思想的精髓[EB/OL]. [2019-01-30]（2023-08-23）. https://baijiahao.baidu.com/s?id=1624079015463970414&wfr=spider&for=pc.

技术仅是实现数字化转型的手段，从而避免在转型过程中因过度依赖数字化工具和忽视人力资本而迷失转型方向。当企业面临较高的劳动成本时，适度引入机器替代劳动力的数字设备可以帮助企业降低成本,增加竞争力。反之，对于那些劳动成本较低的企业，更应当着眼于人机协作技术的运用，通过机械辅助人工执行重复性强、技术要求不高的任务，不仅可以增进工作效率，还能够规避过多裁员所带来的风险。（2）企业要遵循经济发展规律与产业内生逻辑，科学评估自身是否具备数字化转型所需的行业经验、管理水平、人才梯队、价值导向和信息化基础，做好数字化转型的顶层设计与规划，并制定清晰的执行路线图。一方面，大型企业往往具备雄厚资金与人才资源，拥有探索、开发与应用数字技术的条件，这将促使它们在所属行业中占据先机。借助自身的研发实力，这些公司不但能优化现行的生产流程，也能通过技术革新导引市场发展趋势；另一方面，中小型企业可能缺乏足够的资源，难以进行大规模的数字技术研发，但可以通过采用市场上已有的智能化技术改变传统生产方式，从而提高效率和竞争力。（3）企业要合理控制转型成本，坚持实事求是和量力而行，根据自身具体情况制定科学的转型战略，合理控制数字化技术、系统和设备的引进，谨防因"过早"和"过度"数字化而大量挤出原有劳动力。

其次，中期内企业应加强员工技能培训，优化薪酬制度设计以保证劳动者收入。企业应向员工提供各类职业技能提升课程，优化薪酬制度设计，使薪酬水平与员工价值相匹配，以实现技能人才自身供给的稳定性。（1）企业应主动为员工提供数字化转型的基础培训和数字技能训练，以确保其生产流程和服务满足当今的技术标准，激发员工间的良性竞争。这样做有助于增加职位的稳定性，减少因技能不匹配或人才流失而导致的招聘和培训成本，从而提高企业的财务效率和人力资源的稳定性。（2）随着企业数字化转型快速推进，企业应在技能培训计划中加入人工智能、大数据、云计算等领域的内容，通过邀请行业和学术界的顶尖专家通过讲座分享前沿技能，或与高等院校和研究机构的合作，采用产教研合作模式对员工进行培训，促进企业与学术界的交流合作，开辟研发和创新的新途径。（3）在数字化转型过程中，企业可引入灵活的激励机制，如股权激励和利润分享计划，使员工能够直接分享企业取得的成果。进一步地，企业应定期评估薪酬制度的有效性，通过收集和分析市场数据、企业发展需要以及员工反馈，调整薪酬方案以适应市场变化和企业战略。（4）企业还应重视福利制度的设计。福利制度是员工总体报酬包裹的重要组成部分。企业应根据员工的需求和偏好提供多样化的福利项目，如健康保险、退休金计划、休闲和健康服务等，以此提高员工的工作满意度和忠诚度。

最后，长期内企业应利用数字化转型实现自主创新驱动的价值链地位攀升，从而在数字经济时代稳定劳动收入份额。（1）企业应抓住数字经济时代的新机遇，在数字化转型过程中对收集到的数据进行分析，发现市场的真实需求和潜在机会，及时调整产品定位和营销策略，以精益求精的定制化生产提升产品附加值，实现价值链地位攀升。（2）企业应推进研发设计等环节的数字化转型，促进跨界合作沟通，降低研发成本，将资金聚集在成本高昂但价值增值潜力最大的"痛点"上，在亟须解决的关键问题上寻求突破。然后，企业应重点招聘数字技能人才，避免数字化转型进程因人才瓶颈难以推进。同时，企业要建设专业化人才队伍，吸引高级要素集聚，激发创新活力，掌握核心技术和知识产权，提高盈利水平。在此过程中，企业利润率不断提升，分配给劳动者收入也随之增加，实现劳动收入提高和企业创新能力培育的良性循环。（3）大型企业应积极寻求专业数字化转型服务机构的支持与帮助，借助数字化转型服务机构的全球化视野和行业洞察力，制定一揽子数字化解决方案，更好地赋能企业数智化转型及全球化布局，助力企业在新发展阶段实现高质量发展。

第三，政府短期内应完善社会保障体系缓解企业数字化转型对劳动收入份额的不利影响；中期内应为劳动者提供培训机会，避免数字化转型造成的结构性失业；长期内应根据行业特征合理规划企业数字化转型进程，以引导产业结构向高端服务化转型。

首先，短期内政府应关注企业数字化转型对劳动收入份额造成的不利影响，通过完善社会保障体系缓解这种负面影响。根据本书研究发现，现阶段企业数字化转型会对劳动收入份额产生不利影响。政府应在促进数字经济与实体经济深度融合的同时，采取切实有效的措施确保劳动者的就业和收入稳定。（1）政府应限制企业过于迅速地采用"机器人替人"的做法，避免造成劳动市场的剧烈波动和就业岗位的大量流失，保证劳动者的就业机会。（2）政府应当通过最低工资制度来保障劳动者的基本收入，避免低技能劳动者在面对技术变革时陷入困境。（3）政府应通过完善失业保险、养老保险等社会保障体系，为处于转型期或失业状态的劳动者提供足够的保障，减轻他们面临的经济压力。同时，政府应加大对弱势群体的支持力度，确保每一个人都能在数字化转型的浪潮中找到属于自己的位置。（4）为了应对由数字化转型可能带来的收入分配差距加大的风险，政府应积极推动包容性增长。这意味着除了促进经济发展，政府更要注重发展成果的普惠性，确保所有社会成员都能从中受益。政府应通过对初创企业和中小企业的扶持、促进大企业与小企业的合作共赢、鼓励创业创新，为更多的人创造更加公平的竞争环境和更多的就业机会。

其次，中期内政府应为劳动者提供培训机会，避免数字化转型造成的结构性失业。政府应综合考虑供给端因素与劳动力需求，确保政策制定能够预见并适应未来经济结构的转变，提前为"以人为本"的现代产业体系建设做好人才储备。（1）政府应强化职业教育与终身教育体系，从而为劳动者提供学习新技能和进行职业转型的机会。为此，政府需要开发和推行一系列多层次、多类型的培训课程，不仅覆盖当前的职业需求，还要预见未来行业的变化趋势。课程设计应注重实用性和前瞻性，例如增加对数字技术、人工智能、绿色经济等领域的培训，帮助劳动者把握数字经济时代的新机遇。（2）针对失业人员，政府应采用灵活多样的再就业培训形式和建立全方位的再就业培训保障机构，将市场需求趋势与失业人员实际需要相结合，设置具有强针对性和时效性的培训内容，提高失业人员技能培训效率，不断提升全社会的失业人员再就业率。通过这种方式，政府可以有效地减少劳动者因技能不匹配而导致的摩擦性失业和就业等待期。（3）针对不同地区、不同产业的发展需求，政府应实施差异化的人力资源开发策略，优化人力资本结构，提升地区经济的竞争力。政府应鼓励企业参与培训和教育过程，与教育机构建立合作伙伴关系，开发符合行业需求的课程，同时提供实习和实训机会。（4）政府应促进劳动市场的灵活性和流动性，为劳动者提供更多的就业选择和职业发展路径，通过简化劳动法律法规，减少就业流动的障碍，巩固劳动市场的吸引力，使企业能够吸引和保留人才。

最后，长期内政府应根据不同行业特点，合理规划企业数字化转型，引导产业结构向高端服务化转型，实现劳动收入份额提升。根据本书研究结论，物质生产部门智能化是未来经济运行的必然趋势，服务业部门在将来要素收入分配中起到决定性作用。因此，政府在制定相关政策时应该重视对不同行业的差异化管理，引导产业结构向高端服务业转型。（1）政府应加大对数字化基础设施的投入，为企业提供稳定、高效的数字化服务环境，确保转型过程中的信息流、资金流、物流等运转顺畅。（2）政府需在产业政策上进行精准引导。针对制造业，政府应重点推进智能化改造，利用大数据、人工智能等前沿技术提升生产效率和产品质量。对于服务业，特别是高端服务业，政府应通过培训、人才引进等方式加大对人才的投入，提升服务业的专业水平和创新能力。通过这样的产业政策引导，既可以促进经济增长方式从数量型向质量型转变，又能够提高劳动者的技能水平和收入水平，有利于稳定劳动收入份额。（3）政府可以通过提供财政补助、税收优惠等激励措施，鼓励企业特别是中小企业加快数字化转型步伐。这些措施能够降低企业转型的成本，提高企业转型的积极性。（4）政府要高度重视技术创新，鼓励企业由以往的技术引进、模仿创新向自主创新转变，为数字经济和实体经济融合发展注入新动能。

参考文献

[1] 白重恩，钱震杰，武康平．中国工业部门要素分配份额决定因素研究［J］．经济研究，2008（8）：16—28．

[2] 白重恩，钱震杰．国民收入的要素分配：统计数据背后的故事［J］．经济研究，2009a，44（3）：27—41．

[3] 白重恩，钱震杰．劳动收入份额决定因素：来自中国省际面板数据的证据［J］．世界经济，2010，33（12）：3—27．

[4] 白重恩，钱震杰．谁在挤占居民的收入：中国国民收入分配格局分析［J］．中国社会科学，2009b（5）：99—115+206．

[5] 柏培文，张云．数字经济、人口红利下降与中低技能劳动者权益［J］．经济研究，2021，56（5）：91—108．

[6] 蔡旺春，吴福象，刘琦．研发补贴与中国高技术细分行业出口竞争力比较分析［J］．产业经济研究，2018（6）：1—9．

[7] 蔡跃洲，陈楠．新技术革命下人工智能与高质量增长、高质量就业［J］．数量经济技术经济研究，2019，36（5）：3—22．

[8] 常进雄，王丹枫．初次分配中的劳动份额：变化趋势与要素贡献［J］．统计研究，2011，28（5）：58—64．

[9] 钞小静，周文慧．人工智能对劳动收入份额的影响研究：基于技能偏向性视角的理论阐释与实证检验［J］．经济与管理研究，2021（2）：82—94．

[10] 陈冬梅，王俐珍，陈安霓．数字化与战略管理理论：回顾、挑战与展望［J］．管理世界，2020，36（5）：220—236+20．

[11] 陈贵富，韩静，韩恺明．城市数字经济发展、技能偏向型技术进步与劳动力不充分就业［J］．中国工业经济，2022（8）：118—136．

[12] 陈欢，王燕．国际贸易与中国技术进步方向：基于制造业行业的经验研究［J］．经济评论，2015（3）：84—96．

[13] 陈琳琳，徐金海，李勇坚．数字技术赋能旅游业高质量发展的理论机

理与路径探索[J]. 改革, 2022（2）: 101—110.

[14] 陈晓玲, 连玉君. 资本—劳动替代弹性与地区经济增长: 德拉格兰德维尔假说的检验[J]. 经济学（季刊）, 2013, 12（1）: 93—118.

[15] 陈宇峰, 贵斌威, 陈启清. 技术偏向与中国劳动收入份额的再考察[J]. 经济研究, 2013（6）: 113—126.

[16] 池毛毛, 叶丁菱, 王俊晶, 等. 我国中小制造企业如何提升新产品开发绩效——基于数字化赋能的视角[J]. 南开管理评论, 2020, 23（3）: 63—75.

[17] 大卫·李嘉图. 政治经济学及赋税原理[M]. 郭大力, 王亚南, 译. 南京: 译林出版社, 2011.

[18] 戴天仕, 徐现祥. 中国的技术进步方向[J]. 世界经济, 2010, 33（11）: 54—70.

[19] 戴翔, 杨双至. 数字赋能、数字投入来源与制造业绿色化转型[J]. 中国工业经济, 2022（9）: 83—101.

[20] 杜明威, 耿景珠, 刘文革. 企业数字化转型与中国出口产品质量升级: 来自上市公司的微观证据[J]. 国际贸易问题, 2022（6）: 55—72.

[21] 杜鹏程, 王姝勋, 徐舒. 税收征管、企业避税与劳动收入份额: 来自所得税征管范围改革的证据[J]. 管理世界, 2021, 37（7）: 105—118+8.

[22] 方军雄. 劳动收入比重, 真的一致下降吗?: 来自中国上市公司的发现[J]. 管理世界, 2011（7）: 31—41+188.

[23] 方明月, 林佳妮, 聂辉华. 数字化转型是否促进了企业内共同富裕?: 来自中国A股上市公司的证据[J]. 数量经济技术经济研究, 2022, 39（11）: 50—70.

[24] 方先明, 胡丁. 企业ESG表现与创新: 来自A股上市公司的证据[J]. 经济研究, 2023, 58（2）: 91—106.

[25] 封永刚, 蒋雨彤. 要素替代弹性估计方法的比较与改进[J]. 数量经济技术经济研究, 2021, 38（4）: 139—158.

[26] 干春晖, 姜宏. 资本偏向型技术进步新特征及其对劳动力市场的影响机制研究[J]. 财经研究, 2022, 48（5）: 34—48+79.

[27] 郭凯明. 人工智能发展、产业结构转型升级与劳动收入份额变动[J]. 管理世界, 2019（7）: 60—77+202—203.

[28] 郭凯明,潘珊,颜色.新型基础设施投资与产业结构转型升级[J].中国工业经济,2020(3):63—80.

[29] 郝寿义.论信息资本化与中国经济高质量发展[J].南开经济研究,2020(6):23—33+49.

[30] 何帆,刘红霞.数字经济视角下实体企业数字化变革的业绩提升效应评估[J].改革,2019(4):137—148.

[31] 何小钢,梁权熙,王善骝.信息技术、劳动力结构与企业生产率:破解"信息技术生产率悖论"之谜[J].管理世界,2019,35(9):65—80.

[32] 何小钢,朱国悦,冯大威.工业机器人应用与劳动收入份额:来自中国工业企业的证据[J].中国工业经济,2023(4):98—116.

[33] 贺立,吕光明.中国省份要素替代弹性估计及增长效应研究[J].中国经济问题,2022(4):109—124.

[34] 胡贝贝,王胜光,段玉厂.互联网引发的新技术—经济范式解析[J].科学学研究,2019,37(4):582—589.

[35] 胡奕明,买买提依明·祖农.关于税、资本收益与劳动所得的收入分配实证研究[J].经济研究,2013,48(8):29—41.

[36] 黄乾,魏下海.中国劳动收入比重下降的宏观经济效应:基于省级面板数据的实证分析[J].财贸经济,2010(4):121—127+113+137.

[37] 黄先海,徐圣.中国劳动收入比重下降成因分析:基于劳动节约型技术进步的视角[J].经济研究,2009(7):34—44.

[38] 江轩宇,朱梦遥,谢蓉蓉.城市群政策的收入分配效应:基于微观企业劳动收入份额视角的研究[J].财经研究,2023,49(6):4—18.

[39] 焦豪,杨季枫,王培暖,等.数据驱动的企业动态能力作用机制研究:基于数据全生命周期管理的数字化转型过程分析[J].中国工业经济,2021(11):174—192.

[40] 克拉克.财富的分配[M].陈福生,陈振骅,译.北京:商务印书馆,2009.

[41] 李稻葵,刘霖林,王红领.GDP中劳动份额演变的U型规律[J].经济研究,2009(1):70—82.

[42] 库恩.科学革命的结构(第4版)[M].2版.金吾伦,胡新和,译.北京:北京大学出版社,2012.

[43] 李磊, 王小霞, 包群. 机器人的就业效应: 机制与中国经验 [J]. 管理世界, 2021 (9): 104—119.

[44] 李琦, 刘力钢, 邵剑兵. 数字化转型、供应链集成与企业绩效: 企业家精神的调节效应 [J]. 经济管理, 2021, 43 (10): 5—23.

[45] 李实, 朱梦冰. 中国经济转型40年中居民收入差距的变动 [J]. 管理世界, 2018, 34 (12): 19—28.

[46] 李万利, 潘文东, 袁凯彬. 企业数字化转型与中国实体经济发展 [J]. 数量经济技术经济研究, 2022, 39 (9): 5—25.

[47] 李晓华. 制造业数字化转型与价值创造能力提升 [J]. 改革, 2022 (11): 24—36.

[48] 李雪松, 党琳, 赵宸宇. 数字化转型、融入全球创新网络与创新绩效 [J]. 中国工业经济, 2022 (10): 43—61.

[49] 李载驰, 吕铁. 数字化转型: 文献述评与研究展望 [J]. 学习与探索, 2021 (12): 130—138.

[50] 刘灿, 等. 中国特色社会主义收入分配制度研究 [M]. 北京: 经济科学出版社, 2017.

[51] 刘长庚, 柏园杰. 中国劳动收入居于主体地位吗: 劳动收入份额再测算与国际比较 [J]. 经济学动态, 2022 (7): 31—50.

[52] 刘飞, 田高良. 信息技术是否替代了就业: 基于中国上市公司的证据 [J]. 财经科学, 2019 (7): 95—107.

[53] 刘淑春, 闫津臣, 张思雪, 等. 企业管理数字化变革能提升投入产出效率吗 [J]. 管理世界, 2021, 37 (5): 170—190+13.

[54] 刘维林. 劳动要素的全球价值链分工地位变迁: 基于报酬份额与嵌入深度的考察 [J]. 中国工业经济, 2021 (1): 76—94.

[55] 刘维林. 新发展格局下全球生产网络与劳动报酬份额变动 [J]. 经济研究, 2022, 57 (10): 86—102.

[56] 刘亚琳, 茅锐, 姚洋. 结构转型、金融危机与中国劳动收入份额的变化 [J]. 经济学 (季刊), 2018 (2): 609—632.

[57] 刘亚琳, 申广军, 姚洋. 我国劳动收入份额: 新变化与再考察 [J]. 经济学 (季刊), 2022 (5): 1467—1488.

[58] 刘艳霞. 数字经济赋能企业高质量发展: 基于企业全要素生产率的经验证据 [J]. 改革, 2022 (9): 35—53.

[59] 刘长庚,谷阳,王宇航.社保费征管与劳动收入份额[J].经济理论与经济管理,2023,43(10):29—42.

[60] 卢艳秋,赵彬,宋昶.决策逻辑、失败学习与企业数字化转型绩效[J].外国经济与管理,2021,43(9):68—82.

[61] 芦婷婷,祝志勇.人工智能对劳动收入份额影响的空间溢出效应:基于静态空间杜宾模型和动态空间杜宾模型的分析[J].经济问题探索,2022(5):65—78.

[62] 芦婷婷,祝志勇,刘畅畅.人工智能、人口结构转型与劳动收入份额变化[J].广东财经大学学报,2022(4):4—17.

[63] 陆雪琴,田磊.企业规模分化与劳动收入份额[J].世界经济,2020,43(9):27—48.

[64] 陆正飞,王雄元,张鹏.国有企业支付了更高的职工工资吗?[J].经济研究,2012(3):28—39.

[65] 罗长远,张军.经济发展中的劳动收入占比:基于中国产业数据的实证研究[J].中国社会科学,2009(4):65—79+206.

[66] 吕光明.中国劳动收入份额的测算研究:1993—2008[J].统计研究,2011,28(12):22—28.

[67] 吕可夫,于明洋,阮永平.企业数字化转型与资源配置效率[J].科研管理,2023,44(8):11—20.

[68] 吕铁,李冉.制造企业数字化转型:数据要素赋能传统要素的视角[J].学习与探索,2022(9):108—117.

[69] 吕越,陈泳昌,张昊天,等.电商平台与制造业企业创新:兼论数字经济和实体经济深度融合的创新驱动路径[J].经济研究,2023,58(8):174—190.

[70] 马克思.资本论[M].郭大力,王亚南,译.南京:译林出版社,2013.

[71] 马歇尔.经济学原理(上卷)[M].朱志泰,译.北京:商务印书馆,2011.

[72] 马歇尔.经济学原理(下卷)[M].陈良璧,译.北京:商务印书馆,2011.

[73] 聂飞,范炳,鲁思琪.我国企业"走出去"的创新驱动力何在:来自制造业投入服务化的理论解释与实证检验[J].国际贸易问题,2022(7):159—174.

[74] 宁光杰, 林子亮. 信息技术应用、企业组织变革与劳动力技能需求变化 [J]. 经济研究, 2014, 49 (8): 79—92.

[75] 戚聿东, 蔡呈伟. 数字化对制造业企业绩效的多重影响及其机理研究 [J]. 学习与探索, 2020 (7): 108—119.

[76] 戚聿东, 肖旭. 数字经济时代的企业管理变革 [J]. 管理世界, 2020, 36 (6): 135—152+250.

[77] 戚聿东, 徐凯歌. 后摩尔时代数字经济的创新方向 [J]. 北京大学学报 (哲学社会科学版), 2021, 58 (6): 138—146.

[78] 齐俊妍, 任奕达. 数字经济渗透对全球价值链分工地位的影响: 基于行业异质性的跨国经验研究 [J]. 国际贸易问题, 2021 (9): 105—121.

[79] 祁怀锦, 曹修琴, 刘艳霞. 数字经济对公司治理的影响: 基于信息不对称和管理者非理性行为视角 [J]. 改革, 2020 (4): 50—64.

[80] 綦建红, 付晶晶. "机器换人" 时代低技能劳动力何去何从?: 基于中国劳动力动态调查数据的检验 [J]. 人口研究, 2022 (4): 114—128.

[81] 钱震杰, 朱晓冬. 中国的劳动份额是否真的很低: 基于制造业的国际比较研究 [J]. 世界经济, 2013, 36 (10): 27—53.

[82] 邱斌, 叶龙凤, 孙少勤. 参与全球生产网络对我国制造业价值链提升影响的实证研究: 基于出口复杂度的分析 [J]. 中国工业经济, 2012 (1): 57—67.

[83] 邱红, 林汉川. 全球价值链、企业能力与转型升级: 基于我国珠三角地区纺织企业的研究 [J]. 经济管理, 2014, 36 (8): 66—77.

[84] 裘莹, 郭周明. 数字经济推进我国中小企业价值链攀升的机制与政策研究 [J]. 国际贸易, 2019 (11): 12—20+66.

[85] 萨伊. 政治经济学概论 (珍藏本) [M]. 陈福生, 陈振骅, 译. 北京: 商务印书馆, 2009.

[86] 邵文波, 匡霞, 林文轩. 信息化与高技能劳动力相对需求: 基于中国微观企业层面的经验研究 [J]. 经济评论, 2018 (2): 15—29.

[87] 单豪杰. 中国资本存量 K 的再估算: 1952—2006 年 [J]. 数量经济技术经济研究, 2008, 25 (10): 17—31.

[88] 邵文波, 李坤望. 信息技术、团队合作与劳动力需求结构的差异性 [J]. 世界经济, 2014, 37 (11): 72—99.

[89] 申广军, 周广肃, 贾珅. 市场力量与劳动收入份额: 理论和来自中国

工业部门的证据［J］．南开经济研究，2018（4）：120—136＋157.

[90] 沈国兵，袁征宇．企业互联网化对中国企业创新及出口的影响［J］．经济研究，2020，55（1）：33—48.

[91] 盛斌，郝碧榕．企业规模、市场集中度与劳动收入份额［J］．产业经济研究，2021（1）：1—14.

[92] 盛斌，马盈盈．中国服务贸易出口结构和国际竞争力分析：基于贸易增加值的视角［J］．东南大学学报（哲学社会科学版），2018（1）：39—48＋146＋2.

[93] 施新政，高文静，陆瑶，等．资本市场配置效率与劳动收入份额：来自股权分置改革的证据［J］．经济研究，2019，54（12）：21—37.

[94] 斯密．国富论［M］．富强，译．北京：北京联合出版社，2014.

[95] 宋旭光，杜军红．智能制造如何影响劳动收入份额：基于中国省级面板数据的实证研究［J］．经济理论与经济管理，2021（11）：79—96.

[96] 孙慧文，王贺雨．工业机器人使用与劳动收入份额：基于马克思主义政治经济学的分析［J］．财经科学，2023（7）：64—76

[97] 孙文杰．中国劳动报酬份额的演变趋势及其原因：基于最终需求和技术效率的视角［J］．经济研究，2012，47（5）：120—131.

[98] 王林辉，袁礼．有偏型技术进步、产业结构变迁和中国要素收入分配格局［J］．经济研究，2018，53（11）：115—131.

[99] 王姝楠，陈江生．数字经济的技术—经济范式［J］．上海经济研究，2019（12）：80—94.

[100] 王宋涛，朱腾腾，燕波．制度环境、市场分割与劳动收入份额：理论分析与基于中国工业企业的实证研究［J］．南开经济研究，2017（3）：70—87.

[101] 王雄元，黄玉菁．外商直接投资与上市公司职工劳动收入份额：趁火打劫抑或锦上添花［J］．中国工业经济，2017（4）：135—154.

[102] 王永进，匡霞，邵文波．信息化、企业柔性与产能利用率［J］．世界经济，2017，40（1）：67—90.

[103] 王永钦，董雯．机器人的兴起如何影响中国劳动力市场？：来自制造业上市公司的证据［J］．经济研究，2020，55（10）：159—175.

[104] 魏丽莉，侯宇琦．数字经济对中国城市绿色发展的影响作用研究［J］．数量经济技术经济研究，2022，39（8）：60—79.

[105] 魏作磊,刘海燕.制造业投入服务化与高质量服务出口:基于跨国面板数据的实证检验[J].世界经济研究,2021(5):24—37+134—135.

[106] 吴非,胡慧芷,林慧妍,等.企业数字化转型与资本市场表现:来自股票流动性的经验证据[J].管理世界,2021,37(7):130—144+10.

[107] 肖静华.企业跨体系数字化转型与管理适应性变革[J].改革,2020(4):37—49.

[108] 肖土盛,孙瑞琦,袁淳,等.企业数字化转型、人力资本结构调整与劳动收入份额[J].管理世界,2022(12):220—237.

[109] 肖旭,戚聿东.产业数字化转型的价值维度与理论逻辑[J].改革,2019(8):61—70.

[110] 谢建国.外商直接投资与中国的出口竞争力:一个中国的经验研究[J].世界经济研究,2003(7):34—39.

[111] 谢康,夏正豪,肖静华.大数据成为现实生产要素的企业实现机制:产品创新视角[J].中国工业经济,2020(5):42—60.

[112] 熊家财,刘充,章卫东.数字金融发展与劳动收入份额提升:来自上市公司的经验证据[J].经济评论,2022(6):100—113.

[113] 徐朝辉,王满四.数字化转型对企业员工薪酬的影响研究[J].中国软科学,2022(9):108—119.

[114] 颜色,郭凯明,杭静.中国人口红利与产业结构转型[J].管理世界,2022,38(4):15—33.

[115] 于伟,张鹏,姬志恒.中国城市群生态效率的区域差异、分布动态和收敛性研究[J].数量经济技术经济研究,2021,38(1):23—42.

[116] 袁淳,肖土盛,耿春晓,等.数字化转型与企业分工:专业化还是纵向一体化[J].中国工业经济,2021(9):137—155.

[117] 詹新宇,张榕芳,徐丹丹.负重前行:经济增长压力的收入分配效应:基于企业劳动收入份额的视角[J].数量经济技术经济研究,2023,40(10):27—50.

[118] 张车伟,张士斌.中国初次收入分配格局的变动与问题:以劳动报酬占GDP份额为视角[J].中国人口科学,2010(5):24—35+111.

[119] 张峰,刘璐璐.数字经济时代对数字化消费的辩证思考[J].经济纵

横,2020(2):45—54.

[120] 张军,吴桂英,张吉鹏.中国省际物质资本存量估算:1952—2000 [J].经济研究,2004(10):35—44.

[121] 张晴,于津平.制造业投入数字化与全球价值链中高端跃升:基于投入来源差异的再检验[J].财经研究,2021,47(9):93—107.

[122] 张同斌,刘文龙,付婷婷.《社会保险法》实施与企业劳动收入份额变动[J].数量经济技术经济研究,2023,40(6):91—112.

[123] 张骁,吴琴,余欣.互联网时代企业跨界颠覆式创新的逻辑[J].中国工业经济,2019(3):156—174.

[124] 张永珅,李小波,邢铭强.企业数字化转型与审计定价[J].审计研究,2021(3):62—71.

[125] 赵宸宇,王文春,李雪松.数字化转型如何影响企业全要素生产率[J].财贸经济,2021,42(7):114—129.

[126] 赵春明,班元浩,李宏兵,等.企业数字化转型与劳动收入份额[J].财经研究,2023(6):49—63+93.

[127] 赵涛,张智,梁上坤.数字经济、创业活跃度与高质量发展:来自中国城市的经验证据[J].管理世界,2020,36(10):65—76.

[128] 周冬华,万贻健.企业数字化能提升企业全要素生产率吗?[J].统计研究,2023,40(12):106—118.

[129] 朱超,易祯.活在当下还是着眼未来:中国跨期替代弹性的估计与决定[J].世界经济,2021,44(11):194—220.

[130] 祝合良,王春娟."双循环"新发展格局战略背景下产业数字化转型:理论与对策[J].财贸经济,2021,42(3):14—27.

[131] 卓玛草.异质性要素替代弹性与中国产业结构变迁:兼论新发展格局稳增长的来源[J].经济科学,2022(6):22—38.

[132] ACEMOGLU D, RESTREPO P. Automation and new tasks: How technology displaces and reinstates labor [J]. Journal of Economic Perspectives, 2019, 33(2): 3—30.

[133] ACEMOGLU D, RESTREPO P. Demographics and automation [J]. The Review of Economic Studies, 2022, 89(1): 1—44.

[134] ACEMOGLU D, RESTREPO P. Robots and jobs: Evidence from US labor markets [J]. Journal of Political Economy, 2020, 128(6): 2188—

2244.

[135] ACEMOGLU D, RESTREPO P. The race between man and machine: Implications of technology for growth, factor shares, and employment [J]. American Economic Review, 2018, 108(6): 1488—1542.

[136] AGHION P, JONES B F, JONES C I. Artificial intelligence and economic growth [M]. Cambridge: National Bureau of Economic Research, 2017.

[137] AGRAWAL A, GANS J S, GOLDFARB A. Artificial intelligence: the ambiguous labor market impact of automating prediction [J]. Journal of Economic Perspectives, 2019a, 33(2): 31—50.

[138] AGRAWAL A, GANS J, GOLDFARB A. Economic policy for artificial intelligence [J]. Innovation Policy and the Economy, 2019b, 19(1): 139—159.

[139] ALVAREZ-CUADRADO F, VAN LONG N, POSCHKE M. Capital-labor substitution, structural change, and growth [J]. Theoretical Economics, 2017, 12(3): 1229—1266.

[140] ANTRAS P. Is the US aggregate production function Cobb—Douglas? New estimates of the elasticity of substitution [J]. Contributions in Macroeconomics, 2004, 4(1): 1—37.

[141] AUTOR D H. Why are there still so many jobs? The history and future of workplace automation [J]. Journal of Economic Perspectives, 2015, 29(3): 3—30.

[142] AUTOR D, DORN D, KATZ L F, et al. Concentrating on the fall of the labor share [J]. American Economic Review, 2017, 107(5): 180—185.

[143] AUTOR D, DORN D, KATZ L F, et al. The fall of the labor share and the rise of superstar firms [J]. The Quarterly Journal of Economics, 2020, 135(2): 645—709.

[144] BAKHSHI H, BRAVO-BIOSCA A, MATEOS-GARCIA J. The analytical firm: Estimating the effect of data and online analytics on firm performance [J]. Nesta Working Paper, 2014.

[145] BALLESTAR M T, CAMIÑA E, DÍAZ-CHAO Á, et al. Productivity and employment effects of digital complementarities [J]. Journal of Innovation & Knowledge, 2021, 6(3): 177—190.

[146] BARKAI S. Declining labor and capital shares [J]. The Journal of Finance, 2020, 75(5): 2421—2463.

[147] BAYO-MORIONES A, BILLÓN M, LERA-LÓPEZ F. Perceived performance effects of ICT in manufacturing SMEs [J]. Industrial Management & Data Systems, 2013, 113(1): 117—135.

[148] BECKERS S F M, VAN DOORN J, VERHOEF P C. Good, better, engaged? The effect of company—initiated customer engagement behavior on shareholder value [J]. Journal of the Academy of Marketing Science, 2018(46): 366—383.

[149] BELK R. Digital consumption and the extended self [J]. Journal of Marketing Management, 2014, 30(11—12): 1101—1118.

[150] BENNER M J, WALDFOGEL J. Changing the channel: Digitization and the rise of "middle tail" strategies [J]. Strategic Management Journal, 2023, 44(1): 264—287.

[151] BESSEN J. Automation and jobs: When technology boosts employment [J]. Economic Policy, 2019, 34(100): 589—626.

[152] BESSON P, ROWE F. Strategizing information systems—enabled organizational transformation: A transdisciplinary review and new directions [J]. The Journal of Strategic Information Systems, 2012, 21(2): 103—124.

[153] BLANCHARD O J, NORDHAUS W D, PHELPS E S. The medium run [J]. Brookings Papers on Economic Activity, 1997(2): 89—158.

[154] BLANCHARD O, GIAVAZZI F. Macroeconomic effects of regulation and deregulation in goods and labor markets [J]. The Quarterly Journal of Economics, 2003, 118(3): 879—907.

[155] BLOOM N, GARICANO L, SADUN R, et al. The distinct effects of information technology and communication technology on firm organization [J]. Management Science, 2014, 60(12): 2859—2885.

[156] BÖCKERMAN P, MALIRANTA M. Globalization, creative destruction, and labour share change: evidence on the determinants and mechanisms from longitudinal plant—level data [J]. Oxford Economic Papers, 2012, 64(2): 259—280.

[157] BOEHM C E, FLAAEN A, PANDALAI—NAYAR N. Multinationals, offshoring, and the decline of US manufacturing [J]. Journal of International Economics, 2020(127): 103391.

[158] BORGHANS L, TER WEEL B. The division of labor, worker organization, and technological change [J]. The Economic Journal, 2006, 116(509): 45—72.

[159] BRAÑA F J. A fourth industrial revolution? Digital transformation, labor and work organization: a view from Spain [J]. Journal of Industrial and Business Economics, 2019, 46(3): 415—430.

[160] BRIDGMAN B. Is labor's loss capital's gain? Gross versus net labor shares [J]. Macroeconomic Dynamics, 2018, 22(8): 2070—2087.

[161] BRUCE N I, MURTHI B P S, RAO R C. A dynamic model for digital advertising: The effects of creative format, message content, and targeting on engagement [J]. Journal of Marketing Research, 2017, 54(2): 202—218.

[162] BRYNJOLFSSON E, MCAFEE A, SPENCE M. New world order: labor, capital, and ideas in the power law economy [J]. Foreign Affairs, 2014, 93(4): 44—53.

[163] CAPPA F, ORIANI R, PERUFFO E, et al. Big data for creating and capturing value in the digitalized environment: unpacking the effects of volume, variety, and veracity on firm performance [J]. Journal of Product Innovation Management, 2021, 38(1): 49—67.

[164] CAPUTO A, PIZZI S, PELLEGRINI M, et al. Digitalization and business models: Where are we going? A science map of the field [J]. Journal of Business Research, 2021(123): 489—501.

[165] CETTE G, NEVOUX S, PY L. The impact of ICTs and digitalization on productivity and labor share: evidence from French firms [J]. Economics of Innovation and New Technology, 2022, 31(8): 669—692.

[166] CHANIAS S, MYERS M D, HESS T. Digital transformation strategy making in pre—digital organizations: The case of a financial services provider [J]. The Journal of Strategic Information Systems, 2019, 28(1): 17—33.

[167] CHEN C, WANG S, YAO S, et al. Does digital transformation increase the labor income share? From a perspective of resources reallocation [J]. Economic Modelling, 2023(128): 106474.

[168] CHEN J E, PAN S L, OUYANG T H. Routine reconfiguration in traditional companies'—commerce strategy implementation: A trajectory perspective [J]. Information & Management, 2014, 51(2): 270—282.

[169] DAO M C, DAS M, KOCZAN Z. Why is labor receiving a smaller share of global income? [J]. Economic Policy, 2019, 34(100): 723—759.

[170] DAUTH W, FINDEISEN S, SUEDEKUM J, et al. The adjustment of labor markets to robots [J]. Journal of the European Economic Association, 2021, 19(6): 3104—3153.

[171] DAVID P A, VAN DE KLUNDERT T. Biased efficiency growth and capital—labor substitution in the US, 1899—1960 [J]. The American Economic Review, 1965, 55(3): 357—394.

[172] DINLERSOZ E, WOLF Z. Automation, labor share, and productivity: plant-level evidence from us manufacturing [R]. Economics of Innovation and New Technology, 2024, 33(4): 604-626.

[173] DOSI G. Technological paradigms and technological trajectories: a suggested interpretation of the determinants and directions of technical change [J]. Research Policy, 1982, 11(3): 147—162.

[174] DRAUTZBURG T, FERNÁNDEZ—VILLAVERDE J, GUERRÓN—QUINTANA P. Bargaining shocks and aggregate fluctuations [J]. Journal of Economic Dynamics and Control, 2021(127): 104121.

[175] ELSBY M W L, HOBIJN B, ŞAHIN A. The decline of the US labor share [J]. Brookings Papers on Economic Activity, 2013(2): 1—63.

[176] FICHTENBAUM R. The impact of unions on labor's share of income: A time—series analysis [J]. Review of Political Economy, 2009, 21(4): 567—588.

[177] FICHTENBAUM R. Do unions affect labor's share of income: Evidence using panel data [J]. American Journal of Economics and Sociology, 2011, 70(3): 784—810.

[178] FREEMAN C, PEREZ C. Structural crises of adjustment: business cycles

[J]. Technical Change and Economic Theory. Londres: Pinter, 1988: 39—66.

[179] FURR N, SHIPILOV A. Digital doesn't have to be disruptive: the best results can come from adaptation rather than reinvention [J]. Harvard Business Review, 2019, 97(4): 94—104.

[180] GENSLER S, NESLIN S A, VERHOEF P C. The showrooming phenomenon: it's more than just about price [J]. Journal of Interactive Marketing, 2017, 38(1): 29—43.

[181] GOLDSMITH-PINKHAM P, SORKIN I, SWIFT H. Bartik instruments: What, when, why, and how [J]. American Economic Review, 2020, 110(8): 2586—2624.

[182] GOLLIN D. Getting income shares right [J]. Journal of Political Economy, 2002, 110(2): 458—474.

[183] GRAETZ G, MICHAELS G. Robots at work [J]. Review of Economics and Statistics, 2018, 100(5): 753—768.

[184] GROSSMAN G M, OBERFIELD E. The elusive explanation for the declining labor share [J]. Annual Review of Economics, 2022(14): 93—124.

[185] HAJLI M, SIMS J M, IBRAGIMOV V. Information technology(IT) productivity paradox in the 21st century [J]. International Journal of Productivity and Performance Management, 2015, 64(4): 457—478.

[186] HERRENDORF B, HERRINGTON C, VALENTINYI A. Sectoral technology and structural transformation [J]. American Economic Journal: Macroeconomics, 2015, 7(4): 104—133.

[187] HJORT J, POULSEN J. The arrival of fast internet and employment in Africa [J]. American Economic Review, 2019, 109(3): 1032—1079.

[188] HOFFMAN D L, NOVAK T P. Consumer and object experience in the internet of things: An assemblage theory approach [J]. Journal of Consumer Research, 2018, 44(6): 1178—1204.

[189] HUANG J, HENFRIDSSON O, LIU M J, et al. Growing on steroids [J]. MIS Quarterly, 2017, 41(1): 301—314.

[190] HUBMER J. The race between preferences and technology [J].

Econometrica, 2023, 91(1): 227—261.

[191] ILVONEN I, THALMANN S, MANHART M, et al. Reconciling digital transformation and knowledge protection: A research agenda [J]. Knowledge Management Research & Practice, 2018, 16(2): 235—244.

[192] JOHNSON G A, LEWIS R A, Reiley D H. When less is more: Data and power in advertising experiments [J]. Marketing Science, 2017, 36(1): 43—53.

[193] KALDOR N. Capital accumulation and economic growth [C]//The Theory of capital: proceedings of a conference held by the International Economic Association. London: Palgrave Macmillan UK, 1961: 177—222.

[194] KARABARBOUNIS L, NEIMAN B. The global decline of the labor share [J]. The Quarterly Journal of Economics, 2014, 129(1): 61—103.

[195] KEYNES J M. Relative movements of real wages and output [J]. The Economic Journal, 1939, 49(193): 34—51.

[196] KLUMP R, MCADAM P, WILLMAN A. Factor substitution and factor—augmenting technical progress in the United States: a normalized supply—side system approach [J]. The Review of Economics and Statistics, 2007, 89(1): 183—192.

[197] KOH D, SANTAEULÀLIA-LLOPIS R, ZHENG Y. Labor share decline and intellectual property products capital [J]. Econometrica, 2020, 88(6): 2609—2628.

[198] KORINEK A, STIGLITZ J E. Artificial intelligence, worker—replacing technological progress and income distribution [J]. NBER working paper, 2017, 24174.

[199] LAFFONT J J, MARTIMORT D. Collusion and delegation [J]. The Rand Journal of Economics, 1998, 29(2): 280—305.

[200] LASHKARI D, BAUER A, BOUSSARD J. Information technology and returns to scale [J]. American Economic Review, 2024, 114(6): 1769—1815.

[201] LEE J, BAGHERI B, KAO H A. A cyber—physical systems architecture for industry 4. 0—based manufacturing systems [J]. Manufacturing

Letters, 2015(3): 18—23.

[202] LI J, WU Y, XIAO J J. The impact of digital finance on household consumption: Evidence from China [J]. Economic Modelling, 2020(86): 317—326.

[203] LI X, FENG G F, SHUM W Y, et al. The Impacts of Digital Transformation on Labor Income Share: Evidence from China [J]. Emerging Markets Finance and Trade, 2024, 60(6): 1265—1280.

[204] LIANG T P, YOU J J, LIU C C. A resource—based perspective on information technology and firm performance: a meta analysis [J]. Industrial Management & Data Systems, 2010, 110(8): 1138—1158.

[205] LONDOÑO-VÉLEZ J. The impact of diversity on perceptions of income distribution and preferences for redistribution [J]. Journal of Public Economics, 2022(214): 104732.

[206] LUCAS JR H, AGARWAL R, CLEMONS E K, et al. Impactful research on transformational information technology: An opportunity to inform new audiences [J]. Mis Quarterly, 2013, 37(2): 371—382.

[207] MANITA R, ELOMMAL N, BAUDIER P, et al. The digital transformation of external audit and its impact on corporate governance [J]. Technological Forecasting and Social Change, 2020(150): 119751.

[208] MANNING A. Monopsony in labor markets: A review [J]. ILR Review, 2021, 74(1): 3—26.

[209] MANYIKA J, MISCHKE J, BUGHIN J, et al. A new look at the declining labor share of income in the United States [J]. McKinsey Global Institute Discussion paper, 2019(5): 1—64.

[210] MARKUS M L. Technochange management: using IT to drive organizational change [J]. Journal of Information Technology, 2004(19): 4—20.

[211] MATT C, HESS T, BENLIAN A. Digital transformation strategies [J]. Business & Information Systems Engineering, 2015(57): 339—343.

[212] MIKALEF P, PATELI A. Information technology—enabled dynamic capabilities and their indirect effect on competitive performance: Findings from PLS—SEM and fsQCA [J]. Journal of Business Research, 2017(70):

1—16.

[213] NG I C L, WAKENSHAW S Y L. The Internet—of—things: Review and research directions [J]. International Journal of Research in Marketing, 2017, 34(1): 3—21.

[214] NORDHAUS W D. Are we approaching an economic singularity? information technology and the future of economic growth [J]. American Economic Journal: Macroeconomics, 2021, 13(1): 299—332.

[215] NOVAKOVA L. The impact of technology development on the future of the labour market in the Slovak Republic [J]. Technology in Society, 2020(62): 101256.

[216] OBERFIELD E, RAVAL D. Micro data and macro technology [J]. Econometrica, 2021, 89(2): 703—732.

[217] PEREZ C. Structural change and assimilation of new technologies in the economic and social systems [J]. Futures, 1983, 15(5): 357—375.

[218] PEREZ C. Technological revolutions and techno—economic paradigms [J]. Cambridge Journal of Economics, 2010, 34(1): 185—202.

[219] RAJNAI Z, KOCSIS I. Labor market risks of industry 4. 0, digitization, robots and AI [C]//IEEE 15th International Symposium on Intelligent Systems and Informatics(SISY). IEEE, 2017: 343—346.

[220] RAVICHANDRAN T, LIU Y. Environmental factors, managerial processes, and information technology investment strategies [J]. Decision Sciences, 2011, 42(3): 537—574.

[221] ROGNLIE M. Deciphering the fall and rise in the net capital share: accumulation or scarcity? [J]. Brookings Papers on Economic Activity, 2016, 2015(1): 1—69.

[222] SANTOS A M, BARBERO J, SALOTTI S, et al. Job creation and destruction in the digital age: Assessing heterogeneous effects across European Union countries [J]. Economic Modelling, 2023(126): 106405.

[223] SATO R. The estimation of biased technical progress and the production function [J]. International Economic Review, 1970, 11(2): 179—208.

[224] SCHALLMO D, WILLIAMS C A, BOARDMAN L. Digital transformation of business models—best practice, enablers, and roadmap

[J]. International Journal of Innovation Management, 2017, 21(8): 1740014.

[225] SCHUMACHER A, EROL S, SIHN W. A maturity model for assessing Industry 4. 0 readiness and maturity of manufacturing enterprises [J]. Procedia Cirp, 2016(52): 161—166.

[226] SOLOW R M. A skeptical note on the constancy of relative shares [J]. The American Economic Review, 1958, 48(4): 618—631.

[227] VERHOEF P C, BROEKHUIZEN T, BART Y, et al. Digital transformation: A multidisciplinary reflection and research agenda [J]. Journal of Business Research, 2021(122): 889—901.

[228] VERHOEF P C, STEPHEN A T, KANNAN P K, et al. Consumer connectivity in a complex, technology—enabled, and mobile—oriented world with smart products [J]. Journal of Interactive Marketing, 2017, 40(1): 1—8.

[229] VIAL G. Understanding digital transformation: A review and a research agenda [J]. Managing Digital Transformation, 2021: 13—66.

[230] WARNER K S R, WÄGER M. Building dynamic capabilities for digital transformation: An ongoing process of strategic renewal [J]. Long range planning, 2019, 52(3): 326—349.

[231] YANG G Z, SI D K, NING G J. Does digital transformation reduce the labor income share in enterprises? [J]. Economic Analysis and Policy, 2023(80): 1526—1538.

[232] YONG L, HUIPENG Y. Digital consumption and manufacturing industry's digital transition [J]. China Economist, 2022, 17(6): 54—76.

[233] YOO Y, BOLAND JR R J, LYYTINEN K, et al. Organizing for innovation in the digitized world [J]. Organization science, 2012, 23(5): 1398—1408.

[234] ZHANG H. Non—neutral technology, firm heterogeneity, and labor demand [J]. Journal of Development Economics, 2019(140): 145—168.